Mythopées
un portrait de la modernité tardive

dans la même collection

Pierre Cassou-Noguès, *Une histoire de machines, de vampires et de fous*, 2007
Guillaume le Blanc, *Les maladies de l'homme normal*, 2007
Jean-Michel Salanskis, *Territoires du sens*, 2007
Alexandru Dragomir, *Banalités métaphysiques*, 2008
Mauro Carbone, *Proust et les idées sensibles*, 2008
Olivier Schefer, *Variations nocturnes*, 2008
Alexandru Dragomir, *Cahiers du temps*, 2010
Christophe Genin, *Kitsch dans l'âme*, 2010
Roberto Diodato, *Esthétique du virtuel*, 2011
Mauro Carbone, *La chair des images : Merleau-Ponty entre peinture et cinéma*, 2011
Michel Malherbe, *D'un pas de philosophe en montagne*, 2012
Pietro Montani, *Bioesthétique. Sens commun, technique et art à l'âge de la globalisation*, 2013

La philosophie est une réflexion pour qui toute matière étrangère est bonne, et nous dirions volontiers pour qui toute bonne matière doit être étrangère.

Georges Canguilhem

JEAN-PHILIPPE PIERRON

Mythopées
un portrait de la modernité tardive

VRIN
Matière Étrangère

Je remercie Didier Mény d'avoir accepté de me confier les poèmes inédits placés en exergue de chacun de mes textes.
Mes remerciements vont également à Bruce Bégout et Etienne Bimbenet. Ils ont permis que ces matières étrangères, pourtant si familières, prennent langue dans la collection qu'ils dirigent.

Directeurs de collection :
Bruce Bégout et Étienne Bimbenet

ISSN 1961-8336
ISBN 978-2-7116-2568-0
www.vrin.fr

A mes étudiants

Le danger de nous laisser aller à mépriser les hommes est grand.
... Il nous faut apprendre à considérer les hommes non pas tellement
en fonction de ce qu'ils font ou ne font pas,
mais plutôt en fonction de ce qu'ils souffrent.
Dietrich Bonhoeffer, *Résistance et soumission*, p. 19

Que ce dont il y va dans l'histoire, ce n'est pas ce qui peut être renversé
ou ébranlé, mais l'ouverture à ce qui ébranle.
Jan Patočka, *Essais hérétiques*, trad. E. Abrams, Paris, Verdier, p. 82

l'air du temps

L'air du temps, qu'on aspire et qui nous inspire, est une ambiance d'images. L'air du temps? Cette expression, qui veut tout dire en paraissant ne rien dire, désigne ce qui tonalise notre présent. Elle pointe la force fragile de ces images qui travaillent une époque. Les mythologies de la modernité tardive que nous explorerons ici voudraient rendre sensible à ces images, à ces figures. Images et non imageries, elles constituent une mythopée.

On parle de canopée pour dire la couverture végétale qui déploie, en ses cimes, autant d'explorations aériennes. Pour l'écologue, la canopée est l'interface créatrice et respirante du haut des forêts et de l'atmosphère. Elle signale que la forêt n'est pas uniquement faite de racines. Qu'elle est constituée de branches qui sont comme des branchies. La mythopée, quant à elle, sera cette épaisseur feuilletée d'images qui fait la vie d'une culture. Manière de dire qu'une culture est faite d'expériences enracinées et de joies aériennes, d'ancrages et d'aspirations. La mythopée pointe la dynamique poétique par laquelle une culture déploie ses capacités créatrices, sa mémoire et ses attentes. Elle le fait par cette forêt de symboles qui rend sensible à la texture d'un temps qui est aussi un climat imaginaire.
Pourquoi s'y attacher? Dans une mondialisation où les cultures sont éprouvées, douloureusement, par une uniformisation qui se fait unidimensionnalisation, mais où frémissent des attentes qui veulent l'humaniser, se cherche une universalité dans la singularité. De grandes images que portent et qui portent ces cultures expriment ce sens du singulier. L'opaque qui fait la sève d'un être ensemble s'y exprime comme un suc lors même qu'il n'a pas encore trouvé sa juste expressivité conceptuelle ou catégorielle. Aussi nos mythopées voudraient donner chair à un air du temps dont on sent l'insistance mais dont on mesure mal la consistance.

Comment en rendre compte? Dans l'inextricable enchevêtrement du quotidien, parmi la multitude de ce qui parait faire évènement et qui n'est bien souvent que fourmillement du banal, que retenir? Comment ne pas se laisser aller à la prédilection personnelle et éviter l'aléatoire ballade dans les vitrines du temps présent? Les « mythologies » que nous avons retenu ne visent ni un éclectisme, ni ne manifestent un échec de la synthèse. Elles résistent à la volonté de ressaisir en un principe fixé la pluralité mouvante du divers. Elles traquent ces lieux où la créativité humaine, dans sa puissance de surrection se trouve bloquée, stérilisée ou bien féconde, ouverte à d'inédites voies.

Nous cherchons moins le système que le mouvant. Nous traquons ces nœuds rendant sensibles les puissances d'une imagination créatrice à l'œuvre, capable de déformer ce qui la bride et d'informer ce qui germine. Qu'on ne se désole donc pas du fragmentaire. Si le manque de systématicité n'a pas l'architecture d'une œuvre close, il laisse travailler la métamorphose. Il ne peut ni en synthétiser la signification dernière ni en préjuger la fécondité.

Pour habiter cette tension entre la structure et l'évènement, entre les procédés et les processus, entre la norme et la créativité au cœur de laquelle quelque chose comme un moment de l'homme advient, nous présentons ici une collection de miniatures. Elles sont autant de concentrés poétiques qui, pour n'être pas matérialités, n'en sont pas moins la substance spirituelle qui fait tenir le monde des hommes comme monde.

Trouvera-t-on l'entreprise dérisoire? Certes, elle n'en impose pas par la mise au jour de l'objectivité massive de structures matérielles, de choc des civilisations ou de prophéties hâtives. Elle constitue pourtant le rendu de ce milieu sensible grâce auquel une subjectivité s'individue et par lequel un collectif prend consistance, insiste et résiste. Qu'on ne se méprenne donc pas. Nos mythopées ne se contentent pas de déployer un décor pittoresque sur le fond duquel nous agiterions nos existences. Elles épèlent ce cadre au sein duquel nous interprétons le genre d'homme ou de femme que nous cherchons à promouvoir. Le déploiement de nos aspirations s'y précise en s'y confrontant. Elles rendent la texture d'un monde dont nous sommes issus, moins pour gémir du monde qui va que pour épeler les horizons d'attente d'un monde qui vient. Il y a là un défi en somme : penser à la hauteur de notre époque sans être dans le mépris qui ignore et la méprise qui adule.

novlangue

Écrire noir sur blanc
Et souligner de blanc
Pour laisser au silence la parole

Apparaissent jusqu'à la saturation, dans notre langue quotidienne, des acronymes. A l'exception rare du tétragramme divin JHWH dans les écritures anciennes qui faisait de lui le point limite du dire, s'impose, dans la modernité tardive une nouvelle et surprenante écriture qui croit tout dire. Le tétragramme ouvrait l'écriture à plus vaste qu'elle ; les acronymes viennent la clore. Des massifs obscurs, en majuscules, ponctuent nos paroles ou nos écrits. Des points aveugles, que la langue classique ignorait, saturent le dicible où le sigle tient lieu de signe. Cette novlangue technocratique est l'autre du dire, du vrai de la parole, juste et ajustée. Elle subvertit la dimension relationnelle du langage pour ne faire des mots que des instruments. Même le politique, rattrapé par les stratégies communicationnelles substitue au dire vrai des éléments de langage. Aussi, l'acronyme, précipité de langue, est-il une figure de la précipitation : vitesse de la parole parlée qui fait taire la parole parlante. Opération sociolinguistique où un monde se fait mot, précipité et miniaturisé en majuscules. SNCF, IUFM, DRAC, FRAC, FIAC, EDF/GDF, FNAC, CNL, DSL, SIDA, VIH, GIEC, SAPRR, FNSEA, MRJC, LICRA, UNEF. Multiplication dans le discours de la formule implicite et présupposée, de l'abréviation aux vertus mnémotechniques, l'usage des acronymes suppose le partage de nouveaux cadres sociaux de la mémoire et du discourir grâce auxquels approcher du réel pour le saisir et s'en saisir sans avoir besoin de le redire. C2i2e, TICE, T2A, CAC40, UDL, CL, BPBFC, MEDEF et CGT, OMS, ONU, BIT, BNP. Monstruosité d'écriture, l'acronyme condense en lui tout l'appareillage d'un monde de représentations grâce auxquelles avoir l'intelligence du milieu, en produire la codification pour en préparer la manipulation.

Toute prise de pouvoir se comprend comme une opération sur la langue, comme une instrumentalisation du dire. Le dire en son imprévisible nouveauté y est réduit à un prédire qui sait à quoi s'attendre. L'historien des langues, qui fera l'étude de la nôtre, sera surpris demain de la place qu'y prirent les acronymes et qui peuplèrent nos usages. Les acronymes participent d'un mouvement de technicisation du monde vécu. Comment demain, les traducteurs de cette langue étrange en feront-ils l'archéologie et réussiront-ils à en exhumer la portée expressive? PC, PS, UDF, UMP, FN, SGEN, FO, CGC, SNES, SNALC, PEEP, FOL, UNESCO, DD, CNRS, AERES, INSERM, CPU, CNU, FSU, CEVU, DPE, DG, PDG, BO, OTAN, PAF. Invention d'une langue dans la langue, qui la spécialise et la mine d'incises, les acronymes concentrent sur leurs noms un arrière-monde d'instruments administrant le monde vécu. Ils placent le discourir et la force du dire sous le coup de force du manipuler, du gérer, du traiter. Dans les anfractuosités du quotidien et de sa langue ordinaire s'insinuent autant de dispositifs matériels, autant de prises en charges fonctionnelles qui noient le singulier de la relation sous le généralisable de l'instrumentation. L'acronymité est l'autre nom d'un monde dématérialisé. HTML, SMS, ENST, PLU, ZUP, ZAC, CL, EM, FIFA, HEC, MHO, MNHN, SMIC, CSP. Combien de temps faudra-t-il alors pour que l'acronyme devienne un mot pour lui-même et s'impose assez pour fédérer et, de nouveau, faire signe? Dans un inattendu renversement qui dit et redit la puissance de la parole sur la fonctionnalisation de la langue, l'acronyme devient parfois, sous la reprise d'initiative du dire et par l'usage, un mot qui se démarque, qui marque, ultimement restitué en sa force expressive. L'énonciation, attentive à l'oralisation, engage une métamorphose. S'estompe alors la majuscule pour rentrer dans les noms communs : smicard, médéfiste, onusien, cégétiste. Se sublime et se dilate en nom propre le massif abrégé : Benelux. Se singularise l'universel de ce qui est à dire dans la langue lorsque l'acronyme devient figure inédite de l'intraduisible. La Novlangue ne peut pas faire taire la puissance singularisante de la parole. « Il parle Vrai celui qui dit l'Ombre »[1].

1. P. Celan, *Parle aussi toi*, 1955.

l'OGM et le légume Bio

Attendre d'abord
Le gel le vent la lune sur les champs
L'accord du givre et de l'aube
Les gouttes sous la branche et les doigts des rameaux
Attendre encore
Le récit de la terre
Les mots fragiles dans les cris d'une grêle
Attendre
Sous l'averse des fleurs les phrases du printemps.
Attendre
La chaleur sur le corps et les fruits murs
La mort – elle – viendra vite.

Sur les étals des marchés, les légumes « bio » ne se cachent plus. Leur spécificité tient à une « authenticité » qui réinstalle la polyphonie du vital dans un univers unidimensionnel. Authenticité des légumes de saisons pour ceux qui ont oublié le temps de la pousse. La betterave en hiver et la fraise au printemps redonnent au rythme des saisons sa vigueur. Authenticité des légumes oubliés ou d'autrefois pour ceux qui ont standardisés leur consommation. Le panais ou la pomme dite Transparente de Croncelle portent le singularisant de la diversité des productions. Authenticité des légumes de la région pour ceux qui n'ignorant pas les circuits courts des produits dits de pays, vivent de végétaux hors-sol. L'asperge de Ruffey et la fraise Guariguette explosent dans une symphonie pastorale qui chante le local. Authenticité des légumes multiformes pour ceux qui ne méconnaissent pas la luxuriance protéiforme du végétal.
En face du légume « bio », parait, un peu comme dans les petits châtelets du théâtre de marionnettes, une figure inverse et de controverse. Telle serait l'inauthenticité du légume construit comme artifice, homogène, indifférent aux saisons et aux régions. Tel serait l'organisme génétiquement modifié, lequel avance masqué sous

l'acronyme OGM, ou plus précisément ici la PGM (plante génétiquement modifiée).

L'OGM est la figure de Janus du légume « bio ». A eux deux, ils expriment les tensions liées à la culture de l'aliment et à l'agriculture dans la modernité tardive. L'ironie veut d'ailleurs, dans l'équivocité de ce que l'on appelle la biodiversité, qu'ils soient tous deux « bio » ! Mais pour l'OGM *bio* signifie biotechnologique, tandis que pour l'autre, « bio » est une abréviation qui laisse en suspension sa référence / révérence à la nature. L'acronyme aura la rigueur du théorème; l'abréviation a les langueurs du poème. Reste alors en suspens la question de savoir s'il y a une bonne et une mauvaise biodiversité ?

Si tout aliment porte une vision du monde, l'un et l'autre rivalisent de concurrence pour exprimer l'aliment moderne. L'OGM est le produit d'une agriculture scientifique. Il ne se goûte pas, il se conçoit. Ni semence sélectionnée par l'usage, ni plante hors-sol, l'OGM est issu du génie génétique. En ce sens, il relève d'un processus technologique. Là où la sélection traditionnelle des semences opère une adaptation fonctionnelle (telle variété de blé en fonction de tel sol et de telle technique de semis) et la plante artificielle hors-sol une auto-corrélation de l'objet (augmentation des performances du végétal en fonction des échanges d'énergies contrôlés en interne), l'OGM est un objet biotechnologique plus complexe. Cela tient à ce qu'il couple (ou tente de ...) des préoccupations d'adaptation fonctionnelle à un milieu (très modélisé) et une plus grande corrélation interne (contrôle de l'information génétique). En ce sens, il recherche une individuation technique même s'il paraît aujourd'hui surtout abstrait, hypertechnique. Biotechnologie, il est issu de l'agronomie scientifique. En ce sens, l'OGM est le symbole de la façon qu'ont notre culture et notre société d'objectiver leurs rapports à la nature. Pour ces dernières, l'alimentation y est d'abord un problème technique. Comment faire pour cultiver en contextes hostiles et nourrir suffisamment une population de plus en plus nombreuse? L'OGM n'existe qu'en référence à une nature à maitriser, à transformer, à améliorer. La nature n'y est pas à vénérer mais à contrôler. La biologie de l'OGM est une bio-logique. Il n'y a pas alors d'OGM pensable sans trois éléments : une approche en termes d'expertises et d'expérimentations du travail agricole (la nature est moins un oratoire à observer qu'un laboratoire où expérimenter); une conception industrielle du travail agricole qui exige une spécialisation des territoires (monocultures et fort usages d'intrants : pesticides, engrais); une délocalisation matérielle et symbolique entre la production agricole et sa distribution supposant une homogénéité des produits. L'OGM est une « machine à nourrir » comme il est des machines à guérir ou des machines à habiter. Il est une solution technologique qui cautionne l'idée que le problème de la faim et celui de la pénurie ne seraient que des problèmes techniques. L'invocation de ses vertus se dispense aisément de l'assentiment et de la concertation de ceux qui en sont les destinataires, et se déploie indépendamment des sols et des territoires. Or, comme toute « machine à »... ne dissimule-t-il pas le risque d'une machination?

Le légume *bio* convoque un autre modèle biologique. Le *bio* en lui fait entendre moins la logique que la « nature ». Il est celui d'une agriculture qui resitue la question alimentaire dans l'univers symbolique d'une culture, pensant une appartenance de l'homme et de l'environnement dans un entrelacs. Avec le *bio* le symbolique l'emporte sur le biologique, l'esthétique prime sur le scientifique A un premier niveau, la référence au *bio* convoque une imagerie populaire. La mythologie du « légume bio » se réfère à une nature qui ferait bien les choses, généreuse et pure. Cette nature mythologisée, parfois jusqu'à l'illusion, est recyclée en imagerie publicitaire motivant le consommateur. Le *bio* concentre sur lui un faisceau de signes construisant le mythe contemporain de la « nature ». L'expression même de « légume biologique » est d'ailleurs étrange. C'est un pléonasme qui accentue la prime accordée au naturel. En effet, y a-t-il un légume qui ne soit pas, par définition biologique c'est-à-dire obéissant aux lois du vivant? Si la nature ne cesse de combiner et de multiplier les formes dans des variations infinies, on serait tenté de dire qu'il n'y a, dans la nature, que des organismes génétiquement modifiés, rendant suspecte l'idée de biodiversité.

Pourtant le « légume *bio* » fait signe à l'esprit d'une époque. Il est le condensé de la pureté de la nature dans une culture polluée par les

artifices. Aux techniques extrêmes qui rendent possibles la plante hors-sol élevée sous serre dans les maraîchages industriels, le « légume bio » oppose l'immédiate relation de la plante avec les grands éléments (terre, air, eau et feu ensoleillé). Il est signe d'un éloge de la lenteur, de la pousse lente et de la maturation, dans une société de la vitesse et du gain de temps. Cette dimension temporelle célèbre un temps retrouvé, là où l'on tend à substituer aux rythmes biologiques et sociaux, la domination uniformisante de la cadence et du temps chronométré. Le maraîchage bio est un îlot de décélération dans l'océan de l'accélération et le légume bio se fait l'objet d'une rêverie sur le temps et les saisons. On songe alors à la rêverie de l'Almanach mais aussi à la dialectique de la durée qui faisait dire à Bachelard que *le calendrier des fruits est le calendrier de la rythmanalyse*.
Il est aussi l'image inversée du déchet ultime. Si celui-ci est inintégrable dans la chaîne de production comme rebus signalant nos limites industrieuses, celui-là, au contraire, rentre dans le grand recyclage qui fait le cycle de la vie. Qualitativement, le *légume bio* manifeste l'altérité des saveurs, des formes et des couleurs plurielles et atypiques, dans une culture qui produit de l'uniformité. Il cultive la petite différence propre à la variété locale contre l'uniformisation de la production agronomique globale. Par-là, il est aussi un signe de distinction sociale pour les bourgeois bohèmes, décalant leur interprétation générale du monde, par un recours/secours au naturel. Manger nature pour être nature.
Le légume *bio* est investi, par un imaginaire de la nature, d'un coefficient de naturalité, là où la réalité légumière aurait perdu son aura en raison de son artificialisation. Mais dire, le légume bio c'est la nature, l'OGM c'est l'artifice est un stéréotype. On doit d'une part être attentif à la complexité du milieu technique; d'autre part à la densité de ce qu'est un univers symbolique qui articule nature et culture. Dans le premier cas, on ne négligera pas que ce qui rend possible l'OGM c'est un milieu technique qu'il s'agit de comprendre avant de se concentrer sur ce qu'il est capable de faire. Dans le second cas, au-delà de l'opposition nature-culture on trouvera alors un imaginaire d'une nature pensée comme Terre dans le cas du « bio »; ou comme support dans le cas de l'OGM. En effet, plus qu'effet-signal, le légume

bio ou la plante génétiquement modifiée s'appréhendent comme des symboles qui donnent à (se) penser et à se vivre.
Ainsi du *bio* à l'OGM, des systèmes structurés de signes apparaissent. Des codes, des pratiques et de nouvelles ritualités sociales se déploient : panier de légumes bio, jardins labellisés sous la rubrique Jardins de Cocagne, AMAP (association pour le maintien d'une agriculture paysanne), faucheurs d'OGM ; en face desquels existent des planteurs d'OGM, des complexes agroindustriels côtés en Bourse, des légumes traités d'abord comme des protéines. Des jeux d'oppositions sont ainsi lisibles entre le naturel et l'artificiel ; le sain et le malsain ; le pur et l'impur, l'artisanal et l'industriel, l'expérience et l'expérimentation, etc.
Champ de signes marquant une différence par l'opposition à d'autres signes, le diptyque Bio/OGM déploie des imaginaires de la nature à l'égard desquels l'homme contemporain engage une manière de se comprendre individuellement et collectivement, comme de la nature. Il met en chantier une interprétation de soi et des cultures. Manger *bio* par exemple est une pratique de soi, un mode de subjectivation. Le légume *bio* sert alors d'image tierce médiatrice grâce à laquelle apprendre à s'interpréter comme co-appartenant à un même monde, sondant originairement cette appartenance racinaire. « Dis moi ce que tu manges et je te dirai qui tu es ! » Si la valeur d'un produit dit *bio* tient à ce qu'il condense sur lui un faisceau de valeurs prenant le contre-pied de l'artifice technologique, s'y référer, en cultiver et en consommer travaille à des modes d'intériorisation et de compréhension de ce qui lie les humains aux non-humains et aux végétaux que Lanza Del Vasto appelait les « créatures du silence ».

Légume *bio* et OGM rendent manifeste que l'agriculture est un des théâtres où s'opère aujourd'hui le débat entre traditions (la conservation romantique du monde dans l'apologie du terroir et du sol) et modernité (l'émancipation critique et révolutionnaire de l'idéal rationnel du progrès dans l'arrachement et la délocalisation). L'apparition d'une agriculture biologique intensive se situe dans l'entre-deux. Elle cherche à dépasser le modèle de rationalité positiviste par une rationalité systémique. Elle repense la prise en

compte des savoirs vernaculaires, les approches différenciées des espèces et des variétés. Ceci ne signifie pas céder en rationalité mais promouvoir une conception élargie de celle-ci. La critique du modèle physicochimique et positiviste fondant l'agriculture industrielle n'est pas nécessairement un appel à l'irrationnel. Elle est une invitation à ne pas confondre la réalité avec ses modélisations. De la sorte, le *bio* est le retour du refoulé du paradigme newtonien. Il révèle la part incompressible de la nature comprise comme milieu. Il affirme la consistance insistante d'un effet de réel que le paradigme techno-scientifique a cru pouvoir contrôler et maîtriser absolument.
Le « légume bio » est le symbole de la nature retrouvée, non pas tant à partir d'une nostalgie de la Terre-matricielle, que dans l'explicitation de la métaphysique qui sous-tend la pratique agricole.

> Il y a de la peine et non du goût à troubler ainsi l'ordre de la nature, à lui arracher des productions involontaires qu'elle donne à regret, dans sa malédiction, et qui n'ayant ni qualité ni saveur ne peuvent ni nourrir l'estomac, ni flatter le palais. [...] Si j'avais des cerises quand il gèle et des melons ambrés au cœur de l'hiver, avec quel plaisir les goûterais-je quand mon palais n'a besoin d'être humecté ni rafraîchi ? [...] Couvrir sa cheminée au mois de Janvier de végétations forcées...c'est moins parer l'hiver, que déparer le printemps ; c'est s'ôter le plaisir d'aller dans les bois...épier le premier bourgeon et s'écrier sans un saisissement de joie : mortels, vous n'êtes pas abandonnés, la nature vit encore [1].

Inversement, l'agrobiotechnologie et ses pratiques techniques reposent sur une métaphysique, l'objectivation naturaliste qui en est le point aveugle. Il s'ensuit que nous vivons une dissonance entre nos pouvoirs et nos savoirs. Nos pouvoirs, nos pratiques agricoles demeurent prédateurs et agressifs : appauvrissement des sols, pollution chimique, désertification rurale tandis que nos savoirs nous apprennent des dépendances écologiques et systémiques (biologie moléculaire, coopération des vivants, services écologiques gratuits.)

1. J.-J. Rousseau, « Emile », *Œuvres Complètes*, tome IV, « Bibliothèque de la Pléiade », Paris, Gallimard, 1969, p. 679-680.

Expression d'un territoire, le « légume bio » est un objet transitionnel et transactionnel pour lequel l'épanouissement des liens compte tout autant que l'échange des biens. Il est un véhicule rêvé, étoffe onirique servant une manière d'être au monde concentrée dans la formule « moins de biens plus de liens ». Il est objet transitionnel parce qu'entre producteurs et consommateurs, la valorisation de la distribution en circuits-courts encourage le partage d'une même poétique de la Terre pour qui goûte le melon de Cavaillon et le Pacherenc du Vic Byl. Un monde humain est aussi un espace onirique. Il est, dans le même temps, objet transactionnel qui donne au travail agricole et à son économie une dimension sensible, tangible. Il replace le régime concurrentiel sous la rubrique plus générale du don comportant des réalités non marchandes et symboliques. Les AMAP et le réseau des Jardins de Cocagne (maraîchage de bio-insertion revendiquant délibérément l'utopie constructive du pays de Cocagne comme une « fiction efficace »), par la distribution de paniers de légumes biologiques aux urbains, réinscrivent les pratiques agricoles en milieu urbanisé et diffusent un imaginaire de l'être de la nature partagé et partageable. Les coopératives agricoles, à une plus grande échelle, joueront-elles le rôle d'animatrice de la diversité des produits agricoles sur un vaste territoire ?
En somme, si l'OGM est une construction systématique, le « légume bio » est un objet systémique. Ce dernier questionne comment les hommes maintiennent, par les systèmes techniques et symboliques, l'équilibre d'un écosystème. En ce sens, il est d'une « autre nature » que la variété dite traditionnelle. Sa conception suppose une forte dimension réflexive concernant les effets spatio-temporels de l'action des hommes sur l'environnement, la biosphère (*trans*). Il transcrit une prise de conscience : la nécessité d'inventer – en agriculture – une relation durable entre la civilisation technologique et la nature, qui sorte de l'opposition nature carrière/nature sanctuaire. Si le produit du terroir est un objet local et l'OGM un objet global et délocalisé, le légume *bio* est, quant à lui, un objet translocal.

le chèque-cadeau

Je t'ai donné la plume
Le ciel bleu de la nuit
Choisi l'ombre blanche d'un mot dans un printemps de cerisiers
Et quand l'ange a posé sa joue sur ta main
Tu regardais ailleurs

A l'approche des caisses enregistreuses, des portants sont installés. Epelant sans pudeur leurs différents prix sur l'étalage où on les a disposés, les chèques-cadeaux attendent et lancent leurs appels. Vingt euros. Cinquante euros. Cent euros. Ils attendent le visiteur ou l'acheteur en mal d'idées, en souffrance de n'avoir pas d'inspiration pour savoir quoi offrir. Pour ces âmes en peine de trouver le cadeau *ad hoc*, le bon d'achat ou le chèque-cadeau apparaît comme la réponse idéale. Il fait coup double. Opérer une transaction en remettant un chèque dont on connaît et fait connaître le montant, indiquant par-là qu'on y a mis de son argent. Effacer ou du moins envelopper le prix indiqué dans un geste d'offrir par la grâce de l'emballage dit « emballage-cadeau » signifiant aussi qu'on y a mis du sien. Bizarrerie, le chèque-cadeau est un cadeau dont on affiche le prix là où d'ordinaire, on enlève le prix puisque « c'est pour offrir ! »
Peut-être fallait-il aller jusqu'à l'invention du chèque-cadeau? Sans doute devions nous mener à leur terme les conséquences d'un dire « je t'offre un cadeau mais si cela ne te plait pas, tu peux l'échanger » en inventant le cadeau-échangeable, pour découvrir ce qu'il y a là d'aberrant. Sûrement fallait-il avoir été le témoin de la joie décontenancée des parents de voir leurs enfants revendre le jour même sur EBay le cadeau à peine offert parce qu'il ne convient pas pour ressentir ce qu'il y a là de désolant, voire comme misère. A l'évidence, il était nécessaire de se soumettre à l'exigence tyrannique de la liste de cadeaux que l'on demande à l'autre de rédiger. Cette liste sert la volonté de ne pas se tromper dans le désir de faire plaisir, mais cautionne la soumission à une commande qui se mue en

commandement. En effet, ayant mené jusqu'au bout un tel parcours, il nous est donné de comprendre qu'une offrande n'est pas la réponse à une commande. Que le cadeau est d'un autre ordre qu'un échange. Que la consistance des liens interhumains dont le cadeau est le symbole ne s'épuise pas dans le marchandage des interactions.
Mais la force de la société de consommation tient à ce que rien de ce qui est de l'ordre des transactions humaines ne lui est étranger. Elle invente la personnalisation des objets, l'adéquation de l'offre et de la demande dans une marchandisation de l'intime. Jusque dans la sphère la plus privée, jusqu'en ces lieux de coopérations sociales ordinaires que sont les familles ou les cercles amicaux, le langage de l'offre se masque et se grime, revêtant les habits nobles de l'offrande. Il y a là de l'inquiétant puisqu'il semble que rien ne résiste au marchandage, qu'il n'y ait plus de biens non marchands. Même le cadeau a un prix! De fait la grâce de la gratitude dont le cadeau est le témoin se caricature aisément dans l'économie de la gratification. On en tirera une première conséquence. Parce qu'il n'est pas de l'ordre de l'échange, un cadeau, par définition a de la valeur mais n'a pas de prix. Lui donner un prix revient à vouloir faire rentrer dans le champ du comparable – la mesure du plus ou moins cher – ce qui est de l'ordre de l'incomparable – la singularité du lien qui tente de s'inventer entre offrir et recevoir. Ce qui semble le rendre possible, c'est l'argent. L'argent, cet opérateur logique universel qui permet tous les échanges, toutes les transactions, invente le comparable. En tant que tel, il est bien le médium de la globalisation. Il permet de tout comparer, d'échanger n'importe quoi. L'argent du chèque-cadeau permet de « s'offrir » ou de s'acheter (?) n'importe quoi, mais ... parce qu'on peut l'« offrir » à n'importe qui. « L'argent crée certes des relations entre les humains, mais en laissant les humains hors de celles-ci » observait Simmel dans sa *Philosophie de l'argent*. De ce point de vue, le chèque-cadeau fait accéder à un universel (la sélection du tout est possible) mais n'a pas la pointe singulière du cadeau (l'élection d'un possible dans le singulier d'un choix pour un destinataire). Dit autrement le chèque-cadeau entre dans la grande circularité des échanges, là où le cadeau rompt la circularité par le coup d'arrêt d'un trait singularisant. « C'est pour toi! »

Génial invention commerciale, le chèque-cadeau souffre pourtant d'une limite : confondre solution et réponse. S'il parait être une solution transactionnelle, il est une réponse relationnelle qui avance précaire. La logique de l'offre veut sécuriser les échanges en assurant un modèle d'équilibre des transactions : donnant-donnant. La surabondance de l'offrande, quant à elle, prend le risque d'un déséquilibre qui sert une intensification des relations. En somme, l'échange équilibre des transactions externes entre des objets, là où la relation de gratitude maintient le cœur de relations engagées entre des sujets sous ces transactions. En effet, offrir c'est toujours prendre un risque. Celui de décevoir une attente, de se tromper sur un goût, de faire erreur sur la personne. Faire un cadeau, c'est oser esquisser un geste qui va vers l'autre. On mobilise ainsi ses ressources internes pour affectivement les concentrer en la délicate expression d'un signe ajusté. Ce dernier vient alors trouver l'autre en sa singularité, au risque de n'en être pas assuré. « C'est pour toi » exprime une reconnaissance qui n'est précisément pas une connaissance.
Le cadeau signifie dans un terme électif un irremplaçable là où l'insatiable circularité des échanges postule que tout est échangeable, et personne indispensable. Offrande, il signifie une reconnaissance : je t'ai reconnu. Le cadeau est une forme discrète de la reconnaissance déployant une gratitude. « C'est cadeau ». Il manifeste : « C'est pour toi parce que c'est toi, reconnu dans ton identité ». Le cadeau exprime la gratitude qu'autrui soit entré dans notre vie et lui ait donné plus d'intensité. Une reconnaissance non plus dans la lutte mais dans le partage.

Mais dans une société du risque, qui sécurise les protocoles et standardise les transactions, faire un cadeau paraît risqué. C'est le risque d'une rencontre dont on ne sait, ni ne peut vraiment prévoir toutes les conséquences. En effet, offrir un cadeau prend le risque de croire que l'on sait où l'autre se trouve et d'attester qu'on l'a trouvé en venant le chercher en son lieu, alors qu'on n'en sait rien. On atteste d'un savoir d'existence qui défie tout savoir de science, fut-il de marketing dessinant un « profil » d'acheteur. Tel livre qui nous a fait penser à lui ou dont on pense qu'il lui plaira ; tel objet qui se rattache à son histoire; tel parfum qui lie autrui à un mode de présence odoriférante, etc. sont autant de manières de tricoter du lien et de remercier l'autre d'avoir eu la grâce d'être sur notre chemin; de l'avoir rencontré.

Fragile, délicat comme toute tentative de manifester la singularité d'un lien, le cadeau n'est pas une manifestation grandiose du lien social. Il en est la fine expression à laquelle se rend attentive une description subtile de la relation. Le cadeau pointe alors la ligne de démarcation entre une relation et une transaction. Celle-ci se formule dans les mots juridiques du contrat (en contrepartie), là où celle-là relève d'une confiance mutuelle. Il y a donc une profondeur de la gratitude qui vise au-delà du simple remerciement. Ce dernier peut se contenter d'être la compensation objective d'un effort fait, d'un temps offert, d'une compétence exercée. Le chèque-cadeau se situe sur le plan du remerciement. Il peut être porteur de la prudence pudique de qui ne veut pas, en se trompant, troubler un lien qu'il veut pourtant. Il ménage une sortie de l'échange par une reconnaissance de dette. Le cadeau, quant à lui, ne célèbre pas ce que quelqu'un a fait mais ce que ce quelqu'un est. Il signifie qu'autrui a fait son entrée dans notre existence et qu'elle s'en est trouvée durablement augmentée. Le chèque-cadeau formulait un échange dans les mots de la mesure : combien m'as-tu apporté? Le cadeau exprime une relation sans commune mesure. Il est manifestation de gratitude.

> [La] gratitude va au-delà de la forme habituelle de remerciement, qui s'adresse à l'objet. Au niveau le plus profond, ce remerciement ne consiste pas à répondre au don par un autre, mais à avoir conscience qu'on ne pourrait y répondre [1].

Mais alors : que serait une société qui ne connaitrait pas de tels signes de gratitude? Le chèque-cadeau en préfigure-t-il la réponse?

1. G. Simmel, *Sociologie, études sur les formes de socialisation* [1908], Paris, P.U.F., 2010.

le serveur vocal

J'ai soulevé la paupière des mots
pour te retrouver
et serré fort les yeux dans leur soleil.
Pour t'oublier.

« Comment ça va ? » ; « How are you ? » Ces formules de politesse ou de civilité qui pourraient bien n'être que des formules, usées et routinières, jamais un serveur vocal ne les prononcera. Elles seront éventuellement dites mais ne seront pas parlées. Dans le trivial de la langue, elles sont le mémorial que ce qui se passe dans le langage, au-delà des usages et des usures, est une fragile attention à l'autre. La légalité d'une opération vocale conforme aux règles d'usage ne fait pas encore la liberté créatrice d'une parole. Minuscule fracture de l'ouvert dans la facture de nos échanges, ces formules font la différence, sortent de l'indifférence. Le « comment ça va ? » n'est pas une question relevant du registre de l'enquête mais une adresse manifestant une inquiétude. Elle s'enquière de l'existence d'autrui, de sa tonalité intérieure ce jour et, par là, maintient le langage comme l'espace de la relation. Elle ne nous stimule pas, elle vient nous trouver.

Une telle idée contraste alors avec les dits du serveur vocal qui investissent la langue pour la ramener du côté du code. L'automate délivre des informations sous forme de messages enregistrés, et à partir desquels opérer des tâches simples, répétitives et automatisables. Le serveur-vocal fait désormais partie de notre univers quotidien. Automate bancaire ou borne de péage, serveur téléphonique ou ordinateur gérant les pompes à essence, cette robotisation des tâches humaines les plus mécanisables introduit la rapidité de la transaction, la performance de la fiabilité et le fonctionnel dans le minuscule interstice des gestes ordinaires du quotidien. Cette robotisation du quotidien l'accompagne en le transformant radicalement. Elle se lit dans l'opération sur la langue.

La mise en place des serveurs vocaux obéit à un principe d'économie selon lequel le répétable est conçu, non comme la chance inoubliable d'un approfondissement et d'une ouverture sur la surprise, mais comme du potentiellement automatisable dans une répétition à l'identique. Le serveur vocal simplifie, évitant d'avoir à refaire à chaque fois le monde humain – le « à chaque-fois » que toute relation humaine rejoue en toute rencontre – en dispensant un service. En effet, le serveur vocal ne s'enquière pas de la vie d'autrui, parce que par avance, a été anticipé et réglé l'enjeu de l'échange dans le jeu d'un protocole. Il reverse l'expression parlante dans les structures réglées de la langue. L'interlocution y disparait sous la résolution d'un problème. Un tel dispositif en sait assez sur la demande prévisible qui lui sera faite pour ne pas avoir besoin de s'inquiéter. Son aptitude à répondre efficacement à une demande tient, précisément, à ce qu'il isole une demande comme une question qui attend une solution et non comme une attente qui exige une relation. Le serveur vocal incarne ainsi la mécanisation de la langue au service de la manipulation des choses. Il a son équivalent dans le gouvernement des hommes. Le communicant qui fournit des « éléments de langage » pour prévenir le risque de la parole publique tue le courage qui donne de la voix. Au *Donne à ta parole assez d'ombre* qu'exigeait Celan répond une communication qui attend le maximum de transparence.
Vocal, le serveur ne parle donc pas. La vocalisation adroite n'est pas la parole adressée. Le serveur vocal concrétise la parole dressée, figée, fixée, minutée dans la rigidité de sa codification. « Veuillez introduire votre carte. Sélectionnez votre carburant. Vous avez choisi du Gasoil. Rentrez votre code. Allez-vous servir en Gasoil ». Ce qui ressemble à un dialogue n'est, en fait, qu'une instrumentalisation du dire. Le serveur vocal, ingénieuse invention, n'opère qu'en fonctionnalisant la langue. En dévitalisant l'intention profonde du langage qui est disponibilité à autrui, elle lui substitue un dispositif. La parole est visée éthique ; le service vocal est projet technique.
La construction d'un tel monde technicisé, rendu maniable et instrumentalisable, suppose donc une opération sur ce qui fait le langage. Elle le tire du côté de la structure, là où la parole engage un

événement. Elle mime une relation singularisante pour n'être en fait qu'une transaction indifférente et impersonnelle entre un robot et un idiot rationnel. Elle suppose de chasser la possibilité de l'équivoque – on ne discute pas ce que dit le serveur vocal – parce que ce qu'il dit n'exprime rien d'autre qu'un signal auquel on doit répondre par un autre signal ou par le fait de s'exécuter. Elle opère un détournement du langage quant à ce qui fait sa dimension première – la relation – pour devenir une mécanique transactionnelle adroite mais sans adresse. En somme, elle fait gagner du temps en tuant ce qui nécessairement se déploie dans le temps, à savoir faire des histoires, raconter des histoires, socialiser, relier.

L'existence du serveur vocal est rendue possible par l'attention portée à la dimension structurée, et en ce sens anhistorique, du langage. Le serveur-vocal ne profère pas, ne parle pas. Son statut d'automate consiste à pouvoir permettre des transactions quelque soit le temps – jour/nuit; jour férié/jour travaillé, etc. –; et pour ce faire déploie un scénario hors du temps. Ce service exige d'inventer un dispositif qui astreigne le langage au maximum d'univocité. Il élabore un contexte suffisamment contraignant pour que les mots vocalisés, synthétisés soient réduits en leurs capacités expressives et soient cantonnés à la fonction instrumentale à laquelle on les assigne. Là où le discours poétique se nourrit de la pluralité des discours, jouant des ambiguïtés et des instabilités, le contexte d'usage du serveur vocal opère comme un lit de Procuste qui signe la défaite du dire. Le sens y est bridé, fonctionnalisé. Ce contexte construit, par la mise en place de stations essences en libre-service par exemple, bride la force expressive des mots. Cela relève de ce que A.-J. Greimas appelait une isotopie[1], c'est-à-dire ce contexte grâce auquel tous les mots d'une phrase sont situés sur le même plan de référence. Ayant chassé la polysémie qui introduit du doute ou de l'incertitude, il permet alors de donner au langage cette dimension opérationnelle recherchée, dans la performance de la transaction : économie de discours puisqu'on enlève le doute; dévitalisation de l'échange pour éviter le parasitage des

1. A.-J. Greimas, *Sémantique structurale*, Paris, Larousse, 1966.

affects ; inexpressivité corporelle pour, en dépit d'une vague imitation de la voie humaine, donner un pâle aspect anthropomorphe à un dispositif sans charmes. La centrale d'appel téléphonique incarnera le raffinement de cette logique assignée au serveur vocal. Elle captera la fluidité et la personnalité de la voix humaine par l'embauche d'humains sur ces plateformes téléphoniques tout en les réduisant à des opérateurs dont toutes les interactions sont anticipées sur un prompteur déclinant les opérations à suivre.

Le serveur-vocal matérialise l'utopie qui traverse toute pensée du langage. Elle concerne l'idée d'un langage humain forgé sur le modèle du langage mathématique : une langue universelle. Le programme de cette automatisation de la langue repose sur la réduction de la triple équivocité du langage : celle du signe, du texte et de la langue. Il pense le langage abstraitement, l'envisageant comme un code, un système clos sur lui-même sans référence au monde – peu importe la matière objet de la transaction – et indifférent aux interlocuteurs – est secondaire la singularité de qui sollicite l'automate –.
Le serveur vocal vise tout d'abord à réduire la dimension expressive d'un signe linguistique porteur de multiples sens en évacuant toute équivocité même vocale, l'univocité étant l'idéal grâce auquel éviter toute méprise.

> On dit avec raison d'un bon causeur qu'il est un charmeur dans le sens magique du mot. Les conversations téléphoniques, où font défaut la plupart de ces éléments d'intérêts, ont pour caractéristiques d'être ennuyeuses quand elles ne sont pas purement utilitaires[1].

Au niveau du texte, le serveur vocal débite ensuite un ensemble de phrases qui imitent pâlement un dialogue, le déroulé prescrit d'une programmation n'ayant pas le doux aléa d'une conversation. Ce mime, cet *analogon* d'un quelqu'un qui dit quelque chose à quelqu'un d'autre, offre un grand avantage. Celui de court-circuiter le trouble attaché à toute relation intersubjective – le qui es-tu présent dans le « qu'as-tu voulu dire » ? – la communication y étant rabattue sur une

1. G. Tarde, *L'opinion et la foule*.

information instrumentale. Délibéré, conçu pour, ce suspens du vécu en instituant la plus grande distanciation possible entre la demande et l'attente, écarte toute participation. Il est la garantie d'une économie de temps, d'engagement affectif, et de fiabilisation du service rendu. C'est encore plus évident dans le cas des plateformes d'appels téléphoniques. La communication, bridée par des automates scénarisant l'échange dans un effort de contraction et de contraintes censées permettre de traiter le plus d'informations possibles, impose sa métrique à la communication. Part de l'autre incompressible, cette robotisation maintient l'humain comme l'indispensable interface, évitant ce faisant l'avènement d'un « télémeurtre » relationel !

Le serveur vocal surmonte enfin l'obstacle de la diversité historique des langues que portent ses usagers nomades, lesquels ne parlent jamais le langage, mais des langues. Parce qu'il peut « parler » en différentes langues, le serveur vocal est l'instrument de la communication universelle ..., du moins si l'on n'est pas dupe que cette universalisation fonctionnelle du monde propre à la mondialisation n'est pas le dernier mot de l'universalité. Peu éloigné de la logique qui sous-tend l'invention des traducteurs automatiques, cette forme balbutiante du traduire que portent les serveurs vocaux ou les automates suppose une conception théorique de la traduction : dépasser la pluralité des langues, vécue comme une malédiction, par l'uniformité d'une transposition langagière qui n'est que fonctionnelle. Dans cet esprit le serveur vocal fait du traduire la recherche d'un identique, lequel ne fait droit à l'altérité qu'en la concevant comme le risque potentiel d'une altération de l'interaction.

En somme, le serveur-vocal fait apparaître qu'ici le langage est assujetti à une logique de la connaissance, là où les interlocutions langagières sont d'ordinaire investies pratiquement par une logique de la reconnaissance. On songe alors au fameux sketch du plombier de Fernand Reynaud. Dans la mécanicité d'une parole de perroquet, ce qui sauve de l'horreur mécanique et qui déclenche le rire, c'est qu'une parole qu'on sait n'être pas « à propos » – le perroquet ne *parle* pas – dans le singulier d'un contexte, se trouve avoir de l'à propos. Cela conduit à découvrir la supercherie de la machine sous l'efficacité de la réponse. La machine ne communique pas, elle informe. L'homme communique rêvant de communier. Sans doute alors que ce tient là, en éveil, ce qui fait d'un monde humain un monde. Un monde habitable tient à l'hospitalité de la langue, non pas réduite à un code que l'on possèderait, mais à un milieu que l'on a en partage.

le trader

Un taureau noir espère l'Espagne
Les marches du New York Stock Exchange
S'élèvent encore vers l'âme de la ville
Au coin, une église ferme la rue.

Il faut bien un mot venu d'une langue étrangère – *trader* – pour dire combien nous est devenue étrange et fascinante l'activité économique financiarisée. Zola, décrivant l'agitation autour du Palais Brongniart écrivait déjà :

> Autour de lui, l'encombrement du pavé et des trottoirs continuait, un flot ininterrompu de gens, l'éternelle foule à exploiter, les actionnaires de demain, qui ne pouvaient passer devant cette grande loterie de la spéculation, sans tourner la tête, dans le désir et la crainte de ce qui se faisait là, ce mystère des opérations financières, d'autant plus attirant pour les cervelles françaises, que très peu d'entre elles le pénètrent[1].

La Bourse, on n'y comprend rien. Est-ce l'effet d'une novlangue faisant disparaître l'économie des entreprises sous la financiarisation de l'économie (marchés financiers, CAC 40, PIB, Euribor, produits dérivés, titrisation) ? Ou l'effet de l'écart qui sépare la dimension vitale, sociale, environnementale et économique de l'économie de sa rationalisation et sa modélisation mathématiques ? L'économie dite réelle disparait sous l'économisme. La valeur (qu'elle renvoie au travail chez les économistes classiques ou à l'utilité chez les économistes contemporains) n'y est plus l'expression d'une attente et d'un projet collectif valorisant mais traduction de potentielles valorisations boursières. Elle devient abstraite : une réalité naturalisée que l'on définit et formalise dans des lois, pour pouvoir la manipuler comme des choses.

1. E. Zola, *L'argent*, présentation de Christophe Reffait, GF-Flammarion, 2009, p. 60.

L'économie réelle reconnait des acteurs; l'économisme ne connaîtra que des opérateurs de marchés (*trader*). Dans le premier cas, l'action est qualitativement distincte, intrinsèquement valorisées par les fins qui les habitent. C'est que le fait économique dépend non seulement de ses propriétés objectives mais de la valeur qu'on s'en fait, de visées : religieuse, esthétique, éthique, etc., l'action étant un événement-avènement. Dans le second cas, l'action est envisagée à partir des causes qui la produisent. Désirs, intentions, passions, combinaisons de désirs et de croyances sont décrits, à l'instar des mouvements physiques, comme des événements du monde. Pour cette épistémologie du social, l'opérateur produit un événement quelconque distinct d'autres de façon objectivable : le bénéfice. Pour la première, non séparable de la fin que l'acteur veut réaliser, l'action est expression fondamentale d'un but : le bénéfique.

Soucieuse de rigueur et d'objectivité, la grande mentalité calculatrice propre à l'économisme traque ainsi sous les actions (entreprendre, travailler, échanger, contracter) des activités formalisables (exactitude, répétition, précision, expression chiffrée de la vie). Plus, l'économie mathématique se soucie moins d'analyser ce qui est, en collaborant avec les sciences sociales, que de chercher à définir un modèle, au double sens du terme, de ce qui devrait être. Il s'ensuit que

> La vie de beaucoup d'hommes est entièrement occupée à ces activités qui consistent à déterminer, peser, calculer, réduire des valeurs qualitatives en quantitatives. La pénétration de l'estimation monétaire devait introduire une bien plus grande précision et délimitation dans les contenus de la vie, elle qui nous a appris à déterminer et à spécifier toute valeur au pfennig près. [...] De ce point de vue, le monétaire se présente comme l'intensification et la sublimation pures et simples de l'économique[1].

Cherche-t-on une figure illustrant cette mathématisation de l'économie ? On la trouvera dans le *trader*. Le *trader* est la version faite chair de *l'homo oeconomicus*. Sur lui se condense la production

1. G. Simmel, *Philosophie de l'argent* [1977], trad. S. Cornille et Ph. Ivernel, Paris, P.U.F., 1987, p. 567.

théorique et pratique de l'économie financière. Il en est l'artefact en même temps qu'il en est l'agent. Il est l'homme économique qu'Amartya Sen nomme ironiquement et froidement un « idiot rationnel ». Dans la fiction de l'acte de « trader », une conduite est ramenée à un comportement qui doit être cohérent, prévisible, rationnel mais dont on ne semble pas exiger qu'il soit aussi raisonnable. Cohérence et prévisibilité manifestent les attentes à l'égard d'une rationalité économique déconnectée de sa réalité sociale du côté de la pensée et désolidarisée des valeurs personnelles et sociales du côté de l'agir. L'agent n'est pas l'acteur. Il est une fiction à qui on a appris à négliger les enjeux d'estime de soi pour n'en faire que des parasites, alors qu'on en sait pourtant la consistance, notamment lors des crises. En effet, en termes d'amour de soi et d'amour propre, imagine-t-on ce que peut signifier pour un homme de manier des sommes faramineuses – le *trader* Kerviel mobilisa 50 milliards d'euros dans ses opérations frauduleuses – ? A-t-on idée de ce que faire vivre cette expérience à des hommes, souvent jeunes, dans l'atmosphère exaltante d'une salle des marchés où une table de *trading* concurrence les tables de *trading* voisines ? Il faut s'interroger sur ce qu'a du apprendre et intérioriser un homme pour en être réduit à comprendre comme un exploit rationnel le moment même de sa disparition relationnelle.

Traders, *golden boy* sont les rois Midas du palais Brongniart et des salles de marché. Tout ce qu'ils touchent se transforme en or. Mais ils ne le touchent jamais, à proprement parler car les fronts audacieux de leurs palais sont abstraits et virtuels. Dans l'effervescence de la spéculation – on peut en une heure y gagner des millions dit-on – la salle de marché se fait l'antre mystérieuse d'une alchimie incompréhensible On y évolue dans un monde construit pour concrétiser la maximisation des intérêts égoïstes. La main invisible du marché y a enlevé le gant qui la dissimulait pour apparaître dans son implacable et terrifiante mécanicité, et dans l'hermétisme de sa rationalité. Dans un monde moderne qui colonise et bureaucratise l'ensemble du monde vécu, émerge un nouveau type de personnalité. Y être n'est plus tant se tenir et maintenir dans le temps que s'adapter aux sollicitations, voire aux stimulations et aux excitations qu'éveillent les signaux informatiques d'un monde dédié à la manipulation d'abstractions. Il faut apprendre à surfer. Le *trader* surfe sur le flux continu et contingent des informations qui forment ce milieu si singulier qu'est une salle de marché. La traduction du mot signale ce déplacement. De commerçant et négociateur qu'il a pu être, le *trader* est devenu un opérateur du Stock exchange. Dans les salles de marché, le *trader* a pris la place de l'investisseur en même temps que la spéculation ultrarapide sur les transactions se substitue au temps lent du placement en actions. On aurait besoin, pour décrire cette agitation, d'un nouveau Zola écrivant *L'argent* à l'heure de la mondialisation. Ou bien de la présence d'un anthropologue dans les salles de marché pour y décrire l'étrange liturgie qui s'y déploie.

Sans doute l'inversion du rapport entre le *trader* et l'ordinateur, celui-là devenant le liturge ou le servant de celui-ci est-elle radicale. Opérateur, le *trader* confirme que l'ordinateur est devenu le principal ordonnateur. L'écran, devient l'idole qu'il faut faire parler pour lire les auspices; à moins qu'il ne soit l'autel où doive s'exercer le sacrifice. Mais pour quelle ordalie? En effet, l'outil informatique sert ici de médiateur : les données d'informations seraient la preuve du côté des « faits », de cet acte de foi qui consiste à croire que le modèle c'est le réel. Sait-on assez que 75 % des activités financières sont robotisées, les ordres d'achats et de vente étant automatisés, servis par des ordinateurs, substituant, de ce fait, à la délibération raisonnable qui apprend à faire la part des choses, la déduction rationnelle, confondant décider et calculer, dans le *trading* à haute fréquence? Serviteur d'un golem ayant pris son autonomie, le *trader* ne peut pas répondre à d'autres questions que celles de savoir, dans la frénésie du acheter ou vendre – les décisions assistées par ordinateurs du *trader* se font en milliseconde, peu importe ce que l'on achète et à qui –, qu'est-ce qui rapporte le plus. Il devient incapable de discerner les différents motifs qui nourrissent un choix; qu'est-ce qu'il est raisonnable de faire en plus de ce qu'il est rationnel de prévoir.

La salle de marché invente l'espace où la valeur boursière anesthésie le fait qu'il puisse y avoir d'autres valeurs que la cotation en bourse. Et l'on spécule indifféremment sur le marché des matières premières alimentaires ou bien sur l'encouragement au surendettement des consommateurs les plus fragiles. Elle initie le temps du hors-temps dans cette folle inversion qui fait que le temps virtuel des salles de marché, marqué par l'immense synchronisation informatique des places financières, se veut un temps réel depuis qu'en 1986 on décida d'instaurer la cotation continue. Nous disons invention car la cotation, la production du nombre dans la cotation chiffrée est bien une invention. Une donnée chiffrée, c'est une banalité de le dire, n'est pas donnée. Elle est construite, modélisée. Et il faudrait faire le travail de remonter le long processus par lequel on a réussi à numériser le monde de la production en des catégories orthonormées et traduit, pour la trahir, le vif du travail en quantité. Il n'y a pas de quantification sans convention au préalable qui ne cautionne ni n'autorise la numérisation, la mathématisation. Le *trader* manipule des chiffres mais comment sont-ils produits ? Le chiffre n'est pas le réel mais bien son invention, sa construction (cela a un coût de le produire ; il y a des intérêts des acteurs qui le revendiquent et en font usage). On feint d'avoir une cotation brute déconnectée du social dans le réalisme du fait. Mais la cotation brute est surtout brutale. N'aurait-on pas avantage alors à travailler à expliciter les relations que la science qui produit des chiffres entretient avec le social qui les manipule ?

Si le *trader* est ce « dernier homme » dont parlait Weber, il se reconnaît à un certain nombre de traits. Il évolue dans un monde où il n'est plus de critères clairs et unanimes sur ce qui est moralement acceptable ou indigne. En témoigne l'incapacité à s'interroger sur le juste montant d'une rémunération (elle aussi astronomique), pour s'en remettre aux mains d'un nouveau destin pas moins nécessaire et invitant à l'impuissance que le *fatum* des anciens : la compétition qu'encourage la loi du marché et que tente de réguler l'autorité des marchés financiers. L'efficacité parait être le critère de la légalité professionnelle, posant comme idéaliste la remise en cause de sa légitimité. Il opère ensuite une césure franche entre vie privée et vie publique, dans une scission des sphères ou des ordres (entre ordre technoscientifique/ordre économique/ordre moral), qui interdit d'évaluer éthiquement et politiquement les effets et méfaits d'une pratique qui s'en remet aux forces aveugles de la « structure ». On compense alors, par le discours et la pratique de la bienfaisance, une complaisance relative à la non prise en considérations des effets des délocalisations, des externalités et des impacts sociaux et environnementaux qu'induisent les décisions financières. Le *trader* est ainsi le prototype du pas pris de la pensée calculante sur la pensée méditante, de sorte que sont pensés comme réalistes des raisonnements et solutions techniques tronqués, amputés de leurs aspects éthiques, sociaux, environnementaux et politiques. Ici on tient que décider équivaut à déduire. Enfin, le *trader* est le produit d'un processus de formation qui réinterroge les tâches de l'éducateur politique aujourd'hui. Les formations en économie, qui séparent allégrement l'économique et le social au nom d'une excellence évaluée sur les seuls critères de l'habileté analytique et mathématique, sont le signe d'une formation humaine réduite à n'être qu'un formatage, en vue d'une insertion professionnelle à courte vue. Elle n'envisage le monde humain du travail qu'à partir de la porte d'entrée comptable qui le dévisage, la gestion l'emportant sur la direction dont elle croit pouvoir tenir lieu.

Le *trader* incarne donc l'animal économique moderne. Il joue le jeu de l'économie comprise comme manipulations abstraites, représentations (l'argent) des représentations (le travail dévitalisé rendu comparable dans le travail quantifié : heures, salaires). Il signale l'entrée d'un type d'humanité, rompant avec le travail compris comme profession et effort – encore que la chemise blanche décravatée et la suée due à l'intensité du *trading* en soit l'ultime trace – et se métamorphosant en « type d'homme centré sur le gain » comme dirait encore Max Weber. Lorsque le monde des valeurs se rapetisse en valeurs boursières, dans la confusion entre prix et valeur, émerge un type d'homme pris dans la machination du marché, devenant lui-même machine à calculer. Pour lui n'a de valeur que ce qui a un prix. Mystérieuse identité de cet automate de la Bourse qui bataille avec les invisibles logiques d'équilibre du marché anonyme. L'animal symbolique caricaturé en animal économique ne voit plus dans les signes du monde – valeurs, sens, recherche de vie bonne et cohérence – que des signaux à manipuler. Les relations et les échanges ne sont plus que des calculs et des transactions dans les salles de marché, préparant, dans les espaces aseptisés et informatisé, des téléviolences sociales.

Parler de l'économie financière à partir d'une figure – le *trader* – est certes un artifice. Il répond à un défi. Rendre sensible et compréhensible une activité économique devenue tellement abstraite qu'elle semble totalement d'une autre planète – est-ce un hasard si les chiffres et les sommes qu'on y manipule sont dits « astronomiques » ? – alors qu'elle a des effets au quotidien – délocalisation, travailleurs pauvres, fermetures d'usines – dont on ne « voit » pas où en est la cause ? Le coût d'accès à l'intelligence de ces logiques économiques, c'est-à-dire l'apprentissage de connaissances mathématiques extrêmement raffinées, est tellement élevé qu'il devient réservé à un tout petit nombre d'initiés. Le plus grand nombre se trouve dessaisi de ses capacités d'initiative, placé qu'il parait alors sous la stricte nécessité d'une machinerie transformée en destin. Celle-ci parle dans les mots quantitatifs du prix ce qui se vit dans les catégories qualitatives de la valeur. Il s'ensuit que nous ne comprenons l'économie qu'au travers de quelques emblèmes : golden boy, Wall Street ou *trader*. Est-ce là de l'ignorance ou de la lucidité ? Le *trader*, image-emblème, rend sensible ce qu'a d'abstrait l'économie financière dans laquelle il évolue. Il personnalise des enjeux engagés dans des systèmes impersonnels pour les questionner, et avoir prise sur leur empire. Nous ne sommes pas dupes de ce tour de passe-passe qui ne fait illusion qu'un temps. La financiarisation de l'économie est une abstraction qui se fait prendre pour la réalité du travail et des efforts des hommes engagés dans des rapports de force, des luttes pour la reconnaissance, des projets collectifs d'émancipation, des relations.

> La « réalité économique » est une irréalité de principe, une entité générale, une idéalité, une abstraction... parce que, dans cette venue hors de soi dans l'extériorité (la valeur d'échange), la subjectivité vivante du travail originel réel a perdu toutes les propriétés qu'elle tient de sa subjectivité : souffrance, peine, intensité de l'effort – bref

tout ce qui est vivant et fait la vie a été mis hors jeu. ... L'économie n'est pas la réalité, mais son double irréel et, comme tel, fantastique. [...] Lorsque l'argent ou le capital semble faire quelque chose, ce n'est jamais lui en réalité qui le fait. Il faut chaque fois convertir l'argent en la force de la vie, acheter du travail, c'est-à-dire pour Marx, quelqu'un [1].

1. M. Henry, « Penser philosophiquement l'argent » [1992], dans *Auto-donation, Entretiens et conférences*, Beauchesne, 2004, p. 174-177.

l'alzheimer

Un galop de mots échappés de la guerre
Armée folle des soldats perdus
Têtes droites sur la mer à l'assaut des épaves.
Qui sommes-nous pour vous oublier ?

Qui serai-je quand je ne pourrais plus dire « je »? Comment me regarderas-tu, toi que j'aime, lorsque je te prendrais pour une étrangère? Nous supporterons nous encore lorsque ma démence sera-telle que je vous deviendrai insupportable? Que me dit-il de mon humanité celui là dont tout en moi refuse une quelconque assimilation? A ces questions la maladie d'Alzheimer – on dit « l'Alzheimer » aujourd'hui dans la rapidité d'un nom propre jeté à la figure à la manière d'un destin – répond par la perspective de la dépendance dans la démence malmenant notre goût moderne de l'indépendance. On labellise dans l'Alzheimer effaçant le « qui » malade sous le quoi de sa maladie. On ne dit pas d'une personne souffrant d'une fracture qu'elle est une jambe cassée. Pourquoi dit-on de celui ou celle qui souffre de troubles mnésiques qu'elle est un Alzheimer?

Affectant le cerveau, organe symbole de l'humain, cette affection joue le rôle des Vanités d'autrefois, l'effondrement neuronal prenant la place aujourd'hui du dessèchement des chairs hier. Cette maladie condense sur elle le nom du neuropsychiatre Aloïs Alzheimer (1864-1915); un syndrome clinique associant des troubles cognitifs et comportementaux évoluant vers une dépendance sévère; et un imaginaire généralisant (du malade à la maladie et de la maladie à La Démence) relayé par la rhétorique de l'épidémie (l'anonymat des centaines de milliers de personnes concernées). Rarement, en effet, une épidémie a porté l'emblème, aux allures de stigmate, d'un nom propre. Epidémie puisque la vieillesse, lorsqu'elle finit par être conçue comme une maladie, voit les cohortes de vieillards avancer par centaines de milliers dans nos rangs et instiller dans l'imaginaire collectif, l'horizon inéluctable de la démence.

Sur l'Alzheimer se mêle ainsi considérations de la sémiologie médicale (un tableau clinique), représentations culturelles affolées (le « légume », le « rebus », la déchéance de l'humanité), et exploration métaphysique de ce qui figure l'humain par-delà ce qui le défigure (si c'est un homme). Méprise théorique sur l'épreuve d'une défaillance pensée comme une défaite; méprise sur une humanité ébranlée qui menace nos assurances au risque du mépris social. Parce que l'homme est un roseau pensant, que nous avons appris à connaître comme un réseau pensant – être, aujourd'hui, c'est être branché en réseau – l'Alzheimer manifeste un être-là à rebours de ces idées. Maladie de l'impossibilité d'être en réseau, pathologie de la mémoire, affection de la réactivité et de l'adaptation aux stimulations du présent immédiat, l'Alzheimer a l'allure d'une maladie de civilisation. Elle est tout ce que l'homme adapté de la modernité tardive n'est pas, nous inquiétant précisément pour cela.

Fait de nature pour l'objectivité du naturaliste, cette maladie regarde donc notre culture. Elle est une maladie de civilisation, surlignant sa vision du monde et de l'homme. Dans une modernité exaltant les performances cognitives de l'individu, et l'interactivité virtualisée par des technologies, elle en est comme le négatif. L'autonomie du moderne tiendrait-elle à sa réactivité et à une identité en réseau? Le malade d'Alzheimer offrira la vulnérabilité de la « panne de l'unité centrale », l'altération du « logiciel neuronal. »

Pourtant, l'identité personnelle blessée résistant aux pauvres métaphores informatiques, repose la question de l'humain. Qu'est-ce qui fait la permanence de soi lorsque la raison, la volonté, la mémoire sont gravement altérées? L'Alzheimer n'est pas la maladie mais une maladie, et à chaque fois la singulière épreuve d'une biographie. Le fait biologique s'y déplie en évènement biographique. Il faut le rappeler pour lutter contre la violence du verbal qui stigmatise et se prémunir de la non moins violente facilité du général. Affection de la mémoire, elle est une manière de perte progressive de soi qui donne au pire un visage inattendu. Non pas celui de la disparition de soi dans l'imminence du mourir mais celui de la lente dissémination et dislocation des figures connues et continues du moi. On y endure la dureté du vivre dans l'épreuve d'un pâtir singulier : la lente et inexorable épreuve de la limitation de nos possibles et de la conscience qu'on en a. Dans le temps, le « je » change, devenant parfois méconnaissable, n'étant plus que « la pierre ponce de lui-même » dirait Proust. Mais ce lien entre identité personnelle et mémoire, le malade d'Alzheimer le sonde bien plus radicalement encore, car s'il a des souvenirs, il n'a plus de mémoire.

Dans la démence, la diminution de soi qui s'annonce rend proche cette épreuve de soi qu'est la souffrance de la perte de soi dans l'oubli. Epreuve de devenir méconnaissable à ses yeux et aux yeux d'autrui. Etre diminué ; voir la vie ne pas reconnaître la vie en soi dans la douleur, se retrouve ainsi dans la démence. A cette différence toutefois que l'impuissance à persévérer dans son être dans la douleur affecte l'unité du corps vécu, là où la démence engage l'incapacité grandissante pour une personne à dire réflexivement « je » et donc à rester elle-même dans l'attestation d'un soi. Là où la douleur signale l'involontaire de notre corps, la démence est souffrance de déréliction face à l'incapacité de la volonté de reprendre l'initiative sur une donnée neuronale. L'involontaire y terrasse la volonté dans un dernier combat. Cette fois-ci l'affection n'est plus locale ou passagère. Elle brise le lieu même où le « je » peut dire je ; le lieu de la mémoire. « Perdre la mémoire est se perdre » dit Jérôme Porée.

Cette épreuve de l'être au monde sur le mode du changement : « je ne me », « tu ne me reconnais plus » engage une modalité de la relation vécue comme une gradation de la dégradation. Toutes les occasions d'identification et de reconnaissance que mobilise le quotidien y sont autant de tentatives de mettre au jour de quoi répondre à la question : « qu'est-ce qui, dans ta manière de changer, toi qui est malade, peut aller jusqu'à te rendre méconnaissable, étranger jusqu'à l'étrange » ? S'y éprouve la fragilité de la stabilité des traits, des caractères involontaires et des propriétés qui servaient jusque-là une forme d'identification acceptable : le corps, le tempérament, les habitudes, le langage, la mémoire. Il confronte à une forme d'involontaire encore plus radicale : l'absence de prise sur la mise en branle involontaire (effondrement des structures neuronales) d'éléments

invariants en nous relativement stables, qui n'étaient pourtant eux-mêmes pas volontaires (corps, tempérament). Vécu généralisé et intériorisé de « la branloire pérenne » d'un Montaigne!
Ouvert à la durée pure, il est incapable d'être présent au présent de cette chronologie qui honnit les anachronismes (« mais, papa je suis ta fille, non ta sœur! ») et autorise le méticuleux « je me souviens » fier de ses datations (l'altération de la mémoire immédiate). Peut être n'y a-t-il que la littérature, non pas parce qu'elle ne serait que de la littérature, mais parce cette dernière retrouverait la vérité insubstituable du singulier donnée dans le poétique bien plus sûrement que l'exploration méthodique d'un comportement, pour rendre sensible à cette modalité de la présence sous la disparition des compétences. Cécile Wajsbrot, écrivain dont le père est atteint d'une démence écrit ainsi :

> Mais si mon père ne comprend pas grand-chose à ce qui se passe autour de lui, aujourd'hui, il perçoit des atmosphères, il chante, il danse, parfois, quand il voit un enfant, il lui parle à sa façon ...il vit dans un monde où on peut passer des heures à faire entrer un stylo dans une boucle de ceinture [1].

Temps disponible à la présence versus temps occupé, planifié dans le déferlement excité des compétences. Le poétique maintient le lien singularisant d'une imagination du semblable là où le discours généralisant du scientifique ou de l'opinion, par des voies fort diverses, recherche le généralisable (le général de la loi dans le cas ou la généralisation abusive dans le stigmate).

Image existentielle inquiétante, l'Alzheimer sert aujourd'hui de repoussoir à ce que chacun ne voudrait pas devenir. « Surtout ne pas finir comme cela » entend-on! Anticipation d'un devenir possible, la démence se fait insistante interrogation. Qu'est-ce qui du moi demeure lorsque s'épuisent les capacités de mémoriser, de parler, d'argumenter, de contracter, qui font, ordinairement, qu'un homme est un homme? L'avancée de la démence de type Alzheimer se formule alors en termes angoissants : angoisse de la désorientation

1. C. Wajsbrot, *L'hydre de l'herne. Récit*, Paris, Denoël, 2011, p. 104.

spatiale « où suis-je? » Angoisse de la désorientation temporelle dans l'impossibilité de faire récit de soi « qui suis-je? ». Et peut être, mais qui pose alors la question (?), en termes d'angoisse fondamentale de perdre l'humanité « suis-je encore...un homme? », lorsque l'effondrement neuronal et la régression psychique deviennent massifs. La question se déploie alors métaphysiquement, relative à l'ultime de l'homme lorsque ne reste plus que le désarroi d'un homme sans qualités, disqualifié par l'évaluation quantitative en termes de score aux tests neurologiques de mémoire et par la dévaluation sociale de ses capacités.

Ajoutera-t-on que dans la démence ce que l'on perd de soi n'est pas tant de l'ordre de la quantité (la destruction neuronale) que de l'ordre de la qualité : perte de capacités et de manières d'être, acquises, conquises en une histoire de vie de sorte que cette vie qui se défait dans la démence peut se vivre dans l'épreuve d'être défait. Difficile alors puisque l'homme malade perd la possibilité d'être à la hauteur de lui-même et à la hauteur des attentes sociales; puisque le « je » ne peut plus jouer le jeu trépidant des interactions sociales qu'il savait jusque là mobiliser et maîtriser. Difficulté sociale puisque celui qui reçoit de l'autre ne sait pas qu'il reçoit et que celui qui donne (l'aidant naturel) vit l'épreuve du don à l'autre jusqu'au sacrifice dans la difficile reconnaissance, vivant sa vie au rythme d'un proche devenu étranger. L'épreuve de soi et l'épreuve de l'autre engagées dans cette métamorphose qui voit de l'autre s'installer au cœur de soi, n'en sont pas moins violentes et terribles. Faire l'épreuve du méconnaissable à ses yeux et devant les yeux de l'autre, c'est vivre la violence du sentiment de sa propre indignité, rendant difficile l'accès à une autre compréhension de soi.

Demander si c'est un homme, cet homme dément, revisite alors l'idée que nous nous faisons d'une humanité précarisée jusqu'à la brisure, l'affirmation d'une équivalence entre pouvoir moins et être moins paraissant bien manquer de justesse.

La reconnaissance de l'homme méconnaissable invite donc à ne pas confondre reconnaître et identifier. Identifier concerne quelque chose (des signes extérieurs objectifs : suivi logique d'une conversation, test de la mémoire); reconnaître se rapporte à quelqu'un (un Toi, pas un cas). L'identification, ne voyant plus en l'Alzheimer de traits humains, fédère autour de la peur de la démence et de la mort. Quant à elle, visée éthique fondamentale, par-delà l'agilité des capacités cognitives, la reconnaissance révèle ce sans quoi notre monde humain ne serait qu'une machine fonctionnelle mais idiote.

Entre l'attestation d'une commune humanité dans la vulnérabilité et l'identification de performances s'opposent donc deux conceptions de la reconnaissance. Celle-ci se la représente à partir d'une idéalité qui fait de l'humanité une essence non affectée par l'histoire dans l'importance de la transparence à soi, de la rationalité, de l'indépendance, évaluant les histoires à partir d'une perte des attributs, jugeant comme défaillants ceux qui ne les honorent pas. Celle-là atteste de l'humanité du dément, non à partir d'un idéal pris en défaut (ce qu'il ne peut plus et ne sait plus faire) mais à partir de ses capacités effectives, de ce qu'il est capable de manifester (sentir, éprouver, ressentir, souffrir.) Cette forme de reconnaissance atteste d'une humanité commune dans ce qui la fragilise. Là où la projection enferme le malade d'Alzheimer sous l'imagerie de la ruine, et, par généralisation, oublie le quelqu'un malade pour l'enfermer sous l'imagerie d'un quelque chose (ce n'est pas, plus une vie), le travail de la reconnaissance, interpersonnel mais aussi institutionnel, rend attentif à la spécificité d'une histoire personnelle. Il faut une grande force pour ne pas laisser parler en nous les emblèmes et les terrifiantes images stéréotypées qui tuent. Il faut une grande ressource intérieure pour laisser retentir en soi une pluralité de sentiments et que face à la démence qui nivelle, statufie et tétanise, soit maintenue une disponibilité capable de rester ouverte à la reconnaissance, attentive aux fulgurances de la présence sachant les absences.

Cette épreuve singulière du méconnaissable en appelle aussi à des institutions de la reconnaissance. Si « l'Alzheimer » connaît la stigmatisation, voire la relégation sociale, la mise en place d'institutions qui fassent passer de l'interpersonnel au social, et du social au politique en vue d'une reconnaissance est tout autant nécessaire. Par leurs biais, on corrigera les dépréciations hâtives. Les unités de soins spécifiquement dédiées aux malades d'Alzheimer; la prise en compte politique d'un plan Alzheimer 2008-2012 disant que « L'accompagnement éthique, c'est affirmer la permanence de la personne humaine en toutes circonstances même les plus dégradées » donnent une dimension publique à ce souci de la reconnaissance. De la sorte, elles répliquent à l'anonymat du « on est dément » par l'attention au chacun que doit servir l'institution. Ici la responsabilité de l'institution n'est pas simplement de coordonner les tâches entre les intervenants mais d'être attentive aux *ethos* et aux rôles sociaux qu'elle encourage. Elle le fait en mettant en travail des identités souvent figées par les logiques identificatrices propres au fonctionnement institutionnel qui identifient à des rôles (*cf.* la hiérarchie qui s'instaure parmi les résidents ou les professionnels, entre les formes de dépendances au sein de l'institution – handicap physique, invalidité, démence – la démence y étant la figure repoussante ultime pouvant conduire à une sorte de mort institutionnelle). Elle est aussi d'encourager des modes de subjectivation qui accompagnent les reconfigurations de soi qu'engage la démence. Parce qu'être « placé en institution » confère à un individu des spécificités liées à la raison d'être de cette institution, être à cette place engage un mode de subjectivation qui donne à chaque histoire la possibilité de se vivre – ou non – comme étant à sa place. Ceci suppose des interactions sociales, au sein de l'établissement, maintenant ouvert un espace-temps transitionnel. Ce dernier permet que s'exprime entre la place institutionnelle réservée au malade dément et ses autres places dans d'autres contextes, en l'occurrence le jeu des places liées à l'histoire d'une vie (son passé et ses activités antérieures; dialectique famille, profession, institution de soin, etc.), de quoi contrecarrer les images sociales de cette dernière. Ainsi comprendra-t-on pourquoi ces institutions sont des espaces foisonnants.

Activité théâtrale en maison de retraite éveillant des émotions enfouies; culture du soi par le jardin des arômes où le parfum d'une fleur devient un détail immense grâce aux aménagements des designers d'espace; personnalisation des grilles d'évaluation de la dépendance; conception architecturale permettant à chacun de « se choisir un coin » en évitant que les demeures ne soient que des mises en demeures; temps pris dans les activités et les planifications pour laisser s'installer une rencontre là où l'on pourrait, étant pressé, n'y voir ou entendre que de la confusion, deviennent autant d'éléments d'un salutaire iconoclasme contre les images toutes faites réduisant le malade d'Alzheimer à une figure de l'absence. La méprise sur l'autre dégénère vite en mépris. Une institution qui ferait la cueillette discrète de tous ces espaces interstitiels où la fulgurance d'une présence fait son entrée serait alors la cartographe de tous ces lieux ou moments qui résistent à l'appétit des nosographes, retrouvant une histoire sous une image-emblème. Ils maintiennent vive l'imagination du semblable, ce lien analogique visant le plus profond de notre rapport à autrui. Se met ainsi au jour, que ce qui lie les hommes les uns aux autres, par-delà les concepts, se livre dans la puissance des images qui les habitent, et dont parle cette « lueur » que révèle un regard.

Chanter une chanson ensemble; partager la saveur d'un plat; ne pas avoir peur de la divagation mais la concevoir comme une autre modalité de la relation développent une nécessaire pédagogie. Elle consiste à se déprendre de cet imaginaire proliférant qui, par abus de généralisations (l'Alzheimer dont parlent les médias, ce peut être tout le monde parce que ce n'est personne), étouffe l'irréductible singularité du malade, de ce malade. Publiquement l'Alzheimer est juste une image emblématique; éthiquement et socialement elle exige qu'on lui substitue une image juste.

la société de l'évaluation

J'ai pesé l'épaule nue du printemps
Et la peau douce d'un rêve
Calibré l'été brûlant d'un sein
Ouvert le compas de tes cuisses
Et vendu ton âme à l'hiver.

Evaluer (le classement des lycées selon leur taux de réussite au baccalauréat; la performance d'un service de police ou de soins) et contrôler (indicateur du taux de passage d'une classe à l'autre ou sincérité des comptes), normer (dépistage précoce de l'enfant violent dès trois ans) et normaliser (pourcentage du taux d'encadrements d'éducateurs pour un nombre de mesures d'AEMO), gérer (indicateurs de performance et contrats d'objectifs et de moyens) et fiabiliser (certification et labellisations des établissements en ISO; organiser le suivi des adolescents violeurs récidivistes dans le secret partagé) sont des mots de l'air du temps. Leur constellation déploie sur le monde commun de nouveaux dispositifs de pouvoir en une société de la norme soucieuse de rationaliser. Nous vivons ainsi une bureaucratisation croissante des existences. Au risque de vivre on tend à substituer le fonctionnement, l'existant étant rabattu sur le gérant, qu'il soit gérant de son taux de cholestérol, de son patrimoine ou de ses relations. Renversement : si la responsabilité consiste à prendre des risques, dans une société du risque la responsabilité consiste à ne plus en prendre !

La culture de l'évaluation engendre une ambiance culturelle qui normalise et sécurise. Lorsque la culture, envisagée comme maintien d'une proposition de monde de valeurs, est confondue avec une simple adaptation aux sollicitations du milieu, alors la « mentalité de la fabrication », comme dit Hannah Arendt, colore et conditionne notre compréhension du geste de socialiser. Surtout, la vitalité de la créativité, en raison du proliférant désordre qu'elle peut engendrer, est circonscrite en des logiques de contrôle et d'administration.

Rattrapée par les dispositifs de l'évaluation, notre culture a connu une métamorphose majeure : au langage traditionnel de la transmission a fait place le langage fonctionnel de la rationalisation; glissement d'une symbolique de la transmission à une analytique du transférer. La transmission a longtemps été portée par une manière stable de maintien du monde commun : rôle instrumental du transmettre (pouvoir exercé au nom de l'autorité de l'antécédence); force de figures symboliques (le juge, le médecin ou l'instituteur comme figures sociales); fragilité précieuse de la transmission (fugacité du « être une autorité »). Dominée aujourd'hui par la technicisation de notre rapport à nous-mêmes, aux autres et au monde ambiant, la transmission se fait analytique du transférer, mécanismes industriels de transferts de technologies ou techniques de manipulation de signaux. L'analytique du transférer – comme on parle de transfert de données pour un disque dur – se déploie en ce que Foucault appelait des « disciplines et des régulations », en procédures d'évaluation.

L'idée d'évaluation érode celle de transmission au profit de l'utilisation, dans l'impératif disant : « vaut ce qui peut répondre à la question "à quoi cela servira-t-il?" ». Le modèle de la production, la consommation de « biens culturels » envahissent ainsi notre pratique sociale, dont l'éducation. Cela suppose une subversion de la compréhension de ce qui fait un monde commun. Servent cette confusion entre ce qui constitue chair et texture du vivre ensemble – ce a quoi nous tenons et qui nous fait tenir, les questions qui comptent sur le beau, le vrai, le sens, la nature, le bien; les relations informelles qui permettent une relation – et les rapports sociaux structurés et formalisés, les indicateurs d'une évaluation, dite qualitative. Sournoise rationalisation du monde commun où le nouveau capitalisme, flattant le goût moderne pour l'individualisme, au lieu d'encourager l'individuation par les relations et l'estime de soi stimule un narcissisme fier d'afficher son profil social dans la réduction des relations à des rapports.

Tour de passe-passe mortifère, on présente les indicateurs comme l'expression fidèle et objective de la « réalité ». On fait de la capacité de s'adapter à ces indicateurs un « sens des réalités » alors qu'ils dénient le réel, le vidant de sa substance, prenant l'objectivé pour l'objectif à atteindre. L'agir se fait alors ingénierie. « Malheureux que nous sommes, nous avons confondu la fabrication d'un piano avec la composition d'une sonate »[1]. Cette instrumentalisation généralisée du rapport aux autres et au monde exige des formations techniciennes; moins du jugement que du calcul. Cette fabrique des derniers hommes en oublie de discuter quel type d'homme nous cherchons à promouvoir; quel genre de vie nous choisissons de porter haut comme un idéal d'humanité.

Il n'échappe à personne qu'il n'est plus une parcelle de notre histoire personnelle qui ne soit rattrapée par le souci de sa rationalisation mathématique (une logique), par la description sans surprises des structures objectives dans lesquelles elle prend forme (une physique), et par l'impératif de son optimisation (une éthique). Ce triple programme – une logique, une physique et une éthique – anime la culture de l'évaluation portée par la rationalisation croissante de nos vies.

Prestige de la rhétorique mathématique tout d'abord car l'habillage formel dans le langage des mathématiques – est-ce plus qu'un habillage ? – assure et rassure sur la rigueur et le sérieux des pratiques ainsi mises en forme. La mathématisation passe ainsi pour la seule forme rigoureuse de la rationalité, en raison du fait que ses méthodes et ses résultats sont en phase avec le monde technique qu'elle contribue à construire et entretenir. L'opacité du chiffrage a le prestige du profond. Aussi l'indicateur chiffré, le taux, le pourcentage sont autant de mots qui fascinent parce qu'ils donnent un semblant de stabilité à un monde évanescent ou fluide. Il calme l'angoisse devant un réel qui paraît imprévisible. La numération globulaire établie par le décodage au laboratoire d'analyses médicales, par exemple, paraît ainsi plus sérieuse que le diagnostic qu'ose le clinicien dans son déchiffrage des signes cliniques. Le tableau de notes et ses indicateurs (du CAC 40 au classement des hôpitaux ou des lycées) impose le prestige du comparable là où l'appréciation par la réputation et l'expérience

1. S. Weil, *L'enracinement. Prélude à une déclaration des devoirs envers l'être humain*, Paris, Gallimard, 1949, p. 187.

parait désuète. Si la logique explicative a toute sa légitimité, seule, ne dérive-t-elle pas en idéologie quantitativiste, en une mystique du nombre ?

Description des structures, l'évaluation révèle une grande aptitude à dessiner l'état des lieux de ce qui a déjà été fait, dont elle examine avec scrupule les expressions, les restes et les sédiments. Evaluer, regard rétrospectif plutôt que prospectif, connaît ce qui est déjà fait, au risque d'ignorer ce qui est à faire, non autrement envisagé que sur le modèle du prévisible. Elle craint l'imagination et l'événement, lui préférant la rationalisation des structures. Comme si laisser l'initiative d'imaginer signifiait ouvrir à l'irrationnel, alors qu'il ne s'agit pas tant de moins vouloir que de mieux vouloir pour agir en imaginant davantage. C'est l'économie de la dialectique de la forme et de la vie qui s'en trouve ainsi déséquilibrée, formant jusqu'au formalisme ; fixant jusqu'à figer dans des contrats objectifs/moyens, des protocoles ou des guides de bonnes pratiques. Evaluer décrit dans les mots des structures (les tableaux, les classifications) ce qui se vit dans ceux des processus (projet, anticipations, attentes). Evaluer définit par avance ce que l'on doit attendre alors que précisément le propre de l'action est, dans la sollicitation de la créativité et les détours, la possibilité de l'imprévu. Evaluer confond la fabrication d'un objet avec l'individuation d'une action. Mais cette physique des procès et des procédés peut-elle se développer sans laisser place à la dynamique des processus ?

Optimiser enfin car l'évaluation révèle cet étrange tour de passe-passe où le moyen – évaluer – est devenu la fin – être conforme à l'évaluation. Optimiser ? Une optique qui est essentiellement une métrique ; une option sans orientation. L'usage social et politique de la statistique érige l'indicateur, du signe qu'il était, au modèle vers lequel tendre. Descriptif, l'indicateur se mue alors en norme à atteindre. Indice, on en fera une idole, un modèle. Il n'est pas exagéré de dire que cette rationalité des moyens l'emporte sur la rationalité des fins, lorsque ces dernières sont devenues incertaines. Le contrôleur de gestion prend le pas sur le directeur quand il n'y a, apparemment plus, de direction. Un enjeu démocratique est alors de faire en sorte que les acteurs se réapproprient les outils de l'évaluation, qui ne sont que des outils, pour contribuer à les enrichir, à en définir le juste usage jusqu'à apprendre à s'en déprendre. Sous peine de quoi, les actions sont dévitalisées, étant analytiquement segmentées et découpées. Cette éthique utilitariste de l'optimisation repose sur une définition pauvre de la raison pratique. Elle délaisse chez les acteurs toutes ces autres raisons d'agir qui ne sont pas des raisons. Elle néglige les rêves qu'ils déploient, les erreurs et les échecs qu'ils vivent et qui font, pourtant, à part entière, la chair de l'action. Elle ambitionne de remplacer la raison pratique par une science de la pratique

Comment en sommes nous arrivés là? Il faudrait pour y répondre faire une histoire de la pensée en Occident, marquée par le déploiement de la rationalité instrumentale sur l'ensemble du monde humain. Cette histoire d'une raison qui a perdu la raison, inviterait à se demander avec Heidegger « qu'appelle-t-on penser? » ou avec Habermas « comment la technique et la science sont-elles devenues des idéologies? »
La culture de l'évaluation est contemporaine de deux faits : la spécialisation des savoirs et des techniques et la critique des traditions. Nous vivons à l'heure non seulement du « travail en miettes », de la « religion en miettes » ou de « l'éducation en miettes », mais plus globalement de la culture en miettes. La spécialisation des connaissances engendre une spécification de terrains d'activités, les différentes dimensions d'une vie y étant traitées de façon compartimentées, séparées voire étanches. Nous avons créé des spécialistes des miettes. « La recherche progresse par secteurs d'objectivités délimités » disait Heidegger. Cette division a de réels avantages : la précision, la plus grande rationalisation, l'accroissement de performances internes, la possibilité de la comparaison, l'expansion potentiellement illimitée des techniques dans une course à l'innovation prise pour la garantie du progrès. Mais ces divisions signalent la perte d'un monde commun, la disparition de lieux où il est possible de faire « la synthèse » de ce dont ces pratiques font « l'analyse ». Un enjeu culturel et social majeur est sans doute de travailler à inventer des lieux, des moments ou des institutions qui permettraient de

synthétiser! Si la spécialisation, par l'uniformisation des pratiques et des procès à l'échelle planétaire, accroit des performances, elle encourage, ce faisant, le risque de l'unidimensionnalité, à savoir un monde unifié par les seules techniques de codifications et d'évaluations quantitatives.

L'évaluation encourage un culte de l'abstraction qui unidimensionnalise. Elle cultive la disparition de l'humain sous l'abstraction des protocoles. La confusion est entretenue entre le conçu et le vécu. On en vient à percevoir le monde à partir de la seule quantification qui délaisse le contenu vécu : l'âge pour une classe d'âge et un suivi de cohorte pour des élèves; un GIR (groupe iso-ressource = système isonormé pour évaluer la dépendance et classer les malades en fonction) élevé pour une personne âgée; un facteur d'impact pour une publication scientifique (évaluation du nombre de citations d'un article sur deux ans); un protocole pour un soldat, etc. Voilà ce qu'a de menaçante et de déshumanisante la technique de l'évaluation. Elle opère un subtil mais réel déplacement dans le pilotage des affaires humaines, aux dépens des valeurs mais au profit de formes abstraites et dévitalisées.

En somme, évaluer décrit dans la statique d'un procédé ce qui relève de la dynamique d'un processus. Machination de la machinerie du social : le système d'évaluation, ça n'est personne. C'est l'autonomisation d'un dispositif instrumental de gestion médié et renforcé aujourd'hui par l'hypertélie du dispositif informatique. Nouveau minotaure, il lui faut des victimes pour abreuver sa soif et sa colère. Ce ne sont plus de jeunes gens ou des jeunes filles dont il se repaît, quoique, mais des événements, des initiatives dont ils sont potentiellement porteurs. La science mathématisée quantifie l'expérience, les techniques la maîtrisent et la gèrent, et entre deux l'informatique sert de médiation, de traduction-trahison du vécu en conçu. Ici le don du vécu est caricaturé dans les données du conçu. L'outillage informatique, en son appétit vorace pour le traitement de l'information, exige des données capables de chiffrer le vécu. Il prépare l'enfermement dans le royaume des experts. Il rejette le généraliste comme suspect de complaisance à l'égard du flou des généralités. Il augure de la dilution de ce que Mario Vargas Llosa appelle, en pensant notamment à la littérature,

> ces dénominateurs communs de l'expérience humaine grâce auxquels les êtres vivants se reconnaissent et peuvent dialoguer, quelque différents que soient leurs activités et leurs projets vitaux, les géographies et les circonstances où ils se trouvent, et même les temps historiques qui déterminent leur horizon [1].

Sans céder à la nostalgie d'un monde perdu, ni à la facilité du jugement dépréciatif sur notre temps, demandons nous si la culture de l'évaluation peut seule tenir lieu de culture?

Second élément, l'évaluation occupe, dans le cadre d'une mondialisation dominée par le libéralisme économique, la place qu'occupaient les traditions dans les sociétés d'Ancien Régime. Toutes deux ont à faire face à un défi : faire connaître et reconnaître le bien faire d'un faire; garantir une bonne réputation. Les traditions assuraient un bien faire en invoquant le maintien de soi dans le temps : la réputation d'une Université ou d'un établissement, le savoir-faire d'une entreprise dans la continuité du savoir-faire transmis de générations en générations. Aujourd'hui, l'évaluation assure ce rayonnement dans l'espace mondialisé par l'invention d'un comparable et d'une fiabilité rationnalisée. Les normes Iso, les labellisations, les accréditations certifient une continuité non plus généalogique – le « de père en fils » – mais une continuité par contiguïté et expansion – le certifié isonormé –. La confiance n'y est plus cherchée dans la filialité – l'inscription dans des racines – mais dans la fiabilité – l'identification par un réseau –.

L'évaluation est le garant d'une « réputation » à l'heure de la mondialisation. A la question de savoir « comment être connu, sinon reconnu à l'échelle planétaire, lorsque les moyens de communication électronique peuvent rendre visible une activité, une capacité, une entreprise à l'autre bout de la planète? » répond une solution technoscientifique : l'évaluation. La réputation reposait autrefois sur les traditions; elle reposera aujourd'hui sur la médiatisation infor-

1. « La littérature et la vie », trad. A. Bensoussan, A.-M. Casès, extrait de *La vérité par le mensonge*, Paris, Gallimard, n° 85, 2006.

matique. Ceci se paye d'une mutation substantielle. Si l'évaluation a pris la place de la réputation, la première relève de la popularité, la seconde du prestige. Le prestige était attaché à l'histoire et à la localisation spécifique des acteurs (la Grande Université, la Grande Revue, le Grand Hôpital.) La popularité s'attache à la capacité de diffusion et de médiatisation, encourant le risque que peu importe qui le fait pour peu que l'on sache que c'est fait. C'est ce que peut avoir d'illusoire les classements dits d'excellence, car le populaire ne garantit nullement le sérieux. Etre populairement reconnu, c'est être identifié ; ce n'est pas nécessairement être individué et rencontré.
Les techniques d'analyses utilisées dans l'entreprise et le monde industriel pour optimiser un système de production déploient aujourd'hui leurs dispositifs dans l'ensemble des activités humaines : santé, éducation, recherche, sport, etc., au prix d'une confusion. On confond le produire et le créer ; le fabriquer des activités dirigées sur la matière et l'agir qui caractérise les actions de l'homme avec l'autre homme. Ce qui hier était cantonné à la prise en charge des processus de productions mécaniques – l'amélioration continue de la qualité pour le suivi de la fabrique des moteurs, de l'outillage, de la visserie ou de la production agricole – se transfère sans précautions aux affaires humaines. Le monde des ingénieurs s'exporte dans l'ingénierie du social, du pédagogique, du scientifique ou de l'artistique. On rationalisait le travail sur les choses ; on optime maintenant le travail pour/sur/avec autrui. La quête d'une rationalisation totale, servie par l'évaluation, adjoint à la prescription du procédé, la normalisation du processus, dépossédant les acteurs de leurs initiatives, les contraignant à obéir à des prescriptions toujours plus fines. Dans le même esprit, on évaluera la performance d'un établissement scolaire (un taux de réussite à l'examen), la rentabilité d'un service social (le pourcentage d'insertions réussies par les travailleurs sociaux), la productivité d'un hôpital (le ratio entre le nombre de professionnels et les activités réalisées dans la T2A : tarification à l'activité), l'impact d'une publication dans la communauté scientifique (le facteur d'impact d'un article dans une revue à comité de lecture), l'évaluation justifiant l'accréditation et l'excellence.

La mathématisation du monde, qui commence par la formalisation des opérations intellectuelles et la transparence des procédés et des habitudes de travail pour se déployer en évaluation généralisée de l'existence humaine, manifeste un moment inouï de notre culture-monde. Elle sert la cohésion technologique. Elle rend possible la globalisation. Si elle ne fait pas à elle seule une civilisation mondiale, elle inaugure la possibilité d'une uniformisation à l'échelle planétaire. Si l'invention de l'écriture fut une date dans l'histoire de l'humanité, la mathématisation de nos pratiques à l'échelle globale en sera-t-elle une, elle aussi?

La culture de l'évaluation trouve sa caution dans le culte de la codification. Les modes d'élaboration des activités relationnelles sont ainsi appréhendés avec les instruments des activités mécaniques. Telle est l'idolâtrie du quantifiable. La fascination pour la mesure sert un goût démesuré pour l'évaluation. Les enjeux de relations se formaliseraient dans les catégories de la production. A l'idéal du projet fait place l'idéologie de la gestion, l'attention aux structures prenant le pas sur les événements. On chasse les événements indésirables, on les traque avec des instruments et des filets aux mailles très serrées : les enquêtes de satisfaction, les enquêtes qualité, la rationalisation des procès, les retours d'expérience, et le *reporting*. Cette théorie de l'organisation sociale opère de façon analogue à l'anatomie clinique. Tout comme la médecine moderne nait d'une analyse du corps vivant à partir du modèle du corps mort – *cf.* l'impératif de Bichat disant « ouvrez quelques cadavres » – le paradigme gestionnaire rationalise et anticipe les pratiques à venir du corps social à partir d'une analyse spectrale des actions et pratiques déjà faites. Le mort saisit le vif! Il se prolonge en dispositifs matériels englobants. L'information gestionnaire du monde s'incarne en son informatisation technologique : l'hégémonie du tableur Excel. A la manière de Foucault on devrait montrer combien le tableur est un dispositif de pouvoir. L'ordinateur est l'instrument du grand ordonnateur. Coder, normer, chiffrer, quantifier, mesurer, comparer, classer, contrôler et conformer assurent d'un savoir-pouvoir et rassurent en croyant maîtriser!

Ce souci de rationaliser est pour une part utile. C'est qu'il y a du rationalisable dans les affaires humaines. Les hommes n'agisent pas sans buts, sans objectifs, sans habitudes ou routinisations. Rationaliser c'est s'attacher à cette statique de la répétition mécanique pour la formaliser, la fixer et par là, la fiabiliser en des procédés, des standards, des *guidelines*. Mais il y a là une fiction : croire que la totalité des activités humaines puissent être décrites comme le développement réglé d'un enchainement causal. On saisit l'humain par ce qui en lui est le moins humain : le mécanique, le structural, le répétitif. Cette fiction confond succession et causalité, objectivisme de la structure et manifestation d'un événement. L'inquiétant est, qu'ici, toute surprise devient, a priori, une mauvaise surprise. Entre les structures et l'événement, la recherche des structures tend à primer sur celle de l'événement. Celle-ci voit l'homme faire son entrée singulière ; celle-là fait disparaître l'évènement de l'homme sous le comparable des données. En traquant l'événement indésirable dans la rigidité des structures on risque d'en tuer la vitalité. L'évaluation des retours d'expériences peut vouloir capter pour le capturer l'inouï de l'expérience dans la rigidité des expérimentations. Sûrement est-ce là alors le lieu d'un combat, éducatif, social, juridique et politique : sauver l'événement sans s'évader dans la rêvasserie romantique d'une créativité sans règles. Car ça n'est pas être romantique que de chercher à sauver l'événement. Si les effets socio-politiques de la surprise et de l'initiative sont invérifiables, ils constituent pourtant la chair du monde. Aussi, la culture de l'évaluation en rationalisant une structure, tend elle à perdre de vue que les activités en question sont des processus.

Sans nier qu'il a de la rationalité et donc du rationalisable dans les activités humaines, il s'agit d'observer qu'au fur et à mesure que s'accroît et s'étend la fascination pour les moyens – évaluer au sens de quantifier – s'étiole la discussion des fins – évaluer au sens de valoriser –. Le processus d'évaluation est un moyen ; il parait être devenu une fin en soi : machination de la machine ! Dramatique inversion si on n'y prend garde. Evaluer c'est donner de la valeur, mettre en valeur. Mais l'idéologie de l'évaluation finit, en quantifiant le qualitatif, par dévaluer en dévitalisant. Dans cette logique, ce qui n'est pas évaluable n'aurait pas de valeur alors que, précisément, ce qui a de la valeur ne se reconnait pas dans l'évaluation. L'effet d'une pièce de théâtre en termes d'augmentation iconique du spectateur ne se vérifie, ni n'est épuisé, même si ce peut être un critère, par la quantification du nombre d'entrées fait à chaque représentation. Le bienfait relationnel d'un verre d'eau par temps de canicule est irremplaçable même s'il n'entre pas dans le planning qui rationalise l'activité infirmière. La surprise d'une parole qui fait jour sous une information constitue la chair de relations éducatives que ne parviennent pas à décrire les rapports protocolisés ou contractualisés, etc. Le protocole proscrit la rencontre. Plus exactement, on ne rencontre pas un protocole. Militaires et policiers le savent, eux qui ont protocolisé leurs interventions pour précisément proscrire l'aléa et la dangerosité que toute rencontre porte en germe ! L'art de la guerre et ses rituels a disparu dans l'expansion de l'ingénierie militaire. Pour faire le soldat, on défait le héros. Il devient dur d'être un héros à l'heure des drones !

Pourquoi alors la culture de l'évaluation dérive-t-elle en une idéologie du contrôle ? L'air du temps, on peut en sourire, cherche l'idéal de sagesse contemporain dans l'apprentissage d'un lâcher-prise, d'un renoncer à tout contrôler. Il découvre, tragiquement, dans la dépression une manière du temps retrouvé par l'abandon de la maîtrise et l'épuisement de la volonté dans une « fatigue d'être soi ». Sans doute parce que l'air du temps manque d'air jusqu'à l'étouffement. Tyrannie de la mesure et du contrôle dans une standardisation qui exclut la vie et ce qu'elle offre comme rencontres improbables, dans la fragilité de ses tremblements. Là où la vitalité de la surprise se déploie dans les anfractuosités de la contingence et de l'aléa, l'idéologie de l'évaluation révèle un matérialisme placide. Il s'abrite derrière l'assurance que tout cela « c'est scientifique » et se déploie en ce *despotisme doux* dont parlait Tocqueville. Ce despotisme n'est pas visible et autoritaire. Il n'est pas armé mais instrumenté. Il ne dirige pas, il gère. « Plus étendu et plus doux, il dégrade les hommes sans les tourmenter ». Cette idéologie de l'évaluation domine, non à partir du grandiose d'un projet de civilisation, mais par une domestication du minuscule, une gestion des détails quotidiens. Ce despotisme doux, Tocqueville, dans une anticipation étonnante, en parlait ainsi :

> La sujétion dans les petites affaires se manifeste tous les jours et se fait sentir indistinctement à tous les citoyens. Elle ne les désespère point; mais elle les contrarie sans cesse et elle les porte à renoncer à l'usage de leur volonté. Elle éteint peu à peu leur esprit et énerve leur âme [1].

Terminer sur cette dénonciation ne suffit pas. Une triple réplique est possible. Si le souci de sa rationalisation mathématique est « notre logique », il s'agit d'enrichir notre compréhension de la rationalité des acteurs. On peut le faire en intégrant les leçons des sciences humaines et sociales qui déploient des rationalités complexes, promouvant un exercice plein et entier du jugement, ouvrant un espace de travail pour trouver et stimuler la créativité. En un sens, en face de l'anthropologie utilitariste qui réduit l'homme au statut d'un maximisateur d'intérêts, il s'agit de redécouvrir la pluralité des mobiles et des motifs qui l'habitent. Ensuite, si la description des structures objectives de nos activités est devenue « notre physique », il s'agit de se rendre attentifs à toutes les formes de créativités qui résistent ou innovent au cœur du structurel. Encourager les activités floues dans l'informel, cultiver les brèches des activités interstitielles, prévoir des temps pour l'imprévu, mettre au jour l'inventivité et la résistance des acteurs, faire l'inventaire des créativités institutionnelles et les mettre en réseau sont des possibles. Enfin, si l'impératif de l'optimisation est « notre éthique » dominante, il s'agit de soutenir les forces imaginantes dans la vie morale, juridique et politique. Là où l'idéologie de l'homme simplifié réduit le monde commun à n'être qu'un vaste champ de normes – non de lois – notre tâche est d'inventer des scènes d'explications publiques où peuvent se réintroduire des finalités autres qu'économiques et financières. Une éthique, et tout aussi bien une politique, qui ne trembleraient pas seraient mortes.

1. Alexis de Tocqueville, *De la Démocratie en Amérique*, Paris, Garnier-Flammarion, 1981, p. 384.

les sans-abris

Sous le toit percé d'étoiles
La pluie roule sur la joue d'un mur crocodile.
Près du pont l'eau du fleuve gueule ouverte a cessé de couler.

Lorsque l'on se promène sur les ponts de Paris, consentira-t-on quelques instants à oublier que ces ponts, enjambant poétiquement la Seine, servent prosaïquement et terriblement d'arche très peu hospitalière pour une multitude de vies blessées, aliénées, effondrées? Triste symbole, l'arcade de soutènement d'un pont s'y fait figure résiduelle d'une arche pour naufragés. Il suffit de descendre et de suivre le cours de la Seine, de la gare d'Austerlitz au pont de Bir Hakeim – mémoires d'autres batailles – pour découvrir l'étendue du désastre. Traces de sommeil, tentatives pour habiter et demeurer encore, luttes pour tenir debout sur la Terre dans les violences du monde jonchent ces quais d'abris. Ils peuplent ces abris de fortunes d'indices d'humanités. Nouveau continent de la Terre humaine – c'est le nom de la collection qui accueillit le livre douloureux de Patrick Declerk, *Les naufragés, Avec les clochards de Paris*[1] – que ce peuple d'en bas, silencieux, parfois vociférant, exilé dans nos murs, hommes et femmes vivants d'une « mort qui s'étire. »
Si sous le pont Mirabeau coule la Seine chante-t-on avec le poète, sous chacun de ces ponts se lovent – le verbe est trop propret – dans des abris de misère, de véritables dortoirs d'infortunes et des cuisines de plein air. Fabriqués avec des cartons protégeant mal du vent, on s'y pose, à défaut de s'y reposer, sur des matelas humides. Un peuple vit là si c'est vivre que d'être ainsi exposé aux violences des éléments la nuit, en même temps, autre violence, qu'être masqué à la visibilité sociale dans les déambulations diurnes le jour. Hommes

1. P. Declerk *Les naufragés. Avec les clochards de Paris*, Paris, Plon, 2001.

sans qualités, hommes invisibles, ils vivent sous le régime d'une nouvelle tyrannie du voir.

Pour cette dernière, le regard instruit exerce un droit de regard qui traque chez l'autre la présence des qualités qui peuvent ou non présider à son apparition sur la scène sociale. Le voir en question n'est pas la possibilité physique d'une perception mais l'élaboration symbolique d'un pouvoir qui autorise, ou non, l'autre à exister socialement. S'ils sont physiquement là, ils auront beau faire dans de bruyantes incartades, par leurs corps qui exhalent, s'étalent et s'effondrent dans l'espace public, les sans-abris demeurent socialement inexistants : on ne les verra pas. Même obscènes, ils demeurent invisibles sur la scène sociale, hurlant d'une rage ou d'une impuissance qu'on n'entend plus. Sous l'effet d'un terrible court-circuit, l'expressivité de leur histoire est figée dans l'identification de signaux-stigmates s'imposant sur le devant de la scène. Identifiés et connus en tant que SDF, figure moderne du vagabond que l'administration ordonne, ils n'en sont pas pour autant reconnus, car connaître des qualités distinctes n'est pas reconnaître une singularité et attester d'une valeur sociale. Le sans abri sera un citadin ne jouissant pas des droits du citoyen, à commencer par le droit de vote lié à la domiciliation.

Aussi a-t-il fallu la spectaculaire installation de tentes sur les trottoirs de Paris, dérisoires abris qui s'installent dans la ville, à l'initiative d'un collectif d'associations le DAL (droit au logement) pour mesurer que si l'urbanisation fait reculer le sauvage, elle n'a pas éradiqué la sauvagerie d'une invisibilité qui se paye d'une relégation physique. Nous avons perdu cette imagination du semblable qui noue éthiquement notre histoire à la leur. Tout comme Primo Levi rapporte l'expérience concentrationnaire d'avoir été regardé comme au travers des vitres d'un aquarium, n'existant pas sous le regard de l'autre, les sans abris font l'expérience d'une désapprobation sociale de leur existence parce qu'ils n'exprimeraient pas symboliquement, dans la geste de leur corps (le port de la voix, la tenue sociale du corps effondré ; l'inscription spatiale dans les friches urbaines ; l'agressivité supposée de leurs corps aux abords de ce monde commun qu'est le trottoir), ce qui d'un homme serait attendu pour être socialement reconnu. Sont-ils des hommes ? Aurions nous assez perdu l'imagination du semblable pour être envahi par les indices objectivants qui découragent l'engagement relationnel et tétanisent le sursaut éthique ? Toujours est-il que nous lassent la situation des familles qui dorment dans la rue, celle des travailleurs pauvres contraints d'élire domicile dans leur automobile ; ou l'état des sans travail devenus sans domicile et celui du sans papier et sans voix, condamnés à l'errance comme les pires des renégats des tragédies antiques.

> L'invisibilité sociale… est le résultat d'une déformation de la capacité de perception des êtres humains à laquelle est liée la reconnaissance – ou à un problème qui touche à la construction de leurs yeux intérieurs, ces yeux avec lesquels ils regardent la réalité à travers leurs yeux physiques [1].

Comment en sommes nous venus là pour que nous nous accommodions de ce mal que certains oseront dire nécessaire ? D'où vient que l'écart du mis à l'écart ait perdu sa fonction critique et qu'on s'y habitue, nouveau fatalisme abdiquant l'idée d'une responsabilité d'un monde que nous pourrions avoir en partage au profit d'une acceptation de l'immonde ? A quelles concessions ou quels consentements a-t-il fallu céder pour ne plus se révolter d'une telle situation ? Que signifie faire monde si certains, sortis ou expulsés de ce monde, ne trouvent même plus la possibilité d'être « dans leur monde », fragilisés extérieurement au point d'être socialement dans l'incapacité d'être sup-portés par cette société ; fragilisés intérieurement par l'impossibilité de se vivre comme sujet, perdant jusqu'à la « honte humanisante » ? Serait-ce le fait que notre monde ne soit plus vraiment un lieu ? En effet, que penser de cette culture de l'invisibilité qui tolère ces « naufragés », relégués loin des interactions sociales, tellement invisibles que l'on ne songe même plus à les dominer, ces derniers ayant intériorisé, dans la précarité, une forme de mésestime d'eux-mêmes telle qu'ils finissent par ne plus exister que sur le mode de « l'auto-exclusion » comme dit Jean Furtos ?

1. A. Honneth, *La société du mépris. Vers une nouvelle théorie critique* (2006), Paris, La découverte, 2008, p. 243.

Enjeux de reconnaissance en raison d'un déni de reconnaissance, nous vivons un moment qui invisibilise par des formes subtiles du mépris et de nouvelles expressions sociales de celui-ci. Délimitation dans nos relations de ceux qui ne sont plus assez forts pour affectivement se tenir comme sujets devant d'autres sujets; qui ne parviennent plus à assurer la reconnaissance de leurs droits même si l'on défend pour eux le droit au logement opposable; qui disparaissent sous la mésestime sociale parce qu'ils n'ont plus la capacité de faire face et de garder la face. Ni sujet, ni individu, ni personne, tels sont les sans. Sans qualité, sans abri, sans travail, sans papier, sans famille, sans domicile, sans terre... En ce sens, le sans-abri est à l'échelle de la catastrophe personnelle ce qu'est le clandestin à l'échelle de la catastrophe humanitaire : une hantise pour nos cartographies du monde commun amoureuses d'ordre, de placement et de délimitation. Tous deux hantent, fantômes des marges, ces zones, ces hors-lieux, ces espaces non répertoriés qui sont aussi des variables d'ajustement. Ce sont des figures de la vie nue, livrées sans livrées au monde dont elles habitent les points frontières. Du moins, si c'est habiter que d'être dépouillé de tout statut, de toute médiation juridique qui assure de droits. Mais il y a une différence toutefois. Le clandestin hante cette espace temps quadrillé, contrôlé qu'est la ville où il se cache et où la politique est rabattue sur une technique de gestion qui surveille en permanence. Le sans-abri se meut, quant à lui, dans l'extraterritorialité du non-droit et du non-lieu, non comme un peuple, mais comme un atome perdu, invisible, vivant la souffrance de la relégation, de l'insu, dans l'abandon total.

Le sans abri est enfin, on « achève » ainsi la trajectoire, celui qui ne demeurera guère dans la mémoire des vivants. Il sera un sans tombeau. La mort sociale s'accompagne de l'incapacité sociale de célébrer le mourir. Si « on vit et on meurt seul » comme disait Pascal, combien violente est la formule quand, d'existentielle, elle se mue en constitution sociale objective d'un isolement dans le mourir à la rue. Le sans abri vit la désolation jusqu'en sa mort, n'ayant pas de lieu où demeurer, sa dernière demeure étant instable et promise à la dissémination. Sa mort sociale le rendait invisible – les sans sont « sous » les ponts, les classes, etc. – Sa non-inscription dans des fonctions sociales identifiées trouvera sa sanction et sa transcription dans une ultime organisation de la disparition. La scénographie spatiale et spéciale des cimetières organise une géographie de la relégation jusque dans la mort. L'inhumation gratuite, ultime sursaut pour lutter contre l'oubli, organise alors une dernière disparition légale, à l'écart des caveaux de famille, des fosses temporaires, dans un champ commun. Jusque dans les cimetières, toutes les disparitions ne se valent pas ; on y est plus ou moins mort[1].

Fosse commune d'hier ; carré des pauvres ou champ des indigents ; cimetière des inconnus. De la tranchée d'autrefois à la tombe se dessine l'espace de ceux, bizarre assonance, qui furent « enterrés sans concessions » ! La tombe du sans abri est le symétrique inverse de la tombe du soldat inconnu. Celle-ci célèbre un inconnu suffisamment anonyme pour endosser en place publique, jusque sous le triomphe d'un arc, l'universelle expression d'un combat héroïque pour la patrie. Celle-là masque mal l'indigence d'une société qui ne sait toujours pas remporter son combat contre la misère, enfouissant, en marge des cimetières et du monde, la pauvre dépouille de l'errant.

1. D. Zeneidi-Henry, *Les sdf et la ville. Géographie du savoir survivre*, Paris, Bréal, 2002, p. 265-268.

le cœur de métier

Sur le bois clair que la main a tourné
Jai vu le geste et la joie
La sueur et le sourire le sang
La peine et la caresse
J'ai lu des mots que l'on ne sait pas dire

Rémi, 57 ans, s'est immolé par le feu le 26/04/2011 à 7 heures du matin, sur un parking, devant l'agence de téléphonie mobile « Orange » de Marignane. Son corps a été trouvé, méconnaissable, réduit en cendres, métaphore terrifiante de l'humanité du travailleur qui disparait en miettes, désarticulé et disloqué à l'endroit même où se situent les structures entrepreneuriales qui l'employaient. Le travail, même lorsqu'on le dit « alimentaire » ne saurait s'y réduire. L'actualité récente des suicides sur le lieu de travail devenu moins lieu de vie que lieu de mort – depuis les années 1990[1] –, marque une rupture dans la longue lutte du droit du travail, la lente reconnaissance de la maladie professionnelle le rappelant amèrement. Le suicide deviendrait-il « une maladie professionnelle » ? Dernier suicide en date, ce soixantième suicidé interdit de penser que ce drame humain ne serait qu'affaire de pathologie personnelle ou de démence. Cela ne donne-t-il pas à s'interroger sur une organisation du travail, dite rationnelle, qui déraisonne ? Que l'idéologie de la qualité totale, rêvant d'un travail conforme à l'idéal du travail prescrit, disqualifie le réel du travail ? Au delà des vulnérabilités individuelles, nos organisations et nos institutions ne mettent-elles pas en place des processus psychosociaux pathologiques, ou tout simplement insupportables ? Après avoir émietté voire disloqué les activités de l'homme au travail, n'engagent-elles pas une dislocation des existences quant à leur rythme, leur organisation, leur socialisation ?

1. C. Dejours, F. Bègue, *Suicide et travail : que faire ?*, Paris, P.U.F., 2009.

La rationalisation industrielle du travail en miettes élaborée par le capitalisme des années 1930 a accru la quantité de biens de consommation produits. S'y surajoute aujourd'hui l'ultrarationalisation post-industrielle. Elle exige une amélioration continue de la qualité concentrée sur le cœur de métier. Ainsi la « qualité totale » se veut la traduction rationnelle de feu le travail bien fait. L'exactitude a pris la place de la rigueur. Du fordisme au postfordisme, le déploiement de la gestion de ressources dites humaines s'intensifie. Cela au moment même où se démantèle l'articulation entre la production (par le déploiement d'un procès anonyme), la dimension sociale de la fabrication (par l'externalisation à des sous-traitants), l'inscription environnementale (par la délocalisation du site) et la rentabilité financière (par la financiarisation de l'économie) que stabilisait la réputation d'un métier.

Il ne s'agit pas là de rejeter la nécessaire rationalisation du travail qu'appelle le régime de coaction de la condition laborante mais de dénoncer la confusion entre spécialisation et dislocation. Il est question ici de démasquer une rationalisation de l'activité des hommes sous la rubrique de la coordination qui croit pouvoir se dispenser de l'inventivité des acteurs engagée dans les activités de coopération.

On a beau rappeler l'étymologie redoutable qui hante le mot « travail » comme un fantôme en peine – à savoir ce *tripalium*, instrument de torture dont les salles de travail dans les maternités conservent le sens lointain par une association ancestrale du travail et de la douleur – la torture est une caricature du travail. C'est ce qui rend d'autant plus insupportable l'apparition de ce que les américains du nord appellent les *bad job*; la réalité socialement désastreuse des « travailleurs pauvres » et du chômage de masse; la description par les psychologues de la souffrance au travail jusqu'au *burn-out*; la disparition de l'idée de métier ou de celle de profession au profit d'activités ou de tâches; les nouveaux travailleurs rendus invisibles par la normalisation des protocoles d'interventions et plus terriblement encore les suicides au travail. Ainsi la figure allégorique du laborieux Bartleby de Melville condense sur elle ce que peuvent être ces hommes sans qualité depuis qu'ils sont devenus « ressources

humaines », inquiétants dans leur difficulté d'être au travail et qu'exprime la torsion langagière du *I would prefer not to*.
L'humanité de l'homme au travail se déploie en capacités engageant estime de soi, maîtrise des matières, inscription dans des réseaux de relations et de coopération, qui appelle la rationalisation de son organisation. L'homme au travail y épelle et s'assure de son identité personnelle dans une forme singulière de l'effort mais aussi par le biais d'une reconnaissance intersubjective, dont il a besoin pour son équilibre et son épanouissement.
A contrario, l'activité ce n'est plus le travail. L'activité c'est la connaissance objective des tâches effectuées débarrassées du besoin de reconnaissance qui s'y rattache. L'activité résulte d'une rationalisation analytique du travail qui cherche un comparable, disloque les tâches, délaissant comme secondaire la singularité du savoir-faire de qui le met en œuvre. L'idéologie de l'activité repose sur une fiction. Croire décrire la totalité de ce qui s'engage dans les catégories du « travail prescrit », ignorant de ce fait l'imprévisibilité, la créativité et la variabilité vécues au travail. L'organisation scientifique et la gestion rationnelle du travail du point de vue de l'ingénieur entre en contraste avec le travail singulier décrit du point de vue de l'ergonome ou des acteurs. Planifier, rationaliser et quantifier la performance des activités en s'appuyant sur des indicateurs de performance objectivables, perd de vue qu'évaluer c'est hausser une réalité en lui donnant valeur humaine et pas seulement un prix.

Ainsi, plus on se recentre sur le cœur de métier – essentiellement dans les grandes entreprises – plus on feint d'ignorer le travail comme événement symbolique pour ne le traiter que dans sa matérialité. L'appel au cœur de métier sonne le glas du métier, et l'entrée en course d'un travail toujours plus émietté.
Parler de « cœur de métier » pour une entreprise, est une stratégie concentrant ses activités sur un savoir faire majeur qu'elle tente de distinguer d'activités jugées périphériques. Cela paraît évident. C'est surtout inquiétant. Le placer au centre en fait l'objet de toutes les attentions jusqu'à l'objectivation et la rationalisation intégrale. Placer le métier au cœur, mais à quel prix ? Au prix de la négation du mystère

de l'homme aux prises avec sa créativité et son ingéniosité au travail. L'idéologie du « cœur de métier » entretient la fiction d'une équivalence entre travail prescrit et travail réalisé. Or l'ergonomie et les sciences du travail ne cessent de rappeler que le vif du travail tient au contraire dans la capacité à faire face à l'imprévu omniprésent (casse, panne, accident, incident, dysfonctionnement, situation inédite ou impromptue, etc.) Le « cœur de métier » est donc une expression trompeuse, sinon une injonction paradoxale. Elle n'est pas nécessairement une augmentation de la signification accordée au travail comme l'image du « concentré » attachée au cœur le laisse croire. Elle ignore que le travail, un métier, se déploie et se ramifie en capacités, en relations et en interactions multiples qui, si on les enrégimente, les dévitalise jusqu'au méconnaissable. Son but est de prendre en mains la masse salariale pour la réguler et la contrôler, dissociant la fonction de l'humain; articulant la cadence et le coût; détruisant la reconnaissance du métier pour que le travailleur s'active plus encore. Cela se paie d'une grande souffrance au travail : l'épuisement professionnel, le *burn out*.

Lorsque l'on parle de *burn out* on ne doit pas confondre entre sa signification clinique que connaît la psychiatrie et sa signification métaphorique qui raconte l'identité des modernes. Mais l'épuisement a pris la place de l'écrasement depuis que la dépression, maladie de civilisation des sociétés liquides post-traditionnelles, s'est substituée à la névrose dans les sociétés traditionnelles autoritaires.

Le *burn out* (griller, s'éteindre) est une nouvelle maladie professionnelle. Défini par l'Inserm comme le sentiment de « ne pas y arriver, de s'user, d'être épuisé par une exigence excessive en énergie, en forces ou en ressources », il indique une précarisation du travail et des formes de souffrances au travail inédites. Syndrome d'épuisement professionnel, il signale l'incapacité de suivre un rythme de travail, des contraintes temporelles liées à la réalisation d'objectifs et ce jusqu'à l'effondrement. Cette immense fatigue ne fait pas que signaler une fragilité psychologique, accroissant la culpabilisation de celui qui s'en trouve affecté, le surresponsabilisant sans remettre en cause les formes d'organisation sociale du travail et des politiques qui l'engendrent. Le *burn out* est le révélateur d'une organisation du travail mobilisant un type de violence singulier. Le cœur de métier désigne bien souvent un métier sans cœur, désolant, dévitalisé de sa triple dimension relationnelle à l'égard de soi, des autres et de l'environnement. Le *burn out* est la manifestation de plein fouet de cette dévitalisation où le travailleur est affecté dans ses relations à soi où il ne peut plus se reconnaître dans ce qu'il fait; fragilisé dans ses repères et dans les institutions du monde commun; et égaré dans des relations qui le font rentrer dans un monde inimaginable et hors normes. Le resserrement sur le cœur de métier encourage une injonction paradoxale : « la contrainte à mal travailler. »[1] Bâcler son travail, déconnecter le travail de l'idée de réalisation de soi, se soumettre à des objectifs externes de rentabilités définis a priori, accepter la culture de l'évaluation quantitative de sa performance. La diffusion à l'envi un discours de la performance, d'une injonction à l'efficacité et à la vitesse, est contrebalancée par ces figures de la précarité, de la dépression et du *burn out* qui en signalent l'invivable programme.

Déni de reconnaissance financier et déni de reconnaissance symbolique alors. Lorsque la valorisation de l'engagement charnel des hommes au travail ne se raconte plus que dans les mots des valeurs cotées en bourse, la reconnaissance du travail ne trouve plus à s'expliciter que dans le seul salariat. Cette réduction de la valeur du travail sur son coût engage une souffrance et une injustice, dues au gouffre existant entre le revenu anonyme de l'actionnariat et le revenu du salariat et aux écarts de salaires de 1 à 20, voire plus, entre personnel de direction et personnel employé. De même, le second déni de reconnaissance tient à l'appauvrissement de l'univers symbolique du travail. Sa puissance d'individuation réelle est travestie sous des discours n'engageant aucune modification concrète. La réduction du travail à l'activité tient à ce que l'augmentation des dividendes pour les actionnaires exige une amélioration continue de la qualité. Cette dernière isole les points de « fragilités » d'une activité de

1. C. Dejours, *Souffrances en France* (1998), Paris, Seuil, 2009, p. 22-23.

production – on substitue à l'idée de réalisation celle de production – sur laquelle concentrer l'amélioration de la productivité (rentabilité, optimisation, fiabilité) au service d'une augmentation, non seulement du chiffre d'affaires, mais des bénéfices. De ce fait, entre le travail et la représentation de ses finalités (goût du travail bien fait, forme d'estime de soi, métier épanouissant, forme de socialité dans la reconnaissance mutuelle propre à une profession, compétence et coopération sociale, relations hommes/femmes au travail, etc.) s'interpose la médiation de méthodes de gestion. La reconnaissance falsifiée de l'idéologie de la qualité est la caricature de la reconnaissance réelle et individuante, engagée dans la compétence. Pris pour des fins, et non des moyens, les indicateurs de performance; les contrats d'objectifs; les outils de gestion informatisés réduisent les trajectoires des hommes au travail – une vie professionnelle – à des curriculums anonymes.
L'invocation-incantation du recentrage sur le cœur de métier rabat le sens du travail sur l'optimisation de ce qui est rationalisable, comparable, transposable et en fin de compte délocalisable, délaissant comme secondaire ce qui fait que l'on prend son métier à cœur. Cette idéologie de la qualité du travail a une signification trouble : elle confond la fiabilité des manières de produire avec la confiance faite à ceux qui les mettent en œuvre. Elle traduit dans le langage de la rationalité des moyens ce qui relève d'une rationalité des fins. Le mieux produire relèvera d'une évaluation quantitative (le bénéfice) là où la recherche du travailler mieux a une signification qualitative, portant sur la réalisation d'un bien et une réalisation de soi (le bénéfique).

Dans les logiques de l'amélioration continue de la qualité, tristement, le souci du travail bien fait – le métier, la profession – semble désuet. C'est là un déni de reconnaissance symbolique majeur. Parler de travail bien fait suppose une relation de reconnaissance mutuelle où l'un reconnaît à l'autre sa compétence, son savoir-faire singulier, son expérience. Or la rhétorique de l'amélioration continue de la qualité se déploie par la médiation d'indicateurs (taux de casse, quantité de pièces produites/jour; suivi à la seconde des flux, etc.) impersonnels auxquels on délègue le sens engagé dans l'activité laborante. On en vient ainsi, paradoxalement, à traquer dans la prévision inhérente à la procédure l'événement indésirable alors que, comme processus le propre du travail est d'être un événement, la manifestation d'une créativité individuelle et collective. Le déni tient à ce que, de moyens mis au service de la fin (la reconnaissance du travail réalisé par une connaissance objective des tâches effectuées dans le langage des indicateurs), le moyen est pris pour la fin. La perte du sens de l'homme et des hommes au travail se tient là : lorsque l'on ose plus porter un discours, un projet et des institutions qui maintiennent la consistance et la constance d'une rationalité des fins engagées au travail, se déploie aveuglément sur les activités des hommes la rationalité des moyens.

On en oublie ainsi que le travail engage simultanément un rapport au monde ambiant, à soi et aux autres. On en oublie que le travail que fait l'homme est un travail qui fait l'homme. Lorsqu'il va au travail, l'homme est au travail.

« Etre au travail »? Mise en récit des identités personnelles devant une matière et avec les autres conçus comme collègues. Le collègue est une figure tierce d'autrui qui n'est ni donné dans l'élection amicale d'un Toi (parce que c'était toi); ni explicité par l'anonymat du On (l'inauthentique). Etre ensemble au travail (co-agir, co-construire, suite des générations de travailleurs et tuilage, expérience et savoir, etc.) est une épreuve de la « co-labo-ration » – les collègues, les travailleurs, les copains, les compagnons, les camarades, le staf, l'équipe, le service, etc. – confrontée à l'organisation rationnelle du travail. Ici le travail est ramené à une activité rationalisable et les trois verbes d'actions – entreprendre, travailler / collaborer et produire – à des tâches identifiées dans le « cœur de métier » ou le process. C'est un travail non seulement divisé et segmenté jusqu'à être un « travail en miettes » selon des canons du taylorisme et du fordisme, – la segmentation servant aussi la spécialisation –. C'est un travail devenu disloqué, ultrarationalisé voire unidimensionnalisé. En somme, l'histoire de l'organisation du travail ne cesse d'être traversée par une dialectique, parfois menée jusqu'au dilemme dont le suicide est l'issue désastreuse. Dialectique de l'invention et de l'administration, de l'innovation et de la conservation, de la force et de la forme dont la synthèse demeure sans cesse ajournée. Dialectique entre le sens biographique de l'homme au travail (la vocation, la réalisation de soi) et les institutions, organisations ou entreprises au sein desquelles cette biographie s'exprime, s'efforce, s'évertue, s'épanouit ou s'épuise (l'aliénation). Cette dialectique ne se concentre-t-elle pas alors sur différents plans : *l'entente* dans l'invention concertée d'organisations du travail justes et adaptées ; la *veille* dans l'attention aux réalités évolutives et vivantes que connait le monde du travail ; la *défiance* à l'égard de rapports de manipulation voire de domination que l'on trouve encore au travail ?

la fin de l'autorité

Vers la montagne où ils ont marché
Il a levé la tête
Et ôté son chapeau
Mais le vent d'Est s'est moqué de lui.

« Fragile autorité » est un des oxymores de l'air du temps. Nos temps en général sont d'ailleurs à l'oxymore. Manière d'expression des tensions qui les travaillent, des forces contraires à penser ensemble (l'attention à ce qui émerge avec délicatesse et la force de ce qui se maintient), l'oxymore est une figure irrésolue. Ici le prendre soin avec douceur et l'appel urgent à des figures fortes se cherchent, loin d'une autorité qui s'impose de haut. Dans le même temps, une figure autoritaire s'effondre dans l'annonce d'une fin de l'autorité. Des parents désarçonnés quant à leur rôle ou leur statut de figure tutélaire. Une enseignante déroutée qui s'immole par le feu dans la « cour de récréation » de son lycée, comme le fit Lise Bonafou, professeur de mathématiques, le 13 octobre 2011. Des juges qui avec les médecins ne sont plus eux mêmes des autorités lors des séances ordinaires d'examen ou de comparution au tribunal. L'autorité a perdu de sa Noblesse ! La crise de l'autorité consacre la sortie d'une société de l'honneur et de la hiérarchie. La fragile autorité est contemporaine de la fragilisation de l'Autorité. Elle se fait entendre dans le « T'es qui toi, pour t'autoriser d'une parole à mon encontre ? » Et de fait, qui est-il celui s'autorise de cette initiative ? Que faudrait-il que l'autorité soit pour qu'elle autorise plutôt qu'elle ne tétanise ?

De l'autoritaire à l'autorisant se déploie l'équivoque de l'autorité. Elle est l'expression mystérieuse d'une violence symbolique instituante portant en germes la difficulté attachée à tout exercice du pouvoir. Faire faire à l'autre quelque chose qu'il ne ferait pas spontanément de lui-même coure le risque de la manipulation et de la domination, même s'il ne s'agit pas d'employer la force. Mais l'autorité est aussi une figure de la croissance. Elle travaille à ce que l'autre s'en trouve grandi, et qu'à sa rencontre chacun enrichisse et élargisse sa propre expérience de vie. Plutôt qu'étouffoir des capacités dans une fabrique des inhibitions, l'autorité est aussi un moteur de croissance. Faire l'expérience de l'autorité c'est faire l'épreuve de s'en trouver augmenté, de voir des parts de son histoire se développer et s'épanouir. L'autorité nous augmente. Elle est la rencontre par la grâce de laquelle nous nous épanouissons jusqu'à devenir auteur.

Alors, furent des autorités pour nous, sans qu'ils ne l'aient peut-être jamais su, ces hommes ou ces femmes, dont la rencontre surligna nos existences d'une dimension nouvelle, invitant à la croissance, augmentant nos vies en élargissant nos vues. Equivoque autorité donc, prise qu'elle est entre le « avoir de l'autorité » et « être une autorité » ; être autoritaire et faire autorité. Cette équivoque en fait la vitalité. Mais que reste-t-il de l'autorité quand il n'y a plus « le respect » comme l'on dit ?

Nous vivons une allergie à l'égard d'un autoritarisme contraignant et nous savons qu'elles sont nostalgiques les formes traditionnelles de l'autorité, héritées du temps de l'honneur. Autorité traditionnelle (du pater familial au paternalisme entrepreneurial) ; autorité légale accordée par une position hiérarchique (du professeur au chef militaire) ou autorité charismatique (celle du chef de bande ou d'un leader d'opinion), ces trois types de l'autorité isolés par Max Weber nous sont familiers. Mais nous les jugeons porteurs d'abus d'autorité. Sans doute est-ce d'ailleurs le troisième, l'autorité charismatique qui porte aujourd'hui potentiellement bien des abus depuis que les formes traditionnelles ou légales furent ébranlées. Le despotisme doux du chantage affectif qu'encourage le « charisme » est une nouvelle figure de l'abus d'autorité. Il faut un consentement à l'autorité et ce consentement peut être abusé. De fait, l'autorité abuse lorsqu'elle trompe le consentement de ceux auprès de qui elle s'exerce, trahissant ce pacte de confiance qui sous-tend le contrat, et qui rend possible la relation d'autorité. Pathologies de l'autorité alors. Nous avons exorcisé l'insupportable autorité souveraine depuis que l'expérience de Stanley Milgram « la soumission à l'autorité » a désenchanté, sans peut-être l'avoir définitivement guéri, l'illusion autoritaire, en faisant apparaître les mécanismes psychosociaux qui la rendent possibles. Cette expérience nous a décillé de l'aveuglement qui consiste à se démettre de sa capacité d'initiative devant le pouvoir d'autrui et l'autorité qu'il représente. Comme le montre Milgram, si l'autorité est malmenée par l'insoumission (30 % de l'échantillon refusa de poursuivre l'expérience), elle est exacerbée par la peur dans la soumission.

Mais l'analyse des mécanismes autoritaires est-elle le dernier mot sur l'autorité ? Ce que fait passer l'autorité questionne le fait de savoir s'il l'on peut s'en passer.

Pour une anthropologie atomiste et utilitariste, l'individu est par définition farouche à l'égard d'une autorité qui entraverait ses libertés individuelles. Mais cet individualisme n'a, paradoxalement, pas assez pensé l'individu. Ceci l'empêche de comprendre que l'autorité n'est pas l'ennemie de l'individu – parce qu'elle serait une pression exercée par la société sur celui-ci – mais ce qui vient servir une plus grande individuation, pour peu qu'elle soit une relation autorisante. Une vraie autorité n'est pas tétanisante mais tentatrice. Elle ouvre à des mondes, suggère des univers, initie des routes.

Sans doute est-ce là son secret. Elle engage une relation de confiance fondamentale qui fait que l'un veut bien croire que l'autre est une autorité pour lui et que cet autre accepte de l'être, sans se prendre pour une incarnation définitive du vrai, du bien ou du sens. Il se livre dans la relation d'autorité l'enjeu profond de ce qui fait qu'une relation relie. Maintenir la relation et l'échange là où les circonstances pourraient donner l'impression d'être sans appel, sans discussion ou contestation possible. L'autorité n'est pas le pouvoir. L'autorité est d'ordre symbolique, là où le pouvoir est d'ordre physique. Dit autrement, le pouvoir s'élabore dans un rapport de force, là où l'autorité se nourrit d'une relation de confiance. Cette dernière invite à retrouver la singularité relationnelle par-delà ou en dépit des rapports de pouvoir nécessaires bien que seconds. L'autorité ne s'exerce pas pour que l'autre ne puisse pas être mais pour qu'il puisse donner à son tour. Elle laisse ainsi apparaître la personne dans le personnage, la source de croissance vitale dans la fonction de professeur, de juge ou de parent. Sera pour nous une autorité celui ou celle qui laisse

poindre l'essentiel de la relation et qui tonalise d'une profondeur de significations les rapports fonctionnels du quotidien. L'autorité nous grandit en ce qu'elle nous donne la véritable mesure de nous-mêmes, nous invitant à devenir des auteurs à notre tour. Elle vient nous chercher dans l'intimité de notre histoire pour nous élever, en suscitant en nous des énergies motrices. La véritable autorité est celle qui nous espère. Elle vient nous trouver, et nous ayant trouvé en appelle à nous découvrir. Elle passe pour cela par des mots ajustés, une justesse des attitudes, une intensité des regards. L'autorité, parce qu'elle est une relation, quête le soi dans l'échange comme une apparition. L'autorité se fait épiphanie de nos possibles. Elle quête la possibilité d'une harmonique, la désignation partagée d'un nœud de l'essentiel sur lequel s'arrêter parce qu'il est précisément nodal. Aussi y a-t-il une joie profonde de l'autorité : offrir à deux humains une forme d'appartenance, l'un découvrant l'épaisseur de son humanité par le détour de l'autre.
Au-delà du savoir ou du savoir-faire, l'autorité offre bien plus que des compétences, une appétence pour la vie du sens qui donne de quoi nourrir le sens de la vie. Elle est une offrande spirituelle. Sans doute est-ce pour cela qu'autorité a à voir avec l'idée de « donner naissance. » L'autorité, du latin *augere*, augure Elle nous augmente (*augere*) en même temps qu'elle ouvre le temps à ce qui est à venir. Elle augure et inaugure. La leçon inaugurale de l'autorité est de déployer les promesses des possibles et des capacités que porte chacun. Autoriser c'est reconnaître à l'autre sa possibilité d'être et de se développer comme auteur. Imagine-t-on alors une seule seconde ce que serait une vie humaine qui n'aurait jamais fait l'expérience autorisante de l'autorité ?

Conçue et envisagée comme servant la croissance personnelle, en modernité tardive, l'autorité dont on dit qu'elle est en crise renverse radicalement la relation dans la transmission. Elle invite à ne pas confondre l'effondrement des figures statutaires de l'autorité – le prêtre, le soldat ou le médecin – avec la fragilité expressive de l'autorité du transmettre. Elle fait entendre les questions obstinées et durables que porte, sous l'impression hautaine de réponses assurées d'elles-mêmes, une culture. Dogmes, credo, hauteur intimidante des réponses jouissant de la verticalité hautaine de qui est assuré une fois pour toute de soi – la verticalité de l'estrade de l'enseignant; du siège pour le magistrat; de la Faculté pour le médecin, etc. – demeurent inutilement autoritaires s'ils masquent la puissance de croissance des questions qui les habitent. Elles portent, ces questions qui comptent, sur la nature, le vrai, le sens, le beau, le bien, etc. Initiation au monde, l'autorité n'est pas en crise. Elle est une crise. Celle qui sait la brèche qui entrouvre des possibles et réveille la vie dans la vie de ceux ou celles qu'elle rencontre. Notre chance est peut-être de venir tester et réveiller cette vitalité qui est en nous, ayant appris à ne pas confondre la forme hiérarchique de l'autorité – la verticalité de la noblesse de robe – avec la force vitale de l'autorisant – l'horizontalité d'une reconnaissance mutuelle.

l'expert

Assis sur le lac gelé tête nue
mains posées sur la glace et le manteau ouvert
il voit brûler le fagot de son âge
une vie de brindilles
de buée sous le feu.
Sur la rive des pas font craquer le bois.

Dans nos pratiques sociales, un nouveau venu a fait son apparition : l'expert. Expert en assurance, expert comptable, expert médical et expert de centrale nucléaire, expert de la communication de crise, Groupe Intergouvernemental d'Experts sur l'évolution du Climat (GIEC) et expertise technique dans des prises de décisions complexes. Les experts sont partout. C'est même le nom d'une série télévisée. Au monde de l'homme ordinaire aux connaissances profanes fait pendant l'homme au savoir spécialisé d'un nouveau contexte de complexité. L'expert saurait là où le profane ignorerait, les querelles d'experts ressemblant aux querelles de théologiens d'hier. Inscrit dans des activités scientifiques et techniques dont il ne sent, ne sait ni ne saisit les effets, l'homme du monde quotidien perd, quant à lui, l'évidence du monde naturel. Il perd pied. Il lui faudrait savoir ce qu'il ne sait que soupçonner, ne sentant plus les effets de ce qu'il produit, ne sachant plus ce que fait ce qu'il fait.
Par une inversion radicale de signification, là où le latin entendait dans *expertus* celui qui sait/fait l'expérience, l'expert est devenu celui dont le savoir d'expérimentation défie le « bon sens » de l'homme expérimenté. Emission de gaz à effets de serre, dissémination d'OGM, statut des microondes ou production à l'échelle « nano » sont autant d'éléments d'un quotidien dont on a du mal à dire qu'il peut encore être dit « nôtre. » Il ouvre sur le gouffre inquiétant d'un univers indéfini, incertain. Défiant l'évidence charnelle des qualités sensibles, un tel « monde » en appelle urgemment au renfort élucidant d'un savoir des propriétés physiques et à une

compréhension fine de cette nouvelle complexité. Dans un monde médiatisé par un gigantesque appareil technique, scientifique et administratif supporté par un capitalisme industriel, faire monde est une tâche qui en appelle à une culture de la technique. Nous pensons outil ou machination de la machine là où il faudrait penser « l'ensemble » comme dirait Simondon. Il faudrait des techniciens l'initiant à la complexité. Aussi, lorsque nait la société du risque, apparaissent les spécialistes du risque : les experts. Leur apparition force au constat. Agir dans un monde incertain n'aura guère l'allure du déroulement serein d'un projet.

L'expert révèle un régime singulier de la rationalité. Là où la raison du philosophe n'est experte en rien, la rationalité instrumentale de l'expert relève d'un savoir spécialisé. L'expert est ainsi, dans l'espace public, une figure de l'entre-deux, placée entre les énoncés généraux des discours d'opinions – libres mais souvent peu informés – et le discours universel du philosopher qui, au-delà du spécial, cherche du fondamental. L'expert jugule le proliférant indéterminé de l'opinion – au risque d'ignorer « l'expertise d'usage » – par des analyses, une technicité de l'explication, des rapports objectifs sur l'état du monde. C'est pourquoi, en sciences de la nature il traque des superstitions et en sciences humaines il débusque des idéologies. Si l'opinion se contente souvent de l'épreuve d'une émotion liée à un événement ou à une catastrophe, l'expert la relativise et la temporise par la médiation de la preuve. Ce qu'enregistre la présence de l'expert, ce n'est donc pas d'abord la dérive d'une technocratisation du monde qui viendrait dissoudre l'éthique et la politique en une fonction d'ingénieur. C'est le fait que, dans une civilisation technologique dite « société du risque », rendue possible par les combats et les acquis des connaissances scientifiques, nous vivons dans un monde structuré et complexe qui connaît des régions de l'être (l'économie, les biotechnologies, l'industrie nucléaire, les changements climatiques, etc.) que seuls, les savoirs spécialisés de l'expert rendent intelligibles. Le monde s'émiette ; il nous faut des spécialistes des miettes, des savoirs précis, techniques, même si, juxtaposés, tous ces savoirs ne font pas à eux seuls une vision du monde.

Mais l'expert est aussi un être hybride. Ni savant, ni politique, il est un médiateur entre le monde de la science et le monde de la décision. Ni tout à fait un savant parce qu'il fait un pas en direction de la politique publique pour expliciter les lieux précis engageant le monde commun appelant décision; ni tout à fait un politique parce qu'il garde un pied dans l'activité scientifique qui légitime son intervention. Il médiatise. Il traduit. Entre-deux, l'expert maîtrise un savoir et le revendique pour éclairer, préparer ou « influencer » la décision du politique. Toute la difficulté sera de savoir si le politique c'est quelqu'un (l'expert conseiller du Prince) ou s'il engage l'ensemble du corps social (l'expert au service d'un débat public élargi, construit et réflexif dans les forums hybrides évaluant des technologies controversées) ? Dans un monde complexe, instrumenté et technologisé, le sens de l'expertise s'est inversé. Il était hier le spécialiste d'un champ fini (l'expert des clavecins anglais du XVIIIe par exemple). Il est devenu le spécialiste d'un champ indéfini ou indéterminé (le risque.) C'est un révélateur : notre monde ingénieux est un univers d'ingénieurs. Le savoir et l'expérimentation y ont conquis le social par le laboratoire, depuis l'univers de l'usine jusqu'à l'ingénierie sociale. Mais l'expert, comme l'ingénieur dont il est finalement l'expression socio-politique, est alors une figure ambigüe. Maître dans le domaine de l'efficacité matérielle (bien faire) on peut se demander quelles valeurs éthiques et politiques (faire le bien, le juste) porte-t-il ?

> Si l'ingénieur type-idéal éprouve un mal réel à se situer entre les deux pôles de l'invention-démiurgique et de l'économie industrielle [...] s'il est un homme d'action qui réfléchit..., sa fonction a bien glissé de la démiurgie première à la gestion mécanique d'une population qu'il faut rationnellement « tenir » pour qu'elle produise et reste cohérente (et se reproduise aussi) [1].

Tel devient l'expert qui instille dans le champ de la pratique les logiques éprouvées dans le champ scientifique, à l'instar de l'ingénieur qui transfert dans le monde social l'univers de la fabrique.

1. J.-C. Beaune, « Ingénieur », dans M. Canto-Sperber (dir.), *Dictionnaire d'éthique et de philosophie morale*, Paris, P.U.F., 2004, p. 926-927.

L'expertise comme ingénierie sociale se fait alors bien souvent une science auxiliaire de l'administration.

Il y a là un double risque. Le premier est d'ignorer les savoirs préscientifiques en amont et « l'expertise d'usage » en aval pour en conclure que l'homme ordinaire, nécessairement englué dans ses préjugés, serait un ignorant incapable de jugement critique. Mépriser les dimensions sociales et culturelles des pratiques humaines, les considérer comme contingentes, rejoue le conflit du bricoleur et de l'ingénieur, de la logique ouverte propre à l'analogique et de la logique close qui caractérise l'automatisme. Il ne s'agit pas, disant cela de bannir la rationalité au profit de l'irrationalité. Mais souvent la rationalité instrumentale l'emporte, avec l'expertise, sur la raison pratique et critique. Elle traite comme techniques des questions qui en appellent à un exercice du jugement et à une distanciation, faisant apparaître qu'il ne suffit pas de faire techniquement bien pour bien faire. Issu du monde de la science contre le monde vécu, l'expérience de l'expert est en rupture avec l'expérience de l'usage. Le « ça c'est toujours fait » est décontenancé par la nécessité de prouver ce que l'on croyait avoir suffisamment éprouvé. Dans ce conflit du bricoleur versus l'ingénieur, le label « scientifiquement prouvé » par des expérimentations concurrence le fait d'avoir de l'expérience.

Le second risque consiste à user de l'argument d'autorité attaché à l'expertise – invoquer le prix Nobel, etc. – pour imposer au politique une décision pratique comme si elle n'était que la conséquence d'une déduction technique. On passe ici de la nécessité technique de l'expert qui éclaire la décision en milieu complexe à l'idéologie de l'expertise. Celle-ci substitue à la décision publique, par une distorsion de l'argumentation, l'autorité d'une démonstration reposant sur la réduction du social à du machinal. Avec cette idéologie se répand l'*hubris* d'une raison pratique voulant faire advenir une science de la pratique ! En ce sens, l'idéologie de l'expertise confirme cette idée de Marx pour laquelle le pouvoir pourrait se fonder sur le savoir scientifique. Luttant contre l'inertie de pratiques traditionnelles au nom de la rationalité de pratiques scientifiques, la langue de l'expertise en oublie qu'elle est devenue elle-même une tradition. Elle en vient à confondre le raisonnable et le rationnel, le jugement critique et l'élucidation technique, en réduisant le social à la fiction de l'automatisation. Il y a là une illusion : croire que l'apparente complexité technique une fois débrouillée, il n'y aurait plus de difficultés alors que des choix restent à faire et doivent être posés. L'idéologie de l'expertise tend à la confusion, dans sa conception du choix, entre déduire et décider. Antichambre du politique, elle infléchit également la conception de la responsabilité engagée dans la prise de parole publique. La responsabilité politique n'est plus située dans la prise de risque calculée mais dans le refus du risque, voire la promotion du risque zéro. L'expertise fera ainsi des merveilles dans le climat feutré des antichambres du politique, muée en « expertocratie ». Devant l'intimidante complexité des contextes que rapporte la parole parlée des experts, la parole parlante du politique vit un complexe d'infériorité. La place faite aux experts risque souvent de court-circuiter le politique dans sa capacité à, non seulement faire des constats instruits, mais à prendre la parole qui oriente sur des projets simples mais fondamentaux. Le complexe opacifie, embrume le sens de ce qui est fondamental, au risque second de se faire passer pour lui. Mais une antichambre composée d'experts n'est pas une assemblée publique qui vit des frictions frontales, des prises de positions parlées, lesquelles seules épèlent un monde commun et le font advenir. Pour cette raison d'ailleurs, il faut distinguer entre expertise et compétence, c'est-à-dire entre une expertise de la prescription, formalisable en procédures a priori transposables, et une expertise de l'usage (les compétences) qui épouse, par ses savoir-faire, au plus près les contours du réel.

> Le commerçant au marché a sa vérité du marché ; n'est-elle pas dans sa sphère une bonne vérité et la meilleure qui puisse être utile au commerçant? est-elle apparence de vérité par ce fait que le savant dans une autre relativité, en jugeant avec d'autres buts et d'autres idées, cherche d'autres vérités avec lesquelles on peut faire beaucoup plus, mais justement pas ce dont on a besoin au marché[1] ?

1. Husserl, *Logique formelle et logique transcendantale : essai d'une critique de la raison logique*, trad. S. Bachelard, 1957, p. 369

La présence des experts explicite donc un nouveau régime de la décision publique. La décision n'est plus essentiellement ou uniquement portée par une projection (modèle volontariste de la programmation). Elle se déploie dans des descriptions de structures dont il s'agit d'avoir une idée claire (modèle intellectualiste de l'anticipation des risques). La décision parait moins inscrite dans un modèle de la délibération que dans celui d'une déduction. Mais plus subtilement, il s'agit moins de les opposer que de les articuler, réinscrivant l'intelligence déductive dans le mouvement de l'activité délibérative. C'est aujourd'hui tout l'enjeu de cette inventivité sociale et de cette créativité démocratique engagées dans les forums hybrides, les conférences de consensus, les publiforums qui renouvellent la vie démocratique, en resituant la parole experte comme une modalité du discourir parmi d'autres.

Certes, le débat public risque de se voir suturé par le consensus argumentatif que l'expert serait censé assurer. Nouvelle répartition entre le savant et le politique, la certitude du « savant » compenserait la situation d'incertitude où se trouverait le politique. Mais parce que, dans le débat, la « parole experte » très vite cautionne une clôture de la discussion, la suspicion ne cesse de réapparaitre s'interrogeant sur les conditions de possibilités grâce auxquelles s'assurer que les experts sont indépendants et sur l'existence de possibles conflits d'intérêts auxquels ils seraient soumis. N'est-ce pas là le glissement qui va alors d'une parole experte qui autorise à une idéologie de l'expertise qui tétanise ?

Etrange tour de passe-passe, la parole de l'expert dont on pourrait attendre qu'elle ouvre la discussion sur des sujets délicats et techniques, opère des distorsions dans la communication, au risque de la manipulation ou de la clôture. En effet, la parole de l'expert, investie de l'aura de la scientificité et de la technicité fait autorité au moment même où elle est le chantre de la nécessité. Prétendument apolitique et neutre axiologiquement, la « parole experte » cautionne souvent une logique de la domination croyant qu'il suffit de bien poser un problème pour qu'il soit résolu. La nécessité que l'expert décrit donne le sentiment d'une irréversibilité qui condamne à la fatalité. L'homme profane est l'homme du quotidien qui connaissait l'imprévu, l'adaptation improvisée et un goût préscientifique pour la surprise. L'idéologie de l'expertise, quant à elle, prévoira, planifiera, calculera et rationalisera, sous couvert d'une valorisation du savoir scientifique et technique. Distordant les *conditions émotionnelles de la vie démocratique*[1], cette idéologie entretient l'ambiance affective que tout est déjà joué, qu'il n'y a pas à lutter mais à adhérer aux logiques qu'elle fait apparaître.

Les grands programmes nucléaires civils et militaires ont ainsi été préparés par un appel fait à ceux qui « savaient » et qui avaient la « compétence » – d'ailleurs confondue avec l'expertise – : les Grands Corps (les « Mines » et les « Ponts »). Elle emporte l'argument et nourrit psychologiquement l'impression d'une implacable nécessité. La dérive idéologique tient pour secondaire le fait que les êtres rationnels soient aussi membres de sociétés déterminées, de communautés historiques qui singularisent les problèmes en développant une expertise d'usage (la compétence); traitant les problèmes pratiques comme s'ils n'étaient que théoriques. Dit autrement, cette dérive ne tient-elle pas en une forme d'utopie rationaliste qui conçoit le monde comme un ilot – l'Hôpital, l'Usine, l'Université, l'Entreprise – condensant un idéal de la rationalité et de l'utilité dans un océan d'irrationalité? Inversement un usage raisonné de l'expert ne ferait-il pas de ce dernier l'initiateur à une civilisation technologique, prenant en compte la part que jouent les ensembles techniques dans une symbolisation du social?

N'être pas dupe de l'idéologie de l'expertise plaide pour une autre interprétation du rôle de l'expert : l'expert qui ralentit le passage de la préconisation à l'incitation; qui connait la différence entre recommandation et coup de force; qui laisse ouverts tout en les précisant les lieux véritables de la décision. Cette dimension médiatrice entre la science et la décision publique donne à l'expert un rôle précis. Il n'est pas le substitut de la décision publique, mais celui qui contribue à présenter comme un problème clairement posé, ce qui, sans l'instruction de son analyse, se maintiendrait comme fantasme,

1. P. Viveret, « Le pouvoir, l'expertise, la responsabilité » dans *La responsabilité*, Revue Autrement/Morales, n° 14, 2002, p. 245.

illusion, préjugé. Bien délimité, le rôle de l'expert est de faire exister, par sa parole, un problème comme problème, que cela concerne une biotechnologie, un climat, une espèce. L'usage du principe de précaution qui invite à décider en l'état actuel des données scientifiques en est une bonne expression. Tel est l'expert qui ne se prend pas au piège de l'idéologie de l'expertise. Son projet est d'expliquer plus pour mieux décider, là où l'idéologie de l'expertise fait de l'explication seule le lieu de la décision. A l'argument d'autorité de l'idéologie experte pourrait donc faire place la proposition d'un pluralisme de l'expertise, dans l'appel lancé aux contre-expertises. Le rôle du politique est d'organiser l'expertise, non de lui être subordonné. S'il nous faut des experts, méfions nous donc de l'expertise. Une culture dominée par les soucis d'organisation fonctionnelle, d'évaluation, et de contrôle de l'information pourrait très bien trouver dans l'expertise une caution, dépossédant les hommes et les femmes de leur intelligence, de leur capacité à peser des raisons dans des situations complexes. L'idéologie de l'expertise est suspecte si elle prétend canaliser et confisquer les capacités d'initiative et d'inventivité des acteurs.

> Il s'agit de rappeler, et très fermement, que sur les enjeux globaux, les experts n'en savent pas plus que chacun d'entre nous. Il faut retrouver la simplicité des choix fondamentaux derrière les faux mystères[1].

1. P. Ricœur, « La Cité est fondamentalement périssable. Sa survie dépend de nous », *Le Monde*, 29 octobre 1991.

pompes funèbres

La plume et le pétale sont l'invention du vent.
La feuille aussi quand elle est morte.

On n'enterre plus en grandes pompes, et les pompes funèbres, pour être générales ne sont plus guère sociales. Fastueuses, visibles, publiquement ritualisées hier, elles paraissent désormais moins dispendieuses, plus discrètes et intimes, sinon cachées. Le grand apparat de l'enterrement de première classe, avec broderies d'argent des initiales du défunt sur fond noir a disparu. Les vêtements de deuil – le noir de la veuve dans le grand et le petit deuil – et la gueule d'enterrement qui annonce à l'entour la présence-absence d'un défunt et de sa mémoire ne font plus signe à l'entourage, comme pour leur dire en silence, mais de façon pressante, « Attention, fragile ! » Le temps n'est plus, apparemment, – l'a-t-il jamais été ? –, à « la mort apprivoisée », mais à la « mort ensauvagée ». La mort apprivoisée ? Nostalgie d'une époque où la mort aurait été amadouée, parce que les morts y étaient mis à une place, à leur place dans des rituels bien rodés, huilés.

Le rite funéraire n'est plus public, il est devenu privé. Enterrement dans la plus stricte intimité. Mais si des rites funéraires changent, il n'y a pas de sociétés sans rites funéraires, ces derniers tentant de sortir de la confusion entre monde des morts et monde des vivants. Toute *polis* a sa *nécropolis* ! Dans les rites funéraires, toute culture se souvient qu'elle est l'ensemble des pratiques qui résistent à la mort. C'est que l'être humain, être pour la mort, est aussi être contre la mort. Les rites funéraires, du décès constaté à l'inhumation, sont ainsi autant pour les morts que pour les vivants, que ce soit individuellement pour calmer l'angoisse devant la mort, que collectivement pour rendre moins étrangère l'altérité de la mort.

Des funérailles nationales au son du glas dans les clochers, les appels du funeste ne sont toutefois plus guère lisibles dans leur généralité. Cela tient à plusieurs déplacements.

Déplacement relatif à l'unité du rituel et à son autorité portée par la religion. En allant de la religion vers le religieux, l'émergence individualiste et le souci de la singularisation pointent dans le rituel. Paradoxalement le rituel funéraire ne dicte plus à chacun et chacune ce qu'il doit faire dans l'autorité de sa fonction sociale qui distribue des rôles et prédéfinit les paroles échangées. On choisit le rite et on le personnalise. Les grands rites s'effacent tandis qu'apparaît une multitude de petits rituels sauvages qui disent le lieu de la disparition. La ritualité funéraire devient diffuse. Le pompeux de la sépulture laisse la place à la fragilité du geste de sépulture. Bouquet de fleur accroché à une rambarde d'autoroute ou petit monument érigé à la mémoire d'amis morts accidentés s'élèvent anarchiquement et embarrassent les Directions départementales de l'équipement. Non pas dérisoire dernier geste, il s'agit là de l'invention du geste juste pour signifier un lien ultime avec le défunt – bougie, photographie posée sur le cercueil ou écoute d'une chanson qu'il aimait –. Individualisation du rite et des paroles prononcées pour dire l'irremplaçable de celui qui s'en va. Il s'agit de dire le singulier d'une histoire de vie en prenant ses distances avec des formules toutes faites, rituelles au sens du Rituel, et impersonnelles. La personnalisation du dernier mot que l'on tente d'adresser et de lire, des sanglots dans la voix, le rituel la contenait hier. A celui ou celle qui nous a quitté, le dernier mot à Dieu est concurrencé par un dernier mot d'Adieu.

Déplacement orchestré par la sécularisation, le clergé peut encore être l'officialité du dernier rite de passage. Mais il en est d'autres. Les pompes funèbres sont aujourd'hui des entreprises nationales, voire internationales qui marchandent l'intime jusqu'au dernier soin. On propose, offre et vend des rites funéraires, des conventions obsèques et des enquêtes de satisfaction portant sur le service funèbre. Déplacement de la symbolique liturgique à celle de l'efficacité technique. La fonctionnalité du rite dans le travail bien fait – surtout ne pas rater le rite et ne pas faire tomber le cercueil car c'est ainsi que naissent les vampires (!) – se focalise sur l'observance du rituel, faisant parfois silence sur ce qu'il symbolise. Si le corps du mort embarrasse, on ne s'en débarrasse pas comme cela. La déontologie l'impose. Une convention lexicale est nécessaire, car le cadavre n'est pas un

« objet » comme les autres. On dira « on crématise un corps » ; on ne dira pas qu'on l'incinère. L'incinération concerne les déchets, la crémation le corps d'un défunt.

Le déplacement de la religion vers un religieux désaffilié se lit dans la multiplication des rites funéraires et des salles funéraires multifonctions ou du moins multiconfessionnelles, antichambres des crématoriums, que notre temps invente. On garde le médium – ces salles sont souvent du sacré sans religion, construites sur les plans des temples ou des églises – mais on délaisse, ou du moins on se tait, sur le sens qu'il médiatise.

Déplacement du souci salutaire au profit de considérations sanitaires, ce sont des exigences d'hygiène publique qui contrôlent la circulation des cadavres et leur inhumation. Le corps mort n'est pas un déchet comme les autres. Il a sa dignité et un statut qu'il s'agit d'établir. Réalité médiate, investissant l'entre-deux de l'ordre et du sens, le cadavre n'est plus un quelqu'un, mais n'est pas encore un quelque chose. Il est dans une indétermination qui force à déterminer son essentiel. Paradoxe d'ailleurs car si la dignité du malade en fin de vie fait question, la dignité du cadavre fait indéfectiblement l'unanimité. Le droit le rappelle. On en affirme haut et fort une dignité protégée par la loi, le droit offrant une ultime hospitalité. *Noli me tangere*. Laissons le corps mort tranquille, offert au dernier soin dans la dignité du linceul qui le drape et du droit qui l'enveloppe.

Déplacement du rural vers l'urbain. Alors que l'enterrement, rite funéraire rural, célébrait le mort sur le lieu même où ses proches vivaient et travaillaient dans une poétique de la terre, il connaît maintenant la concurrence urbaine d'une poétique du feu dans la crémation. L'urne funéraire est plus mobile et nomade que le caveau familial. Les cendres peuvent être déposées dans le coin de forêt goûté par le défunt, au pied de son coin de pêche favori, ou dispersée en haute montagne sur un sommet rêvé.

Déplacement du rite funéraire de sa fonction sociale vers sa dimension psychologique. Aujourd'hui, le deuil est moins ce que l'on socialise que ce que l'on psychologise. Témoin en est ce glissement de langage qui va de porter le deuil à faire son deuil. Il ne semble plus tant être le deuil que l'on porte – porter le deuil – que le deuil que l'on fait – faire son deuil, travail de deuil. – Le deuil que l'on portait est un deuil qui nous portait. Faire son deuil reviendrait à ne pas céder à la domination de l'imaginaire qui voudrait que l'autre ne meurt jamais ; de compenser sa culpabilité de survivant et le désarroi de l'abandon, signifiant son attachement au défunt sans s'y détruire, symbolisant autrement le lien. Mais il y a alors le risque de l'incitation à une tyrannie du dire, du discourir, qui croit pouvoir expurger sa peine dans le flot compassionnel et communicationnel de la cellule de crise psychologique. On n'assigne pas à résidence l'épreuve du mourir et la séparation d'avec le mort, que cette résidence soit sépulture sociale ou tombeau verbal. Il y a une limite à la psychologisation du travail de deuil, du faire son deuil. Existentielle et métaphysique, la méditation du mourir fait aujourd'hui l'objet d'une expertise : techniques de deuil, étapes du deuil, suivi psychologique des endeuillés. Comme si l'on pouvait « gérer le deuil » dans une fonctionnalisation de ses émotions, de ses affects afin de n'être pas envahi par le fantôme des morts que l'on ne sait plus mettre à « leur » place. Mais « faire son deuil » relève aussi d'un entre soi, du « dialogue de l'âme avec elle-même », réveil d'un sens du tragique et attention à l'être au cœur de la vie.

Tous ces déplacements interrogent. Elle est facile l'affirmation selon laquelle autrefois la mort était apprivoisée alors qu'elle serait aujourd'hui masquée, ensauvagée ou « mort en douce » devenue nouveau tabou. Aujourd'hui, on exhiberait le sexe mais on tairait la mort. L'analyse est pourtant trop courte. Comme si les rites funéraires n'avaient d'autre tâche que de mettre de l'ordre dans le désordre engendré par une disparition, de rétablir une unité et une solidarité des vivants dans un faire face à la mort qui vient. Cela revient à se faire une pauvre idée de ce qu'est la symbolique funéraire.

> Le symbolique n'a rien à voir avec un rangement catégoriel qui tiendrait le social à la façon d'une glu. Il n'est pas une réunion harmonieuse de signes préalablement disjoints. [...] Le symbolique fait place aux mises en tensions qui impliquent dans un récit qui peut

comporter des trous et des trouées, le rapport de chacun à lui-même et aux autres [1].

Reconstruction rapide donc, lorsque l'on tend à faire de la familiarité avec la mort des temps anciens un acquis que nous aurions perdu. Qu'a-t-on perdu avec la disparition des pompes funèbres ? Sans doute une manière traditionnelle de célébrer les morts et les vivants, mais sûrement pas le fait que le mort nous dérange ; qu'il vient briser le fragile ordonnancement du monde humain ; qu'il fait désordre. Lorsqu'on y songe, la ritualité funéraire, sa théâtralité n'est peut être pas tant une fin en soi que ce qui installe, dans le temps et l'espace humains, la possibilité d'être confronté à une épreuve qui échappe à notre maîtrise. En perdant le décorum, nous avons peut-être retrouvé l'insistance inconfortable d'un événement qui nous échappe et nous trouble. On croit que le rite funéraire est un rite de fermeture – en finir avec le mort – ; il est bien plutôt une ouverture. Il ne s'effectue pas dans le monde comme un programme à honorer – le rituel – ; il ouvre un monde. Fracture de la présence, le rite ouvre et maintient pour un temps cette faille qui fait la singularité insubstituable du mort que l'on célèbre car

> C'est à l'instant de son disparaître, où s'annulent tous les signes de sa présence, qu'un homme se révèle dans l'acuité de son existence irrépétable [2].

L'étrangeté du mort, – il n'est ni un quelqu'un ni un quelque chose –, pose aujourd'hui sa question sans l'assurance d'une théâtralité qui rassurait peut-être. « Qu'est-ce qu'un rite ? » demandait l'étonnant petit prince au renard sous la plume de Saint-Exupéry. « Un rite, c'est ce qui fait qu'un jour est différent d'un autre jour » répondait le renard. Instaurer et installer la possibilité de la différence pour s'arrêter sur le poids de l'étrange, voilà le cœur du rite funéraire. Le rite fait une différence. Il fait la différence. Il sort de l'indifférence ce temps là, cet espace là, ce corps-ci. Ainsi le rite fait date et fait lieu. A

1. P. Baudry, « La ritualité funéraire », dans *Le rituel*, A. Yannic (dir.), Paris, Hermés-CNRS Éditions, 2009, p. 124.
2. H. Maldiney, *L'art, l'éclair de l'être* [1993], Paris, Cerf, 2012, p. 80.

partir de cette date, on se souviendra, on célébrera des anniversaires, on traversera ensemble le temps des « je me souviens » ; on fera anamnèse, élaborera le temps de la séparation.
Mais le rite à lui seul ne garantit d'aucun sens. C'est la tristesse du ritualisme que de nous le faire savoir et sentir. L'idolâtrie de la forme rituelle voit parfois le rite ne plus rien informer de l'expérience de l'homme désolé. Il devient alors désolant, dévitalisé. Le rite funéraire, pour n'être pas gesticulation fonctionnelle, est un geste symbolique. La disparition des gestes funéraires anciens nous le signifie à nouveaux frais. Nos nouvelles pratiques rituelles instaurent autant de médiations – lumière, bougies, vêtements, port de voix, gestuelle, traduction spatiale de la salle funéraire, interactions sociales, etc.– qui tentent moins de capturer que de capter des moyens grâce auxquels une signification tente de s'élaborer devant l'équivocité troublante du mort. Il n'est pas tant suture du sens que tentative de s'expliquer avec l'obscurité de la mort. Il le fait en rendant vivable pour soi et les autres la possibilité de se mettre à l'écoute de cette fracture qu'est l'épreuve du mourir, tant par une disposition de soi intérieure que par des dispositifs extérieurs. Ainsi, sur des tombes nord-américaines des personnes ayant connu un coma dépassé, on voit maintenant trois dates inscrites : date ne naissance, du décès et date d'entrée dans le coma...
Faire hospitalité à l'étrangeté violente du mourir et en laisser retentir les multiples formes de présence – images, paroles, visages, traces –, tel est ce à quoi prépare la médiation du rite funéraire. Le rite est alors ce qui rythme notre traversée de vivant avec nos morts, et pas seulement avec l'abstraction de la mort impersonnelle ou des morts en général. Telle est la profonde affinité du rite et du rythme : articuler le temps personnel et le temps des différentes générations dans une rythmique rien moins que morbide, la vie d'une suite de générations. Le rite connecte notre histoire avec la vaste histoire de nos devanciers, avec notre lignage et ses grands ancêtres, avec nos morts, les défunts de nos familles comme on dit. Nos morts habitent nos silences, nous hantent parfois, nous accompagnent toujours. Nos morts ? Non pas, le possessif pathologique de celui qui s'attache à un cadavre comme à une relique sacrée. Ce « nos » refuse, dans

l'attention à ce qui nous lie, l'objectivation. « Nos morts », manière de dire un entre-nous, là où nos dits font des morts des noms communs, assignés à résidence dans le commun du langage et des usages de cimetière, dans un statut du dépassé définitivement rejeté du monde des vivants. Nos morts sont des icônes qui investissent notre traversée du temps, nos âges de la vie et avec lesquelles apprendre à nous comprendre et à nous solidariser à la vaste histoire des vivants.
En célébrant nos morts, nous inscrivons nos gestes dans une vaste histoire : celle paléontologique de l'hominisation; celle mythique de l'humanisation. Entre le geste de sépulture du néanderthalien qui enduit d'ocre rouge le corps qu'il inhume, et qui, ce faisant, écrit pour la première fois « voici l'homme » et le devoir de sépulture d'Antigone qui s'écrie « la loi de Créon est inhumaine », se fait entendre un même cri, une même plainte, que reprennent les endeuillés d'aujourd'hui.
Certes, ces pratiques funéraires font l'homme. Elles disent que l'humanisation prend le relais de l'hominisation, manifestent la trace de l'humain. L'homme est un animal thanatopratique qui se suit à la trace. De fait, ses rites funéraires laissent des traces. Les hommes meurent, souvent les sépultures demeurent – concession perpétuelle et monumentalité de la pyramide qui assure un semblant d'éternité à celui qu'elle honore –. Et de ces rites, on peut décrire l'infinie variété dans les pratiques thanatologiques.
Mais au-delà de l'étourdissante inventivité des pratiques – tours de silence, ossuaire médiéval, crémation et jardin du souvenir, réduction de tête amérindienne, retournement des morts malgache, ancestralisation des Dagara au Burkina Faso, lieu d'inhumation virtuel sur le web, etc.–, une exigence insistante point qui unit notre cri à celui d'Antigone. Le rite funéraire est moins une réponse au mystère de la mort que le maintien vif de ce mystère sous la réponse qu'il paraît être. Le geste de sépulture, notre geste funéraire n'est pas ancestral mais a une antécédence. Pourquoi risquer sa vie dans le geste de sépulture ? Pourquoi tant d'énergie pour retrouver le corps du défunt et lui consacrer une sépulture ? Pourquoi la dérisoire petite pelle, que Jean Anouilh prête à son *Antigone* pour recouvrir le corps de son frère exposé, garde-t-elle autant d'écho et de tragique fraîcheur ? N'est-ce

pas pour inscrire son histoire dans la continuité d'une histoire : celle de l'homme qui, dans la confrontation à son mort, en vient à scruter l'intensité et la qualité de son vivre ; à percevoir dans la relation à autrui une relation et pas seulement un rapport : relation avec sa vulnérabilité qui oblige, avec la mort qui vient et avec la vie qui va ?

Michael Jackson

Un enfant marche près de la route.
Il a déjà l'âge d'être seul.

Un Noir qui a voulu devenir blanc; un homme qui a voulu devenir femme; un adulte qui voulut rester un enfant. Tel est celui que la scène mondiale célébra lors des funérailles de la vedette de la pop music Michael Jackson en juin 2009. Célébration d'une nouvelle figure de Circé, jouant les métamorphoses du corps, de l'incarnation à la désincarcération? Trouble planétaire exercé par la traduction charnelle de cet exercice de pensée auquel Pascal déjà nous conviait: « concevoir un homme sans mains, pieds et tête » puisque Michael Jackson paru travailler à construire un homme sans âge, sans sexe, sans type? Signal de la présence d'un corps retrouvé dans un moment du temps qui affirme haut et fort un « vivre à corps perdu »?

Si le retentissement de cette mort fût planétaire c'est que sur le corps de Michael Jackson se sont condensées les tensions contemporaines relatives au corps. La consistance du corps, son insistance à nous rappeler notre dépendance et nos appartenances sont aujourd'hui testées, parfois détestées, mais toujours évaluées. En effet, de ce corps qui nous porte au corps que nous mouvons, mobilisons et transformons s'engage une tension entre un fond de passivité qui limite, voire aliène et une reprise d'initiative qui libère et émancipe. Cette tension se déploie singulièrement dans les techniques du corps, qu'elles soient esthétiques, médicales ou quotidiennes. Singulièrement Michael Jackson condensa sur son histoire cette triple tension dans un combat, refusant de se résigner à son corps. Il mena ainsi une triple lutte. Lutte contre un corps, mémorial d'une involontaire passivité en nous et d'un fond d'opacité vécu parfois comme un destin et dont la maladie demeure le rappel. Lutte pour la reconnaissance dans une anthropotechnie qui sait que le corps, situation incarnée, est stigmate aussi bien qu'expression dans une société nord-américaine qui discrimine les corps des minorités ethniques ou de genres. Lutte dans les métamorphoses esthétiques où le corps discipliné, rendu docile par le travail du danseur, réussit, pour un moment, à faire oublier la pesanteur de la chair dans la grâce du geste. Humain, post-humain, trop humain; montré, amélioré, représenté, le corps de Jackson expérimenta à la fois la sur-nature du danseur-chanteur qui sublime le corps par le corps et la surnature artificielle post-humaine d'un corps amélioré (*enhancement*) qui dépasse le corps contre le corps. Expérience de soi d'autant plus troublante qu'elle demeurait, en sourdine, celle d'un être de chair désirant et souffrant. La tension entre le corps représenté et le corps instrumenté s'y donnait dans la précarité d'un corps vécu. En effet, objet de multiples projections, on oublia que le corps de Michael Jackson était d'abord et ultimement celui d'un corps agissant et souffrant. Que sous l'idole se poursuivait la traversée temporelle et charnelle d'une subjectivité. Elle vivait l'incessant retour du refoulé par la technique ou l'art, et ce jusqu'au tragique, que ce soit le pâtir dans la hantise du microbe, le désir par la force de la pulsion libidinale et le mourir dans l'inéluctable inscription chronobiologique du vieillissement. Le corps de cet existant souffrant que Michael Jackson était aussi – on est surpris d'avoir à le redire – fut pris en charge par une médecine du corps malade en raison d'une maladie de peau. Le fît oublier le spectaculaire passage à la limite d'un corps en représentation. Dansant, il défiait les contraintes des articulations dans le jeu des formes. Souffrant, il vivait les efforts d'une utopie de la santé parfaite déployée en une médecine de l'amélioration et une chirurgie plastique encourageant l'idée d'une plasticité des formes corporelles. Inquiétante et fascinante, l'expérience du corps de Michael Jackson telle que nos sociétés se la représentent, devînt l'icone où convergèrent les questions que la modernité tardive pose à la condition corporelle.

Toute formation, transformation, réformation du corps est une prise de forme qui se déploie dans un organisme, système métastable. Or le fascinant de cette figure iconique qu'est Michael Jackson tient à ce qu'elle a joué ce jeu des formes technologiquement, esthétiquement et existentiellement. Certes, toutes les transformations corporelles ne se déploient pas sur le même mode. L'anthropotechnie joue avec les formes du corps à partir d'une logique de l'information rapide, de la programmation, qui contraste avec le passage provisoire d'une forme en une autre que recherche l'art de la danse ou bien avec la lente métamorphose des formes corporelles qu'engage une biographie dans les âges de la vie. Mais toutes trois mobilisent une aptitude à symboliser l'expérience corporelle, à déchiffrer par le biais d'un univers symbolique, fait de mots, de représentations et de figurations, l'appartenance charnelle.

Vedette de la pop music, dans *Thriller*, il joue un loup-garou. Jackson y vit la métamorphose par la danse. La présence du corps sur scène y est représentation. Dans la danse et le chant, le corps trouve une densité singulière, la représentation scénique augmentant sa présence expressive par le jeu des formes sous l'effet d'une libération (provisoire) des indocilités corporelles. Ici le corps de l'homme transformé en loup. La danse trouve le corps pour que, par ses trouvailles, une autre forme s'impose et s'exprime sous l'effet de la fluidité d'une expression, d'un jeu avec des images. Le corps du danseur dénonce l'idée selon laquelle le corps ne serait qu'un matériau à modeler, car s'y s'engage un mode de subjectivation spécifique. Pour une fois, le corps y conspire sans défaillance avec un projet. La danse manifeste une écriture charnelle de soi : une bio-graphie où se vit la grâce rare d'une coïncidence de soi à soi. Au prosaïque du corps ordinaire la danse répond par la poétique configuration scénique. Dans la danse, l'expression corporelle est non pas sans le corps, ou en dépit du corps mais avec le corps. « On ne peut pas imaginer un pas de danse sans son exécution » disait Alain. La danse comme travail sur la forme du corps joue alors sur les métamorphoses devenant le lieu où s'exprime l'infinité possible des figures, faisant dire à Valery qu'il est « l'acte pur des métamorphoses »[1].
Dans une chorégraphie, et l'on pense au rythme que lui donnait Michacl Jackson, le corps mène la danse. Cela suppose un renoncement, ou du moins une adhésion de l'entendement aux mouvements du corps pour ne pas perdre le rythme, risquer le faux pas. Le court-

1. P. Valery, « L'âme et la danse », *Œuvres II*, p. 154.

circuit du délai de réflexion se fait immédiateté du mouvement dans l'exécution, la figure s'imposant dans un enchaînement. Paraissant séparer l'exécution de l'apprentissage, l'immédiateté du mouvement dansant efface la trace du travail, de la technicité et de la fatigue. Le chant du corps dansant fait passer de la gesticulation à la gestuelle. Il se fait chanson des gestes. Discipliné, le corps n'est pas dressé malgré lui, mais par lui.

Michael Jackson, comme danseur, joua sur le trouble passage d'une forme en une autre : le noir et le blanc, docteur Jekill et Mister Hyde. La danse, dans un imaginaire de la métamorphose, permet ces passages dynamiques d'une forme en une autre forme. Mais l'anthropotechnie, celle de la médecine de transformation, joue d'une autre manière, sur le trouble des formes. Elle donne aux imaginaires de la métamorphose (mythe de l'androgynie pour le sexe; mythe de Faust et de Jouvence pour l'âge et la mort; mythe de l'invisibilité de Gygès pour la peau et la blackface) leurs traductions matérielles concrètes. La forme n'est plus simplement l'onirisme provisoire d'une image rêvée, mais la technique d'une image construite par la chirurgie plastique. Rejoignant les rêveries posthumanistes, dans cette technique domine le vocabulaire du modelage renvoyant au passage des formes. La malléabilité du corps y est posée comme première contre l'imposition substantielle d'une forme essentielle. Si l'humanisme pense le corps humain comme une essence, le post-humanisme envisage le corps comme modelable et modulable par la grâce des sciences et des techniques.
Le posthumain, le préfixe l'indique, invite à réfléchir au passage d'une forme en une autre, de la forme du corps humain actuel vers d'autres formes. De l'humanisme au post-humanisme s'est opéré un glissement. La forme du corps n'est pas assignée à la contrainte d'un ordre corporel – une nature ou une condition –, parce qu'elle ne serait qu'un matériau. Si être d'un corps est un hasard; transformer, voire s'arracher d'un corps pourrait-il être un projet? L'épreuve charnelle de Michael Jackson donna, si l'on ose dire, de la chair à ces variations imaginatives. En effet, il s'est, humainement, essayé aux techniques posthumanistes dont il révéla, bien involontairement,

qu'elles sont humaines, trop humaines. Jouer avec des formes corporelles, les imposer, s'en affranchir n'est-ce pas aussi, à chaque fois, tenter de les vivre ? Certes, toutes les métamorphoses ne se valent pas. Mais entre les figurations esthétiques du jeu des formes dans la danse et les opérations techniciennes de la programmation et de l'imposition d'une forme dans la chirurgie plastique, ce qui fait le lien n'est-ce pas la transformation vécue du corps propre dans le temps long d'une bio-graphie ?

Entre l'esthétique du danseur et la technique d'amélioration post-humaine se tient ainsi le corps vécu d'un homme en sa traversée biographique. En effet, c'est le même homme sur scène qui sublimait son geste dans la dynamique chorégraphique et vocale et qui figea son corps dans la statique d'un corps lifté, rigidifié, statufié par les techniques de chirurgie plastique. Se découvre cette fois-ci une autre métamorphose attachée au temps traversé. Le corps dansant jouait dans un temps suspendu et le corps posthumain réduisait le temps à une variable. Dans la durée, l'humanité du corps est, quant à elle, une mise en récit bio-graphique de soi qui connaît les métamorphoses des âges de la vie : naissance, croissance, maturité, vieillissement. Nos pensées ou nos techniques du corps se font souvent oublieuses du fait que le corps est sexué, désirant et âgé. Vivre ses problèmes corporellement comme dirait Nietzsche prend en compte la dimension phénoménologique et existentielle d'un corps vécu. Ici il est aussi question de la perception sociale et politique d'un corps vécu comme celui d'une minorité de couleur et de la souffrance d'un homme, hanté par la peur du microbe et de la contagion. L'humanité du corps du danseur jouait sur sa spatialité ; celle du post-humain sur sa matérialité. Quant à celle de « l'humain trop humain », elle rappelle la temporalité d'un corps qui est une histoire, travaillé par l'expérience du temps. Herméneutique de soi, on apprend à se comprendre de ce corps-là au gré des mouvements qui l'animent selon qu'on l'interprète comme jeu avec les possibles dans la danse, comme combat dans la lutte contre les limites par la technologie médicale ou comme épreuve du consentement une fois reconnu son fond d'opacité au long de cette expérience feuilletée qu'est une

« bio-graphie ». On ne peut pas faire l'économie de la traversée d'une histoire de vie, de sa vie comme en travail. Le « je » comprend toujours un peu mieux son existence à partir de ces réajustements successifs que le conduisent à faire l'expérience de son corps dans sa croissance, dans sa sexuation, ses capacités, dans sa chronologie et son âge.

L'apprentissage biographique d'une confrontation à des éléments spatiaux – des variations culturelles aux esquisses motrices – et temporels – histoires et avancée en âge – contribuent à la tâche de s'épeler soi-même comme sujet incarné puisque le corps est cette dimension d'involontaire avec laquelle une vie compose. L'enjeu y est bien une herméneutique de soi, un mode de subjectivation de soi par des pratiques du corps qui peuvent être des techniques du corps. Le mystère de Michael Jackson ne tient-il pas au fait que mort prématurément il laissa ouverte la résolution de ce combat charnel qui fut le sien, tendu entre révolte et consentement ?

faire famille

Le fils fait le père et l'héritage
et quand la mort s'est trompée
le testament s'écrit sur la nuit.

Jour de France, Gala, Voici et Paris-Match, ces périodiques racontent des histoires d'amour, des mariages d'amour. Cela n'est pas nouveau. C'est pour cela qu'on les fabrique, qu'on les vend et qu'on les lit. Qu'elles se vivent entre prince et riche héritière, entre homme d'affaires et mannequin, entre sportif de haut niveau et journaliste, les histoires d'amour font rêver. Elles font vendre. Ces histoires d'amour déclinent les gammes variées du répertoire social dans lesquelles l'amour prend forme, qu'il s'agisse de garder la face dans le maintien de l'ordre traditionnel pour les familles royales, de la manifestation décomplexée de la réussite bourgeoise par l'entrepreneur à Rolex ou du talent du footballeur qui y a mis du sien pour « réussir » à corps perdu.

Mais notre temps invente un nouveau registre pour raconter et vivre ces histoires. Le « ils se marièrent et eurent beaucoup d'enfants » a pour pendant « ils se démarièrent et recomposèrent des familles ». Et l'on scrute dans ces histoires comment ces types sociaux s'y prennent pour faire famille, se mêler sans s'emmêler. Même les rois vivent le démariage et les présidents de la République divorcent à l'heure du mariage d'amour. La famille n'est plus un destin, ni même une dette assortie de ses dots. La famille se vit comme une possible aventure. Si elle ne se reçoit plus comme un ordre à honorer, elle se fait projet à inventer. Paradoxe : la famille n'est plus tant un destin traditionnel (l'ordre familial) qu'un projet (qu'il s'inscrive dans le mariage, dans le Pacs ou le concubinage).

Ainsi meurt La Famille, naît la parentalité. L'expression « Faire famille » enregistre cette idée. Elle désigne moins une réalité qui serait de l'ordre des essences assignant *a priori* à des rôles – la famille naturelle –, qu'une réalité relevant de l'ordre des catégories de l'action. « Faire famille » dit que la famille n'est pas tant une substance qu'un processus. Cette expression substitue à une unité organique conçue comme une entente initiale – la cellule familiale – l'activité processuelle d'un travail – faire famille est une unité conquise –. S'y fait entendre l'idée que l'unité familiale n'est pas donnée comme une unité substantielle venue d'en haut – la sacralisation de l'ordre naturel – mais engagée dans un processus d'unification relationnelle reconnu dans l'appartenance à une même généalogie. Elle se comprend alors comme une institution au sein de laquelle chacun apprend progressivement à s'y recevoir et s'y reconnaître d'un lignage. « Faire famille » traduit donc une refonte extraordinaire pour penser et parler à nouveaux frais l'unité familiale. On la pense moins dans les mots des racines que dans ceux du réseau au sein d'une culture qui vit le déplacement de l'inconditionnalité des liens familiaux, du conjugal vers le parental. Faire famille noue donc autrement l'union de ses membres. Elle le fait sans l'autorité d'un appareil de contraintes ostensibles et articulées entre elles, à savoir les bonnes mœurs familiales, le droit de la famille garantissant l'ordre de la « société domestique », l'unité par « La » tradition, l'assurance de l'ordre social et politique garantit par la « cellule familiale » et la sacralisation de cet ordre.

A l'affirmation d'une unité familiale intangible parlant de « La famille », « faire famille » substitue l'invention d'une unité sur la base d'une expression relationnelle, de sorte qu'en elle la différence (celle du sexe, de l'âge, du désir) soit compatible avec la similitude. Elle atteste que cette unité n'est pas qu'une donnée mais une tâche. Aussi, la famille est-elle une réalité traditionnelle en un sens renouvelé : non une forme de famille haussée au rang de norme (La famille traditionnelle) mais l'orchestration d'une modalité du temps traversé (*tradere*) ensemble. On n'y fait pas l'économie de l'histoire, des histoires de famille. Au sens fort, et pas seulement polémique, la famille fait des histoires. Ainsi, notre nom propre par exemple. Il dit notre singularité à la différence du nom commun, en nous inscrivant dans un lignage. Mais il est également le nom d'un collectif qui nous précède et dans l'histoire duquel prendre place. Le nom dont on nous appelle est un nom qui nous appelle. Certes, faire des histoires ne va

pas sans luttes inquiétantes. Les recompositions familiales donnent l'impression d'une déliaison généralisée vécue dans des expériences déceptives : dé-mariage, dés-ordre amoureux, dé-composition.
En effet, les compositions, décompositions et recompositions familiales contemporaines nous alertent. Les métamorphoses de la famille nous mènent de la famille modèle à la famille module. Ce passage du modèle au modulable s'enregistre sémantiquement : beau-père, parent biologique, parentalité, démariage, homoparentalité, patrimoine génétique, vrai parent, etc. L'autorité traditionnelle et substantielle de la racine inscrite dans « la famille » s'estompe au profit de la structure rhizomatique de liens diversement composés, donnés dans « la parentalité ». Mais alors, la parentalité serait-elle le lien familial sans l'autorité traditionnelle attachée à La Famille ? Au-delà du discours fonctionnaliste (les fonctions ou compétences parentales), la parentalité n'est-ce pas la « sainteté » du lien familial retrouvé sans la sacralisation d'une famille modèle ? « Faire famille » n'exprime-t-il pas qu'être ensemble avec ces autres que nous disons être « les nôtres » a besoin, pour se déployer d'un parcours de la reconnaissance, offrant à la famille l'occasion d'expliciter à nouveaux frais sa destination ?
La famille n'est pas qu'un rouage servant la reproduction et le maintien général de l'ordre social. Elle porte une destination propre : permettre à chacun de se situer et d'être accueilli, comme homme ou femme capable, dans l'hospitalité d'un lignage. Elle est le lieu où il est possible de célébrer, de vivre et d'expérimenter l'essentiel auquel elle lie : le lien originaire avec la vie au devant de nous – l'origine et l'ancestral – et au-delà de nous – les espérances et l'attente de ce qui est à venir dans les générations futures –, sur fond commun d'hospitalité généalogique. Bref, une famille c'est une origine et une espérance déployées en une histoire. Faire famille, épèle généalogiquement et dans le temps la signification et la portée qu'il convient de donner à cette origine et à cette espérance. Pour cette raison, la famille demeure un espace-temps privilégié de l'hospitalité, n'ignorant pas cette « insociable sociabilité » familiale où la famille vit parfois l'« infamille. »

Faire famille relève donc d'un travail qui met en chantier les identités. On apprend affectivement, pratiquement et intellectuellement à se comprendre et à consentir à cette donnée – on ne choisit pas ses parents – qu'est la famille. C'est en ce sens que la famille devient la nôtre : un hasard transformé en destin. Histoire de famille. On y fait l'apprentissage par lequel d'autres deviennent des nôtres dans la conjugalité, la généalogie et la fraternité. Il s'agit alors de découvrir que ce qu'accueille mystérieusement la famille – une vie qui vient –, elle ne peut faire l'économie d'apprendre à en déchiffrer la portée, à chaque fois singulière pour chaque histoire domestique. Étranges liens familiaux : des liens qui libèrent pris dans la tension entre le trop peu de liens qui anémie et l'excès de liens qui asphyxie. Reprenant une distinction de Levinas, n'est-ce pas à ce prix que la disparition d'une sacralisation de la famille qui totalise révélera à chacune son histoire sainte, la gloire de l'Infini qui la travaille? On sacralise aisément l'ordre familial dans une idolâtrie qui exalte la communauté du sang, la dangereuse pureté de l'être familial préparant des intolérances à l'égard de la différence, qu'elle soit celle de l'enfant naturel, de la fille-mère, du poil de carotte, du handicap, etc. Opposer au sacré domestique le saint fait entendre que toute famille est irréductiblement le recueil d'une altérité qui passe en elle mais la dépasse. Sainteté de la vulnérabilité de la vie qu'elle accueille et qui la bouleverse assez pour, qu'à chaque naissance, elle éprouve le besoin d'en faire part!

l'écogeste

Les vagues comme une obstination de la mer
interdisent aux hommes le labour des flots.
La terre est plus soumise.

Dans la salle de bain de l'hôtel, sur la tablette du lavabo, on a déposé l'invitation suivante, qui est une incitation.

> Sauvons notre planète. Cher client, Aidez nous a protéger notre planète. Avec votre aide, nous pouvons économiser des millions de litres d'eau. Les serviettes mises sur le séchoir peuvent être utilisées à nouveau. Celles déposées sur le sol devront être lavées et remplacées par des serviettes propres. Merci de nous aider à protéger l'environnement.

La scène se passe à Rio de Janeiro. Cela aurait pu se trouver aussi bien dans un hôtel de Londres ou de Besançon. Mais que penser de ce moralisme qui s'insinue jusque dans l'intimité d'une chambre d'hôtel ? Effet d'aubaine de chaines hôtelières qui trouvent dans la « conscience verte » de leurs clients l'occasion de faire des économies de frais de laverie et de pressing ? Affichage d'une stratégie commerciale – le *green-washing* – qui à défaut d'être vertueuse en manifesterait les signes sans chercher à les vivre ? Marqueur de communication d'une inclusion différenciée mise au service d'une consommation verte ? Manifestation singulière d'une tentative d'inscrire dans les gestes les plus ordinaires du quotidien la conscience émergente d'être solidarisé à l'échelle planétaire ? Sans doute que ce petit appel, qui s'insinue jusque dans le recoin d'une salle d'eau, condense sur lui tout cela à la fois. Nouveau venu, on en parlera comme d'un écogeste.

L'écogeste – du tri des déchets ménagers au pédibus ; des sacs de course réutilisables aux vélos en libre accès pour des déplacements urbains dits doux – mobilise tous les signaux de la société « verte. » Il en appelle à une interrogation sur l'économie du désir : sobriété volontaire; frugalité heureuse. Une constellation se déploie alors. Faisceau de signaux à décoder comme différenciant la réalité sociale en lui donnant une coloration spécifique. Il s'agit d'inscrire des préoccupations globales dans le singulier de pratiques ou de mœurs locales. Elle est spectaculaire en effet cette transformation sociale et civilisationnelle dont nous sommes les contemporains. Un européen qui se serait absenté d'Europe depuis dix ans serait surpris. L'écogeste est devenu l'effet-signe d'une nouvelle « civilisation des mœurs » comme dirait Elias, redéployant un usage des envies, des désirs, des plaisirs. On sait ce qui s'inventa avec la civilisation de cour par l'appropriation de la fourchette dans les manières de table à la Renaissance. Il trouve son analogue aujourd'hui dans cette civilisation écoresponsable qui invente, de façon balbutiante certes, une manière de civilité à l'échelle globale. A la frénésie de la croissance, la sobriété de l'écogeste invite non à la privation, à quoi on la ramène souvent, mais à la modération. Se libérer de la marchandisation des biens et des liens, voilà à quoi en appelle l'écogeste si on le prend au sérieux et ne le réduit pas à une écogesticulation.

Une petite sémiologie du temps présent décode alors les tensions qui investissent l'écogeste : la volupté gaspillante de la société de consommation et la sobriété désirable d'une société durable; l'envie d'avoir des bénéfices financiers et le désir d'être d'un agir bénéfique; l'insatiabilité de l'écobusiness dans la croissance verte et l'ascétisme écologique; l'autarcie de l'*homo aeconomicus* et la conscience relationnelle de l'humain; l'intempérance solitaire de nos modes de production et la tempérance solidaire de systèmes de production plus justes pour les pays dit du Sud.

De fait, l'écogeste est tout d'abord le signe manifeste d'une individualisation par la consommation. La force de l'activité économique est telle qu'elle propose une palette d'offres marchandes suffisamment large pour s'adapter au profil des individualités. Ici, l'écogeste signale la possibilité de différencier les styles de vie par les pratiques et les modes de consommations. Il flatte l'amour propre à défaut d'élever l'amour de soi et le souci de l'autre. On pourra, par exemple, choisir son hôtel en fonction de son affichage d'une préoccupation pour les enjeux environnementaux. Ainsi le « Sauver la planète » peut, dans notre exemple, n'être qu'une affichette garantissant la labellisation et la certification ISO d'un parc hôtelier. Bref, l'écogeste signale l'émergence du consommateur responsable, du « consomm'acteur » ou du bourgeois bohème, c'est-à-dire d'un « profil marketé » objet d'une stratégie commerciale.

> Depuis que le pouvoir tant local que mondialisé s'est emparé de ce cliché (le recyclage) et l'a instrumentalisé, l'industrie un instant surprise a admis sa nature nouvelle, mieux elle change nos conduites à vue d'œil sans renoncer à sa logique profonde [1].

Mais on peut aller plus loin. L'écogeste prend place dans le cadre d'une société en réseau, étendue à l'échelle globale et planétaire. Il enregistre confusément, mais tout de même, une solidarisation de fait : l'inscription des individus dans un réseau global encore impersonnel. « Sauver la planète » est, en ce sens, un signifiant anonyme. Dans l'anonymat d'une chambre d'hôtel, l'individu est renvoyé à son isolement d'agent dont l'action lui apparaît confusément reliée à d'autres que lui. Il s'engage là une manière de faire face individuellement à ses intérêts contradictoires. On pourrait s'arrêter là. Mais l'élargissement de ces propositions commerciales, l'individualisation de l'offre économique donne aussi, bon gré mal gré, l'occasion d'examens de soi, de découvertes de soi, d'approfondissement de soi. Même opportuniste, la signalétique écogestuée présente dans le monde commun enregistre que nos façons de vivre, engagées au cœur des pesanteurs d'une crise environnementale, sociale et économique, peuvent connaître de nouvelles modalités. L'écogeste peut être l'expérience joyeuse d'une relation et non la pratique sévère d'une privation.

Signal, l'écogeste est aussi un signe qui fait signe. Il en appelle à une compréhension renouvelée de soi, du sens et de la signification de son geste. Dans l'écogeste s'engage, au-delà d'une nouvelle civilité, l'articulation inédite d'une éthique de la responsabilité locale et d'une éthique de l'appartenance environnementale globale. Il faut

1. J.-C. Beaune, *Engrenages. Anthropologie des milieux techniques (1)*, Paris, Champ Vallon, 2009, p. 581.

alors distinguer entre individualisation et individuation. Il y a, entre les deux, une différence de nature. Le premier engage en extériorité des faits empiriquement différenciés (un marché potentiel) ; le second engage, en intériorité, une compréhension de soi. Qu'est-ce que l'écogeste raconte de nous? A quelle mise en travail de soi engage-t-il? Quels imaginaires de l'eau – de sa rareté, de sa vitalité, de sa pureté – mobilisent-t-il, par exemple, dans la compréhension qu'il a de ses gestes inscrits dans la nature?

Mise en récit de soi, l'écogeste se fait alors histoire, configuration narrative du moindre de nos gestes. On parle à cette fin de *storytelling*. En effet, l'affichette « Sauvons la planète » est un petit récit. Petit récit d'une culture marchande incitative qui suscite et stimule les excitations pulsionnelles et les envies d'avoir. Mais tout récit de soi ne s'épuise pas dans ces petites histoires. Retour sur soi et repris dans une mise en intrigue de soi, il connecte et inscrit la gestuelle individuelle dans une histoire beaucoup plus vaste qu'elle : l'avenir-devenir de la planète. Rentrer dans une salle de bain, y trouver une telle affichette a une portée réflexive. L'écogeste porte cette dimension singulière de la modernité tardive qu'Anthony Giddens place sous la rubrique de « l'individualisme réflexif »[1]. Ici, la routinisation des mœurs quotidiennes est l'occasion d'une reprise réflexive. Le geste banal de jeter une serviette à terre devient prétexte à la prise de conscience de ce qui unit le minuscule du local et le majuscule d'enjeux globaux. L'écogeste révèle la réflexivité des modernes tardifs. Ils ne trouvent plus dans la banalité du quotidien une évidence traditionnelle mais l'occasion d'un exercice de soi. Accepter de comprendre ce « sauver la planète » comme un interprétant en fait le prétexte à une mise en travail de soi. Le soi y engage une discussion avec des conduites habituelles ayant perdu leur évidence. Une subjectivité y exprime ses valeurs propres et par là, dans un effort de lucidité, part à la conquête d'une nouvelle forme d'autonomie. Mode d'individuation, il n'y est plus simplement question de se distinguer (individualisation), mais bien d'apprendre à se comprendre comme

1. A. Giddens, *Modernity and Self Identity. Self and society in the Late Modern Age*, Cambridge, Polity Press, 1992, chap. 3.

être en relation avec d'autres êtres, humains et non-humains, l'eau qu'il s'agit d'économiser servant ici de tiers symbolique. L'économie de l'eau devient la figure symbolique originaire d'une écologie personnelle.
Pourtant, l'écogeste nous conduit plus avant encore dans la compréhension de soi. Il mobilise une disposition éthique que la modernité tardive place sous la rubrique de l'éthique de l'authenticité. Il y est question d'une juste compréhension de soi; d'une connaissance de soi ajustée aux enjeux singuliers du temps. Sans céder trop vite à la lyrique sculpture de soi, l'écogeste engage une sorte d'exercice spirituel. Il est la traduction externe d'une mise en travail interne, par laquelle un homme tente d'être fidèle à ce à quoi il aspire fondamentalement. L'écogeste ne sera pas qu'une écogesticulation, s'il parvient à venir trouver et solliciter en soi cette dimension interne. Il se fait expérimentation d'une forme d'existence personnelle habitée, non pas hantée, par une mentalité élargie. Le soi de l'écogeste est un soi ouvert à ce qui le relie à des autres et à la Terre. Il investit le point de conjonction entre éthique de l'appartenance qui lie l'humain aux autres humains, aux non-humains et aux milieux et éthique de la responsabilité.

Penser l'écogeste donne une actualité au questionnement qu'inaugura Rousseau lorsqu'il se demandait « si le rétablissement des sciences et des arts a contribué à épurer les mœurs ». En effet, l'écogeste est un trait de civilisation à penser à cette hauteur. Rousseau avait bien vu que les nouvelles formes de vie, appelées depuis « société de consommation », cultivent la manipulation et l'envie. Elles installent un écart entre amour de soi et amour propre, développant un cadre inédit pour la réalisation de soi et du monde commun. Si vivre selon la nature (l'homme de la nature) stabilisait les conduites, chercher à vivre avec la nature dans les écogestes (l'homme de l'homme) engage à vivre une tension entre le développement de la civilisation en soi et hors de soi et l'accroissement des envies stimulées chez les hommes par l'activité économique. « Le sauvage vit en lui-même; l'homme sociable toujours hors de lui ne sait vivre que dans l'opinion des autres »[1]. Si l'on est d'accord avec ce constat, moins historique qu'anthropologique, qu'en conclure? L'écogeste est-il le signe d'une nature retrouvée en soi et au dehors de soi par une éthique de l'authenticité préservant l'amour de soi? Ou bien n'est-il que l'ultime raffinement d'un amour propre qui s'enorgueillit de trouver une fois encore, dans la vague écologiste, l'occasion d'une expansion pour ses penchants individualistes? La réponse à cette question est d'ordre anthropologique. Elle en appelle à une anthropologie relationnelle. L'écogeste mobilise un rapport à soi et à l'autre que soi grâce auquel évaluer le mode de vie qu'encourage la modernité tardive. Sur lui se cristallise de nouveaux modes de vie engageant le primat du lien sur les biens, qu'il s'agisse des relations de l'homme avec l'autre homme ou avec la nature. Mais paradoxe, l'écogeste, s'il est le point de départ, est aussi le point d'arrivée de nouvelles noces avec la terre. Point de départ ce micro-geste individuel est dérisoire. Point d'arrivée, coordonnés en un projet, tous ces gestes augurent d'une nouvelle civilisation des mœurs!

1. J.-J. Rousseau, *Discours sur l'origine et les fondements de l'inégalité parmi les hommes*, Paris, Folio-Gallimard, 1996, p. 123.

les aidants naturels

Le fruit a oublié la fleur
et le fleuve la source
la trace le pas le corps le plaisir.
Et le vieil homme l'enfant ?

Quinze années à prendre soin de son mari hémiplégique resté à domicile. Cinq cent kilomètres parcourus régulièrement pour aller voir sa grand-mère démente, assise dans le fauteuil d'une maison de retraite, qui attend là depuis longtemps, qui ne le reconnaît plus et le prend pour un étranger à chacune de ses visites. Soutien constant d'un fils malade atteint d'une maladie dégénérescente par ses parents. Création d'une association de malades atteints du VIH : Aid's. Autant d'histoires, juxtaposées mais toujours singulières que l'on rassemble aujourd'hui sous la rubrique générale des aidants naturels. Aidants naturels ? Quel sens donner à cette étrange formule ? Hasard transformé en destin de proches qui se trouvent sollicités, pris en otage par l'un des leurs qui faillit, qui faiblit, qui s'effondre ? Nouvelle rhétorique des politiques publiques qui se démettent de leurs responsabilités de solidarité en affirmant qu'il est naturel d'aider, évacuant par là, jusqu'à culpabiliser, la possibilité que soit audible sans scandale le « je ne veux pas aider » ; « je n'en puis plus d'aider » ? Manifestation d'une forme d'endettement mutuel, plutôt que d'une dette négative, et qui serait le propre de la nature du don en famille ou entre familiers, parce que l'entraide y serait l'expression de « ce » qui circule entre nous ? Mais est-ce si naturel d'aider ces autres qui sont les nôtres ?

Les enfants, les conjoints, les proches aident moins qu'ils n'accompagnent les leurs. En parler en termes d'aidant naturel est une bizarrerie sinon une supercherie. L'appel au naturel dispense souvent d'avoir à aider les aidants, et de mettre en place une institutionnalisation sociale et politique de l'entraide. La solidarité nationale se démet alors de sa responsabilité, se déchargeant sur la solidarité des formes de coopérations sociales ordinaires familiales, amicales ou associatives.

Cette approche critique est nécessaire. Toutefois l'aidant naturel atteste de l'existence, dans les relations sociales, d'un fond éthique décisif : le maintien de l'imagination du semblable. Il s'expérimente dans les coopérations sociales primaires en termes de don et de générosité. Il manifeste, comme le formule de façon lapidaire Philippe Chanial, qu'il est possible de se donner sans se sacrifier (l'épuisement de l'aidant), et de s'opposer sans se massacrer (l'hostilité de toute hospitalité)[1]. L'aidant naturel, l'adjectif naturel y insiste, pointe une forme de socialité d'avant la société. Il porte une forme d'endettement mutuel, montrant que venir au monde c'est se trouver en situation de débiteur – on m'a donné avant même que je puisse donner, ne serait-ce que la vie – sans que pour autant cet être en dette fasse de nous des débiteurs irrémédiablement défaillants. Cet être en dette n'est ni nécessairement inquiétant – une forme de dépendance et d'aliénation faisant de nous un débiteur insolvable – ; ni forcément culpabilisant – se sentir obligé en étant « l'obligé de... » dans l'impression d'ingratitude –.

L'aidant naturel sait la circularité des rôles et des fonctions – par exemple, l'enfant sera un jour parent puis grand-parent. – Mais il vit sa forme d'engagement sur le mode d'une mutualité qui ne se confond ni avec la logique symétrique de l'échange donnant-donnant, ni avec la logique d'alternance engagée dans le « à tour de rôle ». L'aidant naturel atteste d'une antériorité de la responsabilité sur la réciprocité. L'aide, dans la relation d'aide, engage non pas tant ce qu'il y a à faire que ce qu'il y a à être. Elle tient et maintient le prochain sous le *socius* par la médiation du *socius* (l'autre en tant que dément, vieillard grabataire, grand malade, etc.) pour parler comme Paul Ricœur. L'aidant naturel aide non parce qu'il a beaucoup reçu mais parce qu'il s'adresse à ce que l'autre est, pour ce qu'il est. La relation d'aide est d'abord relation avant d'être une aide. Sans doute est-ce là la surprise que réserve la figure de l'aidant naturel, même si

1. *La sociologie comme philosophie politique et réciproquement*, La Découverte, Paris, 2011, p. 217.

on n'ignore pas, voire si l'on en dénonce les expressions parfois troublées, malmenées ou épuisées. L'aidant naturel aide non pas pour rendre dans le cadre d'un contrat d'obligations réciproques mais pour aider dans un pacte de confiance et de reconnaissance mutuelle. La reconnaissance de dette s'y mue en gratitude dans un « être reconnaissant ». En somme, la relation d'aide est un double prendre soin : soin de la relation humaine présente sous les rapports fonctionnels et soin de l'autre reconnu dans sa singularité.

L'aidant naturel révèle donc une dimension insistante mais ténue du social. Elle est longtemps passée sous silence depuis que, tenant la leçon de Hobbes pour la marque d'un réalisme décillant la naïve candeur des généreux, on admet que la société n'est mue, en son fond, que par la concurrence généralisée des intérêts particuliers. Le dernier avatar de cette idée est le culte moderne de l'autonomie et du « projet de vie », principe fondant le refus d'aider et renvoyant chacun à l'insularité de sa responsabilité. Mais si c'était l'inverse ? Et si l'aidant naturel était le plus réaliste ? S'il imposait d'enrichir notre conception de l'individu et de ce qui le mobilise, en découvrant dans les relations humaines une antériorité de la générosité sur le souci égalitaire de la réciprocité, une antécédence du don sur la bienfaisance ? Là où l'individualisme économique ne connaît que la maximisation égoïste d'un intérêt désincarné, l'aidant naturel oriente le projecteur sur ces lieux de coopérations sociales ordinaires qui se laissent affecter par une vulnérabilité qui oblige, par l'exposition de chacun au nu de la vie et à la commune dépendance que manifestent la précarité des corps d'enfants, de malades, de polyhandicapés ou de grands vieillards. Les aidants naturels sont des donneurs de soin. Ils vivent l'ambiguïté de toute disponibilité à la vulnérabilité qui oblige : susciter la sollicitude dans le geste de soin ou le souci de la protection ; éveiller l'agressivité et l'hostilité à l'égard d'une précarité qui inquiète, qui exige et qui épuise aussi. Aidant naturel, qu'est-ce à dire alors ?
Une interprétation sommaire n'y verra qu'une philanthropie suspecte. Elle trouvera dans la réhabilitation de l'aidant une concession facile à l'égard d'une vague dégoulinante de bons sentiments.

Pourtant, les choses sont beaucoup plus subtiles. L'expérience de l'aidant naturel fait sonner toute la gamme des relations sociales. De la grâce de la générosité à la noirceur de l'hostilité violente; du garder la face dans des jeux de rôle à l'humiliation subtile qui fait perdre à l'autre la face en instillant le poison d'une bienfaisance omniprésente et omnipotente. L'aidant naturel atteste, dans les interactions sociales, qu'une place est possible pour une figure mixte entre l'individualisme autarcique (le rien que pour soi) et le holisme des sociétés traditionnelles (le tout pour nous de l'entre-nous.) Entre le refus du lien et l'excès de lien, il donne de penser des liens qui libèrent.
Aider sert un processus d'individuation. Il singularise dans une histoire de vie insubstituable et intensifie par le lien qui lie une vie à la vie de l'autre. Aider c'est voir l'individuation augmentée par les liens de coopérations, et inversement la coopération sociale enrichie par des interactions singularisées.
Dans la ronde des relations humaines débute alors une analyse de l'aidant naturel. Pour sa part, la violence de la relation d'aide, en raison de l'épuisement de l'aidant ou de la rancœur qu'engendre la routinisation d'une tâche d'aider interminable, nous tourne vers le terrible de la vengeance, de l'exploitation ou pire encore et ultimement de la violence du désarroi. Elle ne fait pas oublier combien, parce qu'elle est une relation, et pas simplement un rapport, la relation d'aide lorsqu'elle ne connaît pas de reconnaissance, se caricature en rapport de pouvoir humiliant, dominant et aliénant. Sous un autre angle, il est un instant de grâce qui peut faire de la relation d'aide une forme de relation pure. Elle réveille les habitudes et la routinisation des pratiques. Elle révèle, par l'attestation du lien de vie à la vie, un au-delà de l'exigence de réciprocité : la grâce non exigible de la rencontre.
Cette « boussole des relations humaines » comme dit encore Philippe Chanial décline ainsi une grammaire des relations humaines que les faits divers, concernant les aidants naturels, présentent au jour le jour. Dans le registre de la générosité, l'aidant naturel trouve une forme de motivation qui déroute les aidants professionnels mais qui, souvent, donne à ces derniers l'occasion de retrouver l'intuition originaire qui les mobilisa.

Dans le moment de grâce du don, on donne pour donner, forme de reconnaissance qui se méfie de l'injonction de la connaissance, cultivant l'interaction avec l'autre en prenant ses distances avec toutes formes de représentations qui le figerait en un quelque chose. L'aidant naturel du malade d'Alzheimer le sait qui, face à la vulnérabilité du proche, se méfie de l'information à son sujet qui, parce qu'elle « connaît », croit pouvoir se dispenser de co-naître avec lui.
Dans le registre de la réciprocité, l'aidant naturel rentre dans une logique de l'échange utilitaire. Cette fois-ci il est question d'aider à condition que l'autre aide ou ait aidé un jour. C'est la logique traditionnelle de l'enfant conçu comme bâton de vieillesse, signe de ce terrible mouvement de la vie qui voit la dépendance passer de l'un à l'autre. Ici l'aidant naturel n'est plus tant envisagé comme disponible à la grâce de la rencontre qu'engagé dans la construction de rapports sociaux de convenance ou de contractualisation. « C'est naturel d'aider » car cela ferait partie des obligations tacites des liens primaires, pouvant se formaliser en des statuts institutionnalisés. Ainsi l'aidant naturel peut devenir un professionnel ou déléguer son souci en fonction des possibilités de solidarités culturelles ou politiques, permises ou prévues.
Dans le registre du pouvoir, l'aidant naturel devient celui qui exerce une forme de pouvoir, liée à l'asymétrie qui sous-tend toute relation d'aide et qui la fige dans des relations de dépendance. L'aide n'est plus entraide mais rappel incessant de la dette insolvable où se trouve celui qui ne peut plus rien faire d'autre que de recevoir. La relation d'aide se caricature alors en abus d'autorité qui maintient l'autre dans la soumission des violences ordinaires ou en domination qui éteint chez l'autre sa capacité d'initiative jusqu'à l'aliénation.
Enfin la relation d'aide vit parfois l'inverse de la grâce du donner, se faisant humiliation subtile et vengeance ordinaire, déni de reconnaissance pouvant déborder dans la démesure de cette violence qui investit parfois l'épuisement des aidants.

On le voit, l'aidant naturel pose la question de ce qui est irremplaçable et de ce qui n'est pas indispensable dans la relation d'aide. En effet, qu'est-ce qui de cette relation d'aide est professionnalisable puisqu'il y a des professionnels de l'aide, si ce n'est la socialisation de la relation? L'aidant naturel n'est pas une figure pure de l'oblation dédouanant le politique de sa responsabilité. Mais il n'est pas plus une image doucereuse que dénonce un cynisme toujours facile, même si l'aidant signale la présence de la gratuité possible sous les logiques du calcul et de l'intérêt. L'aidant, s'il est une figure de l'hospitalité à l'égard du vulnérable, n'est pas moins qu'un autre travaillé par l'hostilité qu'éveille l'épreuve de l'étrangeté d'autrui, d'autant plus si ce dernier est un proche. L'aidant naturel, dans la relation d'aide, ne l'est que dans et par une traversée du temps ensemble.

La relation d'aide est une relation, et pour cette raison, est sans cesse remise sur le métier. Relation pour laquelle on n'en a jamais fini de reconnaître l'autre que l'on croit connaître endossé, arrimé ou enfermé dans son rôle, son statut, sa situation. Relation qui maintient la force d'un parcours temporel entre sujets là où s'établit la forme de rapports logiques entre valide/invalide, autonome/dépendant. Elle engage une chronique, une traversée du temps qui résiste à l'idée de situation chronique pointant vers un temps enkysté. La relation d'aide, parce qu'elle est une relation et non un rapport fonctionnel et logique – des rôles sociaux – ne dispense pas d'avoir à traverser le temps ensemble. Elle relie des hommes dans le temps, et noue cette relation dans la trame vécue de relations qui peuvent se routiniser, se sédimenter, voire se figer. D'où la nécessité sociale et politique d'aider les aidants. L'aide qu'ils apportent en appelle à une société qui, si elle veut rester société, doit prendre à son tour, soin du soin.

l'embarcadère, restaurant solidaire

Après la fureur des mots
le temps d'un souffle et d'un silence
l'espoir d'une sagesse.

Coincé entre un marchand de kebabs et de pizzas, en face des pompes funèbres et d'un cinéma d'arts et essais, sur un des trottoirs d'une rue d'Auxonne qui égrène les commerces en une droite qui s'étire, se trouve un bar-brasserie. Au 58 de la rue d'Auxonne, à Dijon, est installé un restaurant-solidaire. La rythmique urbaine est ainsi faite, qu'elle vit de l'alternance vivifiante d'espaces pluriels. Elle orchestre une succession subtile de l'habitat et du commerce, parfois marquée par une rupture brutale. Alors s'oppose au lieu d'achat pressé ou à l'automate bancaire le chocolatier chez qui l'on vient chercher de vives saveurs. A la structure rigide de l'espace urbain sécurisé et rendu prévisible par une passion pour la sur-veillance, l'alternance des espaces qualifiées apporte ses conditions de novations et crée des effets différenciants.

La ville s'est organisée. Elle rationalise l'espace. Elle discipline les flux de matières (eaux, gaz, électricité, égouts) et de populations (chaussée découpée et spécialisée – bande axiale ou de service –, trottoir, mobilier urbain). Elle s'est instruite aussi pour optimiser le temps, gérant les connexions temporelles des déplacements. Cette immense synchronisation des flux (feux de signalisation, chassé-croisé des livreurs et des clients) marque un compte à rebours permanent. Mais le passant, l'urbain invente autant de stratégies pour se libérer de cette incarcération spatiale et de cette chronométrie. Il les anime d'une dialectique de la mobilité et du repos, du pressé et de l'alangui. L'espace qu'il traverse est aussi un espace qui le traverse.

Le bar-café y occupe alors une place singulière. Il est un lieu spécialisé destiné à aucune spécialité. Le café invite le passant ou l'ambulant au repos. Le café dont on parle s'appelle *L'Embarcadère*. Il retrouve sous l'asphalte des trottoirs, rationalisés et lissés, cette grande image matricielle du point d'attache qui prépare aux voyages. Logique poétique du lieu d'amarrage et d'ancrage qui contient, en attente, l'appel aux départs, aux déplacements, parfois aux errances. Y germinent les prochaines déambulations urbaines qui savent aussi, sans pourtant s'y confondre, les automates ambulatoires, les vagabonds et les gyrovagues.

Pénétrer dans le bar-restaurant fait la différence. L'entre-deux de l'expérience du seuil est un pont. Instruit de la rapidité de la rue passante, initiant à la relative lenteur du lieu du repos, il ouvre sur un espace public déjà intime, presque privé. Déjà au XVIIIe le café littéraire était un espace public de la communication rationnelle, où l'on échangeait sur les affaires humaines. S'y forgeait là une opinion publique. Aujourd'hui, le café est une échappée belle. Il tient sa consistance du fait qu'on y tue un temps dit « réel » au profit d'un temps retrouvé. Il échappe à la rationalisation du temps craignant le temps perdu et la course effrénée de la vitesse. Ici on n'a pas voulu les jeux de la *Française des jeux* réintroduisant de l'accélération dans cette enceinte temporelle. Invention d'un lieu dédié à aucune activité dédiée, le café est une oasis de décélération. Il se pourrait bien qu'il soit aussi l'espace d'une créativité relationnelle permettant à la clientèle de jouer le jeu du jeu, s'accordant sur le possible d'une rencontre imprévue dans un temps informel. Rare logique du lieu, on a l'assurance qu'ici la société « prend », comme on le dit de l'onctuosité d'une sauce ! Et l'on pense au tableau d'Edward Hopper *Nighthawks* qui capte la ronde de nuit de quelques noctambules pour en faire la trace d'une petite ronde sociale.
Mystère du lien social qui trouve l'occasion de donner à voir sa subtile et vivante sécrétion, non dans un dispositif mais par une disposition des subjectivités ouvertes à l'imprévisible rencontre. *L'Embarcadère* est un café-restaurant « éthique et solidaire ». Créé à l'initiative d'éducateurs spécialisés prenant en charge des malades mentaux, il offre une alternative à la culture sécuritaire : l'alternance du lieu sécurisant. Il est l'autre du centre sécuritairement renforcé. Le

sécurisant affectivement englobe le sécurisé objectivement. Il fait le pari de l'expressivité propre à la coopération sociale. Il laisse sa chance à la surprise du lien. Il est ouvert à ce que Marcel Mauss nommait « l'instant fugitif où la société prend ».

Dans la prise en charge sociale et psychiatrique, rares sont aujourd'hui les espaces qui s'appuient sur les ressources de la relation tant domine un goût immodéré pour des classifications qui rangent et des médicaments qui contiennent, parfois camisolent s'ils ne consolent. L'enfermement social sous le masque de la folie – image-emblème plutôt qu'image-modèle – demeure le plus souvent la règle. On mesure alors ce qu'il a fallu comme culot pour inventer et porter ce café, qui ose permettre de l'alternatif dans le maintien d'un espace-temps flou. Il manifeste une force d'insurrection qui sert des puissances de surrections. Projet d'un restaurant; projet restaurant. Le restaurant sait que l'espace est soignant. En se restaurant on s'y restaure en son image de soi tout en mettant du jeu dans les stigmatisations sociales. Qualités des sirops servis, choix des viandes, des fromages et des vins pour leurs qualités goûteuses coopèrent à cette entreprise de restauration. Service où l'indistinction de l'idée de client efface le stigmate entre le sain et le bien portant, l'habitué, l'allocataire adulte handicapé ou le visiteur de passage. L'anonymat du client est ici un avantage : il met à bas les étiquetages. A la grille qui évalue (la dangerosité, la dépendance, l'intelligence, etc.) il réplique par la possibilité du récit qui évolue et sait des histoires (des habitudes, un style d'apparition en public). Ici les interactions promeuvent des individuations et les individus enrichissent les interactions, découvrant sous le « prendre un verre » ensemble, bien différent du solitaire « s'en jeter un », un prendre soin. Prendre soin du lieu c'est déjà permettre au soin d'avoir lieu.

Pour ne pas assez penser l'homme, nous finissons par faire du malade mental un étranger à notre expérience de l'humain. C'est que nos conceptions de l'altérité manquent d'aspérités. Inquiet de cette dénivellation s'installant entre les manifestations pathologiques et la normalité, *L'Embarcadère* ouvre un tiers espace. Il remonte en amont de cette séparation, trouvant dans la maladie psychique un phénomène nu, une livraison de l'humain donné sans livrée. Il met en travail le stigmate pour permettre la possible rencontre. Nous le savons, le « dérangé » nous dérange. Où demeure-t-il celui dont on dit qu'il est un « demeuré » ? Où est vraiment l'homme, lorsque nous découvrons combien nous sommes pressés de tracer très vite, trop vite la frontière entre le délire et la réalité ? *L'Embarcadère* tente de créer cette demeure qui soit pour celui ou celle qui le veut, sans grandiloquence, son coin de monde, son lieu d'élection. On doit pouvoir y profiter de la protection qu'assure l'étiquette pour restaurer une figure de soi et de l'autre, trop rapidement rabattue sur l'étiquetage emblématique du « fou », du « malade », du « schizo ». La psychiatrie prend en charge l'homme malade en tant qu'il se conduit. Elle soigne non pas un organe malade, mais un corps expressif qui prend place et se déplace dans l'espace commun. Ce corps n'habite pas la classification des pathologies où il est assigné à résidence.

Si l'espace soigne aussi bien qu'il pénalise, enferme et fige, c'est donc sur la qualification des espaces qu'il s'agit de travailler. On doit lutter contre l'espace disqualifiant ou la figure du grand enfermement qui hante l'imaginaire de « l'hospitalité psychiatrique ». *L'Embarcadère* n'est pas un lieu pour les fous, un asile qui ne dirait pas son nom. Ou plutôt, il est l'asile sans l'asilaire : île urbaine, oasis de décompression. Moins lieu du soin, qu'espace d'un prendre soin, il est né du savoir qu'il est un risque permanent de décrochage entre l'homme saisit dans des symptômes et l'expression de l'humain qui se donne, malade dans la maladie.

Un corps qui se conduit est plus et davantage qu'un corps qui se comporte. Ce corps malade est expressif, relationnel, déambulant, tonitruant parfois. Aussi, *L'Embarcadère* est-il une transcription spatiale qui accueille ce corps vécu y compris et à partir de sa conduite troublée (physique/psychique) et troublante (soi/milieu) par une repoétisation et une politisation de l'espace. Signe qui fait signe, une conduite est un phénomène expressif équivoque. Il sera question d'initier, de profiter de cette équivoque pour en faire un atout plutôt qu'un motif d'inquiétude. *L'Embarcadère* est le lieu, l'espace-temps qui cultive cette équivocité dans ce qu'elle a de thérapeutique.

Tiers lieu transitionnel, on y a pensé des identités mobiles. On ne sait qui y est éducateur ou serveur professionnel. *L'Embarcadère* travaille à détricoter les classifications commodes. Il donne d'expérimenter un autre rapport à l'autre. Plutôt que de naturaliser la maladie mentale, il fait le pari d'une resubjectivation du lien par le soin accordé à la possibilité d'autres relations. Il crée la possibilité de redistribuer autrement les possibles, espace hospitalier offrant l'asile à l'équivoque. Equivoque d'une décoration murale qu'on voudrait nommer art brut, art singulier mais qui est tout simplement de l'art. Equivoque indétermination entre professionnels et bénévoles, lorsque au service de la clientèle éducateurs et anciens patients se mêlent. Equivoque lorsque la salle de café se transforme en lieu de spectacle ou de sortie de ciné, l'anonymat des spectateurs autorisant la joyeuse mêlée d'histoires de vie se croisant, peut-être se rencontrant. Equivoque salutaire et sanitaire enfin, pour ces vies qui étouffent d'être enserrées par une traque passionnelle pour l'univoque.

charité, fraternité, solidarité

Dieu sait ce que nous aurions fait de nos vie
S'il avait (vraiment) existé ?

Les métiers de l'humanitaire, le bénévolat, la compassion, le *care* dessinent dans le ciel de nos relations sociales une nouvelle constellation. Y brille, en une place de choix et comme un nouvel orient, l'étoile de la solidarité. Solidarité à l'égard de l'autre vulnérable, des peuples lointains ou de précarités plus proches. Décrit notre souci d'autrui, un nouveau vocabulaire, placé sous le signe de la solidarité. Il colore ainsi notre agir, nos pratiques sociales et structure notre univers moral. La solidarité a maintenant son ministère. Elle a aussi ses lois : la SRU, le RSA, le PACS. Elle se fait économie, opposant à l'économie libérale hantée par la compétition, l'économie sociale et solidaire. Elle en renouvelle la science. Ainsi, si on lisait hier Adam Smith pour fonder la naturalisation des lois économiques dans la rivalité, aujourd'hui, on regarde les sentiments moraux pour reconnaître une légitimité à la sympathie et à l'entraide, une pertinence au solidarisme. Elle se glisse jusque dans l'éthologie où, à la place du saint homme charitable, le bonobo nous donne des leçons d'empathie.

La solidarité opère comme une nouvelle morale du monde. Elle déploie à l'échelle planétaire la volonté d'agir pour l'autre vulnérabilisé sous la forme de ce que Marc-Olivier Padis désigne sous la rubrique des « multinationales du cœur » : Amnesty International, Greenpeace, Médecins Sans Frontières, CCFD, Care.

La rénovation sémantique du souci d'autrui dans l'être solidaire inaugure une autre façon de le penser et de le vivre. La solidarité ne se confond ni avec la fraternité, ni avec la charité dans les formes historiques qu'elles ont pu prendre. La solidarité ne veut pas de la compassion, parfois trop bien intentionnée, de la charité. Elle se défie aussi de l'incantation républicaine d'une fraternité parfois peu fraternelle. Le solidaire ne veut pas être confondu avec un charitable :

il oppose l'expertise de sa pratique à la spontanéité des bons sentiments. La solidarité évite aussi la fraternité. Celle-ci est une devise au risque de n'être qu'une déclaration dont on devise; celle-là se veut une action, un mouvement.

Le solidaire avant de vouloir s'occuper est d'abord préoccupé. Il entend la leçon de la préoccupation et la laisse retentir en lui, engendrant ce que Patôcka appelait une « solidarité des ébranlés ».

Solidarité, fraternité et charité ne sont donc pas synonymes. Si toutes trois épellent une manière de viser la sollicitude comme rapport originaire à la vulnérabilité de l'humain ou du non humain, elles le font dans des styles et des configurations forts distinctes. Elles sont des universels en contexte. Prendre soin de l'homme vulnérable peut être un souci universel. Mais le faire en étant charitable, fraternel ou solidaire relève d'une indépassable historicité. Il est de bonne méthode d'être sensible à ces variations historiques pour ne pas en faire des essences intemporelles et abstraites.

Charité, fraternité et solidarité, dans l'ordre successif de leur énonciation racontent alors une histoire des institutions de la sollicitude, sur fond de sécularisation : l'Église, puis l'État et enfin la société civile mondiale. La charité est chrétienne et s'inscrit dans l'universel de l'éternité des fils et filles de Dieu. La fraternité est républicaine et s'élabore dans l'universalité de la loi qui fait des citoyens. La solidarité se vit dans la conscience universelle d'une commune vulnérabilité, découverte dans la précarité de l'humain, et du vivant. Sous un autre angle, charité, fraternité et solidarité convoquent le paradigme de la filiation pour penser le lien interhumain mais de trois façons différentes. La charité se réfère à l'unité du genre humain entendue et fondée sur l'idée que les hommes sont comme fils ou filles d'un même Père céleste. La fraternité pense à l'unité de l'humanité sous la coupe partagée de la raison et d'une appartenance à un double engendrement politique : la figure du père de la patrie dans l'État-Nation et la figure symbolique de la mère dans la Marianne de la République. La solidarité, quant à elle, est liée à une nouvelle figure, celle d'une commune appartenance à la Terre-mère, qui peut être nostalgie de la matrice mais qui peut être aussi être forme de parenté : celle d'une vulnérabilité commune partagée qui sourd du monde de la vie, liant humains et non-humains.

La charité chrétienne est la traduction historique de *l'agapè*. La charité c'est l'agapè (l'amour du prochain, amour des autres et pas simplement des « nôtres ») en régime de Chrétienté. Est-ce pour cela que le Secours Catholique se dit aujourd'hui *caritas*, moins pour être romain plutôt que grec, que pour prendre distance avec ce que le mot charité porte comme lourds d'attendus ? Participer d'une même foi, se vivre comme fidèle fait de la charité le double terrestre de l'amour céleste. De la sorte, la charité n'est pas le tout de la sollicitude puisqu'elle est d'abord divine. Elle se raconte, se pense et se déploie dans le cadre englobant d'une religion qui fait monde. Elle panse les maux de l'autre homme sur le fond d'une espérance et d'une éternité que tous les hommes ont en partage comme fils ou fille de Dieu. Ici l'hôpital ne se fout pas de la charité, il en est l'institution : hôtel-Dieu. La charité peut connaître l'hypocrisie et la caricature du discours charitable. Mais elle existe aussi dans la transcription concrète de dispositifs et d'institutions de charité. Elle a ses relais dans les églises, les communautés, les paroisses et les congrégations – les dames de charité. Elle a ses pratiques : l'aumône et la bienfaisance. Son public : le mendiant qui demande « la charité m'sieurs dames ». Ses lieux, voire ses villes : la Charité-sur-Loire. La charité n'est pas le dernier mot du souci du vulnérable : elle est le régime chrétien du sens de l'autre motivé par un croire.

La fraternité relève de la cité des hommes, non de la cité de Dieu. Elle est politique. Elle est de la République. Aux frontons des bâtiments publics, sous les sceaux des préfets et le papier à en-tête des administrations, et jusque dans les franc-maçonnes « Fraternelles », la fraternité est laïque. Elle cherche un type de liens qui s'inscrivent moins sur le fond de l'éternité que sur celui de l'historicité et du progrès. Conquête dans l'émancipation, la fraternité corrige par la chaleur d'une communauté – le frère – la froideur de l'artifice qui fait des liens par la loi – le citoyen –. Elle trouve un universel moins dans le biologique que dans le symbolique. Celui d'un lien dont elle épelle l'énigmatique profondeur : pouvoir appeler frère quelqu'un qui n'est pas de « sa » famille. « On ne naît pas frère, on le devient. [...] il n'y a pas de fraternité là où les jeux sont faits. [...] une fraternité est une famille non pas dénaturée mais transnaturée » écrit Régis Debray. A côté de la liberté qui reconnaît le droit qu'a l'individu à être tel et l'égalité qui valorise l'équilibre proportionné des traitements dans la justice, la fraternité tente l'affirmation du genre humain moins par le ciel que par l'histoire : entre humains, travailler à chercher la similitude sachant les différences. Entre l'individuel et le collectif, la fraternité devient une médiation. Elle donne corps à l'idée d'une interdépendance mutuelle et chaleureuse, conquise sur fond d'altérité.

La solidarité récupère le sens de l'unité du genre humain chrétienne mais sous les habits laïques. Elle vient après l'espoir des révolutions et l'effondrement du communisme, cherchant du côté de la société civile ce que l'on ne trouverait plus du côté des Églises ou des États. La solidarité a ses serviteurs : les humanitaires. Le juste étiage de leur sollicitude n'est pas le local, mais le global. Plus exactement si la fraternité s'est élaborée avec le tissu de l'État-Nation, la solidarité porte en elle l'ambition d'être à la hauteur des enjeux de la mondialisation. Elle est la chambre d'écho de la plainte des hommes dans la conscience aigüe de ce qui les vulnérabilise. La solidarité pense un souci d'autrui auquel elle donne une extension inédite dans l'espace et dans le temps. Elle vit le partage de maux et de biens, eux aussi, mondiaux. Elle est pour tous les hommes – dans l'ingérence humanitaire – et pour tous les temps – les générations futures –. La solidarité n'est plus de l'État, ni du ciel, mais de la société civile mondiale. Elle a ses Organisations non gouvernementales (ONG) et ses porte-paroles qui défient l'institution politique. La solidarité collective a ceci de puissant qu'elle convoque en chacun son sens de la solidarité personnelle, ce qui l'affecte comme sentiment. Mais le risque de la solidarité n'est-il pas d'être parfois préférentiel et, en privilégiant l'action volontaire, la passion solidaire de servir la partialité de causes aux dépends des institutions et de l'action publique? L'intuition humanitaire peut-elle se passer de l'humanisation par les institutions ?

On doit entendre ces réserves. Mais la solidarité condense sur elle trois éléments majeurs. Elle est conscience d'une solidarité de fait en

raison du savoir d'une exiguïté de la rotondité de la Terre, de la précarisation planétaire et du partage de maux mondiaux. Avant même de nous vouloir solidaire, nous sommes solidarisés. Par la guerre mondiale tout d'abord, par la cohésion technologique dans la globalisation et la mondialisation de l'économie ensuite, par les maux mondiaux enfin qu'ils soient catastrophe écologique ou crise boursière. Mais la solidarité travaille à élargir toujours plus le sens de nos appartenances au genre humain. Elle lui donne une dimension toujours plus universelle, élucidant l'unité de l'humain présente dans la diversité des manières d'être humains. La solidarité donne une extension énorme à l'unité du genre humain en y intégrant des groupes de plus en plus vastes, au fur et à mesure qu'elle en déchiffre la portée dans l'histoire. Alors, la solidarité se fait solidarité de projet, explicitant en des conceptions du monde commun des capillarités humaines dont elle mesure le potentiel universalisant. L'idée de biens communs mondiaux autrefois présentée dans le langage notarial du patrimoine mondial de l'humanité en est l'attestation. La solidarité des humains n'est pas une donnée, elle est une tâche.
La solidarité pointe donc la force de ce qui lie les humains les uns aux autres. Elle n'est ni de l'ordre du « cœur » qui suppose la conviction du croyant, ni de l'ordre de l'institution qu'encourage la République. Elle est de l'ordre du sentiment qu'engendre une vulnérabilité qui oblige et dont elle laisse retentir le trouble en soi. Elle n'est pas une théorie mais une pratique. Avant même de savoir des solidarités on se sent et se fait solidaire de quelqu'un. En somme la solidarité pointe une composante essentielle du lien interhumain. Elle sait que le rassemblement en nombre des hommes en un même lieu ne fait pas encore une assemblée; que la solidarisation par l'espace n'est pas la solidarité. Il ne suffit pas d'être ensemble pour « être avec ». Si le lien interhumain n'est pas de l'ordre du rapport logique mais de l'ordre d'une relation, la solidarité manifeste une étrange relation. Sachant les différences qui nous rendent tellement étrangers les uns aux autres, le grand événement de la solidarité atteste d'une communauté, d'une similitude avec l'autre homme.
La solidarité est donc un événement : celui d'une rencontre entre mon histoire et l'histoire d'un autre homme qui irradie du prochain

jusqu'au lointain. C'est sur cet événement que se déploieront de possibles institutions, des formes de solidarités spécifiques, une différenciation des pratiques sociales lisibles dans les métiers de l'humanitaire : médecins, rééducateurs, logisticiens, paramédicaux, animateur de développement, etc. En somme, la solidarité atteste de l'unité de l'humanité avant de se diffracter dans la diversité des pratiques humanitaires qui tentent d'en être l'unification réalisée. Percée vers l'humain dans ce qu'il a de plus universel et d'irréductiblement singulier, la solidarité manifeste que nous ne sommes pas quittes envers les autres sous prétexte que nous aimons les nôtres.

la gouvernance

Le vin vieillit à la cave
Les souvenirs dorment au grenier
A l'étage des hommes la vie cherche un escalier

Gouvernement, gouvernementalité, gouvernance. Si la philosophie politique connaît bien les concepts de gouvernement et de gouvernementalité, elle ignorait jusqu'à peu celui de gouvernance. Le mot de « gouvernance » est un mot ancien – on en trouve une occurrence dès le XIIe siècle comme concept technique définissant la direction des baillages. – Mais ce n'est que très récemment qu'il fit son entrée dans le vocabulaire de la philosophie politique, passant entre temps par le champ de l'entreprise.

Le mot « gouvernance » est un signe. Il signale que la démocratie, en plus d'être un régime politique singulier (le pouvoir vient du peuple pour le peuple), une ambiance spécifique (l'égalité des conditions chère à Tocqueville) est aussi un ensemble concret de pratiques : une manière de coagir. Ce mot de gouvernance sert la rénovation sémantique d'un thème politique ancien : comment décider à plusieurs à propos de réalités qui engagent le monde commun, et ce sans perte d'égalité, de liberté, de légitimité ou de souveraineté ? Il signale alors la fragilisation des formes symboliques d'expression de la souveraineté (la représentation politique) et des modalités techniques de sa mise en œuvre. Enfin, la gouvernance prend acte d'une crise de la représentativité en dépolitisant le traitement des enjeux publics. S'opère ainsi un glissement de l'idée de peuple souverain vers celle de société civile. Elle fragilise l'idée de représentation, ou lui cherche d'autres expressions, au risque d'une illusion : non plus réformer la société par le gouvernement mais informer la société par la gouvernance. La gouvernance nous place au cœur de la fragilité native de la démocratie, conçue non comme « le pire des régimes à l'exception de tous les autres, » mais comme régime politique nécessairement marqué par l'instabilité de son principe de légitimité (cf. Claude

Lefort). Cette fragilité native induit en permanence le risque d'une captation de la souveraineté soit par l'expertise (technocratie) ; soit par l'émotion (politique compassionnelle) ; soit par le réseau d'influence (le lobbying) ; soit la compétition électorale (une politique des partis dits de gouvernement).
Sachant cela, l'idée de gouvernance invite alors à une série de déplacements. La gouvernance c'est le gouvernement sans sa dimension verticale. Dit autrement, à une définition fixe et stable du lieu où se concentrent la décision et le pouvoir exécutif – le gouvernement – fait place une conception plus souple, relationnelle et rhizomatique de la décision : la gouvernance.

> A l'âge gouvernemental, l'État gardien sévère de l'unité est un guide idéologique, diffuseur de la foi nationale. A l'ère de la gouvernance, le politique, vidé de toute finalité, ne sert plus qu'à surveiller que le jeu social ne se déroule pas trop mal [1].

La gouvernance révèle une nouvelle façon de penser la décision publique en raison d'un nouveau cadre culturel : la mondialisation, la société du risque, le poids des experts, la précarisation du milieu environnant et le souci d'une reconnaissance des diversités naturelles et culturelles. Avant d'être un concept, elle est un trait d'époque marqué par un désenchantement à l'égard de la position classique du politique – usure des concepts de souveraineté, de démocratie représentative, impuissance du gouvernement –, mais aussi par l'attente d'une forme de la décision publique plastique. Catégorie ad hoc qui viendrait remplir un vide mais qui serait aussi un point aveugle : elle fédère d'autant plus qu'on n'en définit pas le contenu. Elle fédère sur l'idée qu'il serait nécessaire de repenser nos modes de prises de décisions publiques parce que le contexte et les réalités qu'elle doit prendre en charge ont quantitativement (changement d'échelle avec la mondialisation) et qualitativement (extension de la responsabilité avec le risque technologique et complexité des situations qui rend caduque une conception solitaire de la décision) évolué. La gouvernance donne donc à repenser moins l'essence de la

1. Ph. Moreau-Defarges, *La gouvernance*, Paris, P.U.F., 2008.

politique – recherche d'un bien commun – que l'exercice du politique – les modalités techniques de la décision, au risque de la technicisation politique.

L'émergence du concept de gouvernance dans le cadre d'une prise en compte d'une politique durable des territoires est donc à la fois récente, suspecte et peut-être prometteuse. Récente, – une vingtaine d'années –, elle signale l'entrée dans le vocabulaire de la philosophie politique d'un terme opportuniste. La philosophie politique connait le pouvoir exécutif, le gouvernement ou la gouvernementalité mais dans sa longue tradition ignore celle de gouvernance. On pense ici au célèbre passage du *Contrat Social* (Livre III, chap. 1) où Rousseau définit le gouvernement comme suit :

> Un agent propre qui réunisse (la force publique) et la mette en œuvre selon les directions de la volonté générale, qui serve à la communication de l'État et du Souverain, qui fasse en quelque sorte dans la personne publique ce que fait dans l'homme l'union de l'âme et du corps.

En somme parler de gouvernance est d'abord un symptôme : penser la prise de décision politique et la coaction lorsque les modèles ordinaires de la décision politique s'avèrent fragilisés. Après le paradigme médical – le politique médecin et l'idée de régime politique qui pense le monde commun en termes d'équilibres – ou le paradigme familial – la figure du politique-père qui pense le monde commun comme une unité initiale et native (nation), voici donc un nouveau paradigme : le politique-entrepreneur. En effet, l'idée de gouvernance est héritée du monde des affaires et de la responsabilité sociale des entreprises. La catégorie de gouvernance est utilisée à de nombreux niveaux, du local au mondial, de même que dans d'innombrables sites. On en use comme une catégorie politique alors qu'elle est apolitique. L'unité du corps commun relèverait alors de modes de décision non hiérarchiques et non centralisés qui serait de l'ordre du réseau. Mais cette analogie est-elle féconde ou trompeuse? Dans quelle mesure la gouvernance d'entreprise peut-elle servir de modèle pour piloter le politique ?

Suspecte, la catégorie de gouvernance l'est parce que la multiplication de ses occurrences – politique, diplomatique, associative, etc. – est le signe d'un engouement pour de nouveaux modes d'organisation de la décision liés à la mutation qu'occasionne la civilisation technologique (rôle de l'expert, prise en compte du temps long dans les conséquences de nos décisions, nécessité de la subsidiarité.) D'autant plus convoquée qu'elle n'est pas définie, la gouvernance est une catégorie à géométrie variable qui maintient le caractère délibérément flou du lieu de la décision. Son essor est donc d'autant plus intrigant qu'il est apolitique, son itinéraire contemporain ayant commencé dans la sphère marchande. La gouvernance y était utilisée aux fins de coordination et de marchandage, puis de gestion des grandes entreprises afin de coordonner et résoudre les conflits opposant des intérêts particuliers. Elle procède d'une logique technocratique centrée sur l'efficacité. Est-elle vraiment une innovation démocratique alors que sa légitimité politique est incertaine, découplée qu'elle est de la souveraineté populaire et de la citoyenneté ?
Un risque guette donc la valorisation d'une gouvernance censée remplacer l'idée de gouvernement. Celui de croire qu'en s'affranchissant de l'idée de démocratie représentative, pour passer en post-démocratie, on retrouverait une expression politique directe qui ne connaîtrait aucune perte de souveraineté et de légitimité. Commentant Merleau-Ponty parlant du « maléfice de la vie à plusieurs », Etienne Tassin dénonce l'interminable quête de la bonne gouvernance comme une régression de la pensée politique.

> Cette notion de bonne gouvernance, aussi envahissante que creuse, repose sur l'illusion qu'en subordonnant la souveraineté de l'institution politique et la gouvernementalité de son pouvoir exécutif à la procéduralité dite consensuelle des formations d'opinion et des prises de décision, on produira par concertation la légitimité des autorités et l'efficacité d'une organisation sociale fondées sur la collaboration[1].

1. Ét. Tassin, *Le maléfice de la vie à plusieurs. La politique est-elle vouée à l'échec ?*, Paris, Bayard, 2012, p. 15.

Ignorant le problème politique par excellence, la gouvernance veut la politique sans les risques du conflit, du désaccord et de l'oblicité qui font de la politique l'expression de la condition humaine. La gouvernance réduit la politique à la recherche d'une « bonne » solution, là où le gouvernement sait qu'elle n'est au mieux qu'une résolution toujours provisoire. Elle est une remise en cause de l'institution comme ensemble des structures ayant été établies pour organiser la société et garantir le bon fonctionnement de l'État démocratique.
Quatre difficultés se présentent alors : celle de la confiscation de la souveraineté populaire par l'autorité du savoir des experts opposant intérêts instrumentaux, caractéristiques de l'approche positiviste dans laquelle les sujets sont traités comme des objets, et intérêts d'émancipation, prévalant dans le cadre d'une communication sans domination qui conduit à l'autonomie; celle de l'intervention de nouvelles formes de médiations entre le peuple et la décision publique (les *lobbies*, les *thinkthank*) qui modifient les lieux de l'initiative et de la légitimité; celle qui encourage l'émotion comme forme directe et immédiate de la volonté populaire dans un culte compassionnel croyant pouvoir se dispenser d'avoir à mettre en place des institutions justes; celle enfin qui, en valorisant l'importance des individus dans la décision, en prend prétexte pour les sur-responsabiliser faisant alors de la gouvernance une technique de gouvernementalité néolibérale.

Réserves formulées et précautions prises, en quel sens alors un gouvernement par la gouvernance peut-il avoir une pertinence dans la prise en charge d'une éthique et d'une politique durables ?

Prometteuse, pour peu qu'elle soit resituée à sa juste place, la gouvernance l'est aussi. Dans le cadre d'une civilisation technologique, le concept de responsabilité s'est considérablement étendu dans l'espace et dans le temps. Il voit se dilater l'écart entre l'action voulue et les effets non intentionnels (OGM, déchets nucléaires, nanotechnologies, etc.), ce que de façon euphémisée on appelle des dommages collatéraux. Face à cela, il s'agit d'inventer de nouvelles manières de répondre collectivement aux enjeux. En ce sens, l'idée de gouvernance relève le défi de l'innovation pratique en contexte globalisé. Principe de précaution en philosophie morale et gouvernance en philosophie politique sont, sous cet aspect, les deux grandes innovations conceptuelles qui ont émergé à la fin du XXe siècle. De fait, il faut s'en étonner. Si l'Occident n'a pas manqué d'inventivité en termes de déploiement de techniques matérielles, il a été très pauvre en élaboration de techniques de décisions publiques ou d'animation de groupes. Toujours est-il, qu'en tant que tentative de restaurer la parole de chacun pour penser et agir ensemble autour d'un projet de monde commun, la gouvernance cherche à présenter d'autres modalités par lesquelles décider ensemble. Elle le fait, en se rendant attentive aux descriptions empiriques des pratiques politiques et non à partir d'élaborations spéculatives. Pour cela elle repense le concept de pouvoir. La gouvernance réhabilite la notion de *potentia*, là ou le gouvernement mettait l'accent sur celle de *potestas*. La tradition politique classique a, de fait, éminemment investi le pouvoir compris comme *potestas*. Le « pouvoir-sur » institue un rapport vertical de domination entendu comme manière de faire faire à l'autre ce qu'il ne ferait pas spontanément. L'idée de *potentia*, quant à elle, invente un rapport horizontal de coaction, réveillant et sollicitant chez chacun des acteurs ses potentialités; invitant à rénover les capacités des acteurs dans le fait de « pouvoir avec d'autres ». L'américain traduit cela avec l'idée d'*empowerment*. Le risque serait bien sûr de voir cette technique de potentialisation ramenée, par une application mécaniste, à un instrument de pouvoir, une contrainte légale par une *realpolitik* qui préfère une décision efficace à une décision efficiente collectivement. Mais la gouvernance ne laisse-t-elle pas sa chance à une créativité pratique restaurant les sujets dans leurs capacités d'initiatives, ouverte à des variations imaginatives sur diverses modalités de prises de décision – conférence de consensus; comité des sages; forum hybride; démocratie participative, etc. ?

l'indignation

L'oiseau vole et s'endort sous le vent
malgré les lois et les commandements

De l'appel de l'Abbé Pierre dans l'hiver 1954 à l'« Indignez-vous ! » de Stephane Hessel en 2011[1]; de la révolte des indignés lors du printemps Arabe sur la place Tarhir au Caire ou à la Puerta del Sol à Madrid, jusqu'aux indignés contre le monde de la finance à New York, voire à « l'insurrection numérique », l'indignation retentit, faisant entendre une rumeur qui gronde. Un refus de l'insupportable souffrance des hommes. On dira peut-être, sceptique, que l'indignation a l'allure d'une incantation passagère ; qu'elle est une posture de salon surjouée ayant la splendeur de la belle âme ; voire qu'elle dégénère en indignations intermittentes. Et si c'était l'inverse ? Et si, au contraire, l'indignation se faisait l'indicateur d'un des plus hauts usages de la liberté. Si l'indignation, Dire éthique originaire, réveillait de leur sommeil dogmatique nos dits moraux? Sentiment moral, sursaut de l'engagement et provocation à l'action n'élèvent-il pas alors l'indignation au rang d'expérience morale inaugurale des relations que l'homme entretient face au mal singularisé ?

C'est l'indignation qui nous donne le sentiment que quelque chose d'originaire dans les rapports de l'homme à soi, à l'autre homme et aux autres a été violé. En effet, l'indignation ne vise pas tant des droits bafoués que des relations fracturées en ce qui les fondent.

Position affective d'un enjeu moral, l'indignation atteste un principe qu'elle ne parvient pas encore à définir – la dignité – mais dont elle est le lieu de retentissement – l'in-dignation –. Sans préalable – elle

1. « Le motif de base de la Résistance était l'indignation. Nous, vétérans des mouvements de résistance et des forces combattantes de la France Libre, nous appelons les jeunes générations à faire vivre, transmettre, l'héritage de la résistance. Nous leur disons, prenez le relais, indignez vous ! », S. Hessel, *Indignez-vous*. Indigène éditions, 2010, p. 11.

ne prévient pas – l'indignation révèle qu'un sentiment assoit les normes morales – le sentiment de l'injustifiable dirait Nabert –. La place faite à ce sentiment moral est révélatrice de l'attention moderne à l'éthique de l'authenticité, sans céder pour autant au subjectiviste culte de la sincérité. Si l'honneur gardé dans le malheur domine dans les sociétés hiérarchisées et les logiques d'états, l'indignation devant l'horreur la remplace dans les sociétés démocratiques. Lorsqu'on ne se drape plus dans sa dignité ; lorsque se diagnostique une irrésistible « obsolescence de l'honneur », on individualise l'honneur dans l'indignation. Distant d'un intellectualisme moral, face au mal subi ou commis, l'indignation mobilise une dimension originaire de notre expérience : notre désir d'être, bafoué en sa visée.

Sentiment moral, l'indignation n'est donc pas l'émotivisme de « l'homme compassionnel ». La logique compassionnelle produit au mieux une solidarité de voyeur – voyez comme ils souffrent –, non une solidarité de rejet, et encore moins de projet. Le discours de l'émotion se complait dans la décharge affective d'une abréaction, négligeant son devoir d'engagement. Sentiment moral qui sollicite un désir d'être originaire en nous, malmené par une épreuve du malheur, l'indignation vise plus profond qu'une émotion fugace. L'émotion est d'ordre psychologique ; le sentiment d'ordre existentiel. Loin d'être arbitraire, le « ça n'est pas possible » de l'indignation entre tragiquement dans le royaume des normes. En ce sens, le non de l'indignation devant le mal est aussi la forte attestation d'un oui à la vie.

L'indignation, c'est la sainte colère en régime sécularisé[1]. Manifestation d'une dimension axiologique, celle-ci ne vient plus dans haut à partir d'une splendeur de la vérité morale, mais sourd d'en bas à partir d'un être affecté par la précarité d'une vulnérabilité. Le climat moral contemporain, dont l'indignation est le signe, enregistre ce déplacement : moins « être responsable de » qu'« être appelé à la responsabilité par » une vulnérabilité qui oblige. Elle définit, en creux, le lieu d'un essentiel : « ça ne doit pas être » ! En ce

1. Voir le livre de L. Basset, *Sainte colère. Jacob, Job, Jésus*, Genève-Paris, Labor et Fides-Bayard, 2002.

sens, la protestation de l'indignation est déjà une attestation. S'il est plus facile en régime pluraliste d'attester ce qui ne doit pas être que ce qui doit être, on comprend que l'indignation, nous saisissant par l'appel d'un dehors vulnérabilisé, nous dessaisisse de nos volontés de justifications sociales ou morales. Au-delà de la norme établie, elle vise ce qu'a de fondamental la vulnérabilité qui oblige. Au discours moraliste de la substance qui dit ce qui doit être, l'indignation oppose le dire éthique d'un sentiment moral exprimant ce qui ne peut pas être. A l'inquisition moralisatrice l'indignation oppose une réquisition mobilisatrice. Ça ne doit pas être, ces pauvres dortoirs improvisés sous les ponts de Paris l'hiver. Ça ne peut être ces jeunes sénégalais partant sur des embarcations de fortunes ou dans des conteneurs pour tenter leurs chances dans les pays du Nord qui s'esbaudissent d'avoir un jour fait tomber le mur de Berlin et qui ne s'émeuvent pas des murs qu'ils élèvent à la frontière du Mexique, dans le désert marocain, aux portes de l'Europe, entre Israël et Palestine. Ça ne doit pas être … la lancinante litanie du monde en ses douleurs, toujours plus atroces les unes que les autres.

Manifestation d'un universel qui court-circuite les justifications et les formes instituées de la solidarité ou de la réplique au mal : institutions, partis, Églises, le sentiment d'indignation est une *Exclamation morale*[1] dont il faudra apprendre à déployer les conséquences. Mais si l'indignation prépare et éveille à la moralité, elle ne saurait seule en tenir lieu. Séismographe enregistrant les tremblements devant les terres du malheur, l'indignation en est l'indicateur sensible et immédiat.

Sentiment d'être obligé par ce qui est vulnérabilisé, l'indignation « marque le point de suture entre le royaume des normes et la vie, le désir »[2]. Dans l'entre-deux qui sépare l'urgence de formuler un principe d'un contexte singulier indigne, l'indignation est ambivalente. Expression objective d'un principe – on s'indigne de plus et d'autre que de soi –, l'indignation peut dériver en intransigeance,

1. F. Worms, *Le moment du soin. A quoi tenons-nous ?*, Paris, P.U.F., 2010, p. 72.

2. P. Ricœur, « De la morale à l'éthique et aux éthiques », dans *Le Juste 2*, Editions Esprit, 2001, p. 58. Nous soulignons.

mais pointe une responsabilité essentielle. Du côté contextuel, sa dimension sensible explore des territoires du mal particularisés. Elle est disponibilité à se laisser affecter, sur le mode du sentiment, par une extériorité blessée reconnue en sa valeur insubstituable et toujours singulière. Face au malheur ordinaire, l'indignation sort donc de l'indifférence, fait la différence. Epreuve positionnelle, si elle court le risque de se caricaturer en pose indignée, elle fait bruyamment éprouver un intolérable qui attend d'être prolongé en discernant les lieux d'exercice de la responsabilité. On s'indigne non de la pauvreté en général mais de la situation de ce pauvre-ci; de ce mort de froid-là.

Le sentiment d'indignation attire l'attention, dans l'expérience morale, sur les sentiments moraux qui nouent les normes et la vie. Sans s'en contenter, il s'agit de reconnaître la partition singulière que jouent les sentiments. Notre rationalisme oublie parfois qu'il est des sentiments moraux, des « passions de l'âme ». Désir de la vie qui ne reconnaît pas la vie en une vie, l'indignation est ainsi refus des distorsions de la vie manipulée et humiliée. Double aspect du sentiment d'indignation alors. Expérience d'un absolu qui permet de remonter jusqu'au principe qui la rend possible, il fait de l'expérience morale non pas tant d'abord la transgression d'une norme extérieure – le moralisme – mais l'épreuve profonde d'une inadéquation avec soi-même face au monde.

Mais l'indignation serait vaine si elle n'était inscrite dans des contextes qui la configurent. Quel cadre interprétatif, biographique et culturel, la concrétisera comme opposition au mal?

Dans l'histoire des expériences morales, les motifs traditionnels de l'engagement jusqu'au sacrifice de soi ne font plus recette. L'histoire de l'indignation en est un bon indice. Nous ne nous indignons plus pour des idéaux collectifs jugés abstraits mais pour des réalités sensibles dont nous avons constaté l'effective précarité : des proches, des milieux, des humains ou des non-humains. On s'indigne non à partir d'un principe objectif (l'Honneur, la Patrie) mais en partant d'une expérience sensible subjective et relationnelle (la vulnérabilité que vivent des êtres : l'immolation par le feu d'un jeune étudiant sans travail en Tunisie; le sort de cette femme sans-abri dans une rue de

Paris[1]; l'histoire d'un sans-papier se noyant entre Calais et Douvres en tentant de rejoindre l'Angleterre à la nage.)

L'indignation concrétise le point nodal où une histoire personnelle, un contexte – un milieu, une société, une culture – et un absolu se rencontrent. Le sentiment d'indignation ne fait donc pas le tout de l'expérience morale, mais l'inaugure. En plus du sentiment, *une* indignation pointe une situation singulière de laquelle s'indigner pour s'acquitter avec justesse de ce que l'on a à faire. Elle vit alors d'une fraternité secrète avec le courage dont Jean Jaurès pouvait dire :

> Le courage, c'est de comprendre sa propre vie, de la préciser, de l'approfondir, de l'établir et de la coordonner cependant à la vie générale. [...] Le courage, c'est de chercher la vérité et de la dire; c'est de ne pas subir la loi du mensonge triomphant qui passe, et de ne pas faire écho, de notre âme, de notre bouche et de nos mains aux applaudissements imbéciles et aux huées fanatiques[2].

A cet endroit, le sentiment d'indignation mobilise, outre l'intelligence et la volonté, une imagination éthique pratique qui consiste à se sentir concerné par « l'ici et le maintenant », à contextualiser et à donner une épaisseur charnelle à l'exercice de notre initiative. Non seulement délibérer posément pour recommander, mais s'indigner pour se mobiliser et se décider. De la sorte, le sentiment d'indignation prémunit également de l'alibi éthique qui guette des éthiques procédurales mettant l'accent sur le moment de la délibération, sollicitant et stimulant une attention à ces vulnérabilités qui nous obligent. Alors, l'indignation peut nourrir une inventivité pratique mise au service d'une intelligence morale en contexte.

L'indignation n'est donc pas marquée par un refus de l'engagement et de l'institution. Elle prépare à l'invention et à la recherche d'institutions ajustées au sens du réel qu'elle cultive. L'indignation manifeste ces failles où quelque chose d'universel s'exprime dans

1. « Mes amis, au secours... une femme vient de mourir gelée cette nuit à trois heures, sur le trottoir du Boulevard Sébastopol, serrant sur elle le papier par lequel, avant-hier, on l'avait expulsée...Devant l'horreur, les cités d'urgence, ce n'est même plus assez urgent ! » Texte de l'appel de l'Abbé Pierre sur Radio Luxembourg. 1 Février 1954.

2. Jean Jaurès, *Discours à la Jeunesse*, 1903.

l'historique qu'il convient de préserver. Elle est ce poisson-pilote qui identifie les territoires de la responsabilité. Ici, il faut entendre pleinement la question « de quoi s'indigne-t-on? » Le « de quoi » est central parce qu'il résiste à l'indistinction qu'engendre la logique compassionnelle : la lassitude compassionnelle. Le compassionnel manque de précision, vit et se noie dans l'imaginaire généralisant et indéterminé des réalités dont il glose. Le compassionnel est porté par des imaginaires généralisants qui découragent la responsabilité et se satisfont des lamentations fatalistes. Au contraire, l'indignation est mue par une imagination éthique singularisante. L'indignation est plus serrée : elle épouse, relayée par l'imagination éthique et son transfert analogique, les contours du réel qui l'ont saisie en en saisissant les failles. Elle atteste et établit une cartographie précise et rigoureuse des expériences du terrible et du mal dans la réalité de leurs formes historiques. Elle engage, dans et par cette situation même, le devenir juste que nous nous faisons de l'homme. Voilà alors l'indignation : la reconnaissance affective d'un inacceptable qui nous met, éthiquement et politiquement, en mouvement. Elle manifeste ici et maintenant que l'histoire passée des luttes pour la reconnaissance n'a pas dit son dernier mot. En ce sens l'histoire des institutions s'interprète comme la traduction positive, en des conquêtes institutionnelles justes, de ces épreuves négatives de l'indignité, de l'humiliation et du mépris, repérées et dénoncées par l'indignation. Sur ce point est exemplaire l'histoire du droit des droits de l'homme. Chaque alinéa de la déclaration des droits de l'homme doit être compris comme expression du poids des luttes qu'il a fallu mener pour acquérir une visibilité. L'institution est la transcription en dispositifs de ces intuitions devant l'injustice que l'indignation révèle. Sous l'apparente stabilité et monumentalité de l'institution on doit alors entendre la déstabilisation et la perturbation qu'installe le cri indigné. Il explique pourquoi ces institutions ont une histoire. C'est l'histoire des insatisfactions qui les taraudent pour qu'elles soient d'une plus grande justesse et qu'elles soient à la hauteur de l'appel indigné qui les mobilisent.

la RSE

Sur les crêtes de l'enfer
Le vent a un sourire de cendre
Et la neige n'y peut rien

La RSE – responsabilité sociale des entreprises – ambitionne de replacer l'homme au cœur des pratiques de gestion. L'enjeu n'est pas mince, car il ne s'agit pas tant de philanthropie, que de se souvenir que les pratiques de gestion, avant d'être des techniques, sont d'abord des pratiques. Elles relèvent moins du régime de l'œuvrer que de celui de l'agir. Les techniques de gestion rationalisent et normalisent, envisageant la culture d'entreprise comme une réalité à coordonner, ignorant la part de la culture dans l'entreprise et des entreprises dans les cultures, oubliant qu'on y coopère. La RSE y réplique par la prise en compte des dimensions relationnelles de celles-ci, prenant en compte les partis prenantes : famille, société, culture et milieu ambiant. Aux *shareholders* à qui elle a des comptent à rendre (bénéfices), elle adjoint le souci de s'attacher aux *stakeholders* avec lesquelles elle a des contes à porter (faire du bien, autre sens du mot « bénéfice ») !
En un siècle, une inquiétude enfle qui hante la vie des entreprises. De l'homme, on peut faire une ressource – ressources humaines – qu'on peut traiter selon la logique des flux de matières : la gestion inscrite dans la longue histoire des techniques scientifiques d'administration qu'analysa Weber. Taylorisme, fordisme et postfordisme, travail en miettes, travail disloqué, rationalisation des activités, normalisation qui prépare les délocalisations, amélioration continue de la qualité et *reporting* etc. dessinent une lente et inexorable entreprise de rationalisation – il faudra se demander ce que rationaliser veut dire? –, laquelle arraisonne le réel dans une bureaucratisation croissante de la vie. L'entreprise ne fait donc pas exception à ce processus de rationalisation des pratiques et des procès qui traverse et travaille

l'Occident, abordant progressivement toutes les sphères des activités humaines.

Ce processus encourage un rapport réflexif à la globalité des affaires humaines. Il prépare la planification de ce qui jusque-là était expérimenté par l'habitude : les normes (de la réputation d'un savoir-faire à sa labellisation), les valeurs (de *l'ethos* d'une entreprise à la certification) et les traditions (de l'expérience de « père en fils » à la fiabilisation du procès). La rationalisation met à plat, analyse et anatomise les pratiques professionnelles au risque du démantèlement des visées et des attentes qui s'y engagent.

Cette rationalisation est nécessaire, puisque les hommes au travail rationnalisent et optimisent leurs pratiques. Le travail est une intelligence en acte engagée dans ses savoir-faire qui en appellent à des légitimes objectivations. De fait, le travail divisé et ramifié est nécessaire pour accroitre son efficacité et sa spécialité. Mais comment faire pour que cet effort de rationalisation, qui porte sur les moyens du travail, n'appauvrisse pas la compréhension et les raisons engagées au travail. En effet, on passe aisément et trop vite du travail rationalisé et uniformisé au nom de la fiabilité d'un procès, au travail unidimensionnalisé, occultant ses significations vitales, sociales, existentielles, voire spirituelles. La rationalisation instrumentale démantèle une conception unifiée du travail, croyant avoir tout dit du vif du travail engagé dans la coopération une fois qu'elle en a mis à plat les structures objectives de coordination. En réduisant le travail à l'activité rationalisée, analysée, segmentée, formalisée, elle modifie alors la compréhension de ce qu'être homme veut dire dans l'effort du soi au travail, dans ses liens avec la matière et avec les autres.

Face à cette lame de fond, on parle de responsabilité sociale des entreprises. On apprend ainsi à découvrir qu'entre l'État et les associations, les entreprises sont aussi des acteurs sociaux. Mais cela ne parait-il pas dérisoire, manipulatoire ou incantatoire? Inversement, peut-on encore se contenter cyniquement de dire avec Milton Friedman que « la responsabilité sociale de l'entreprise est de faire du profit » ?

Certes, on trouvera dérisoire la modeste revendication des acteurs de l'entreprise qui tentent de remettre de l'agir (des valeurs, du projet)

eu égard au triomphe de l'homme modélisé comme maximisant ses intérêts égoïstes et à l'activité rendue abstraite, formelle. Pourtant, dans cet inégal combat, la RSE n'oppose-t-elle pas à la fiction monologique de l'*homo oeconomicus*, la nature intrinsèquement intersubjective de l'homme au travail, de l'*homo laborans*? A la connaissance de l'idiot rationnel ne réplique-t-elle pas par un travail de la reconnaissance de ce qu'engagent les interactions laborantes? Ne questionne-t-elle pas sous les pratiques de gestion, la naïve sociologie de l'individualisation qui la fonde?
Manipulatoire? Une suspicion comme préalable de méthode s'impose également à l'égard de la RSE. Elle est liée à la longue histoire des injustices qui ont accompagné le développement et l'expansion du processus capitaliste de production. Cette suspicion traque dans la RSE une potentielle forme de la domination, une extension du règne de la manipulation. Cette dernière serait une nouvelle façon d'obtenir, par une « barbarie douce » comme dirait le sociologue Jean-Pierre Legoff, moins un consensus réel qu'un consensus extorqué en en appelant « aux valeurs » des collaborateurs. On y dénoncera le déploiement d'une triple aliénation opérée au sein de l'entreprise ayant porté tout d'abord sur les corps (la matière musculaire), puis sur l'intelligence (la matière grise) et aujourd'hui sur l'« âme » (la matière sensible des valeurs et des motivations profondes des acteurs) dans ce que peut être parfois la supercherie de l'éthique des affaires. A cette suspicion qui n'y voit qu'une idéologie, la RSE oppose le fait que l'éthique est réaliste et non pas idéaliste; que la valorisation de l'*homo oeconomicus* n'est pas trop individualiste mais pas assez, parce qu'elle ne pense pas suffisamment ce qu'est l'individu. Elle en propose une approche étriquée, oublieuse du fait que ses motivations peuvent être autres que la seule maximisation de ses intérêts. Elle l'est aussi en ce qu'elle prend en compte les différentes dimensions qui animent les acteurs de l'entreprise, découvrant que l'atomisme individualiste est une fiction. Forçant à quitter la métaphore statique du « siège » (le siège social), elle fait apparaître qu'une entreprise n'est pas qu'une agrégation d'individus juxtaposés. Avec la métaphore du vivant, de « l'organisme » (organisation et organigramme), elle pose que l'individu ne

disparait pas dans l'entreprise mais trouve aussi à s'y développer par une forme de communication réciproque, allant de la coopération à la polémique, vivant la possible opposition qui n'est pas nécessairement une détruction.

On jugera enfin, la RSE incantatoire. On lui reprochera de céder, en plus d'une soumission à l'autorité de l'expertise (qu'elle porte sur le risque, l'environnement, la qualité, la sécurité) à la facile invocation des valeurs. Mais comment faire alors que les valeurs que l'on invoque deviennent des valeurs que l'on convoque pour élucider les pratiques, restaurer les collaborateurs dans leurs capacités d'initiative ? L'éthique, avec ses chartes, a cette ambition. La charte suppose un pacte de confiance, là où le contrat peut être pensé dans les mots de la méfiance sinon de la défiance. La charte éthique n'est pas non plus un programme mais l'occasion, voire le prétexte pour initier un processus réflexif. La RSE n'est-elle pas alors l'initiative d'une reprise en main de la rationalité du projet sur la rationalité du programme ?

La RSE a enfin une signification opératoire. Elle enregistre et prend acte du fait que les activités d'entreprises vivent aujourd'hui d'une rationalité mêlée. Sur elle, une entreprise condense un mixte qu'il s'agit de dialectiser entre la rationalité instrumentale des sciences de gestion qui risquent de glisser de légitimes objectivations à des réifications aliénantes (techniques de gestion; bureaucratisation du monde vécu; normalisation des protocoles) et la rationalité pratique dont il s'agit de faire apparaître les potentiels inexploités, tus ou ignorés. Les hommes au travail sont aussi des hommes mis en travail dans leurs histoires familiales et culturelles, leurs attentes, l'estime d'eux-mêmes, le respect mutuel et leurs droits. Autre enjeu : reconnaître que les parties prenantes extérieures ne sont pas que des prestataires de service dont on parle de haut en termes de « sous-traitants ».

La RSE ambitionne de donner toute leur place, dans les affaires humaines, à ces capacités critiques des acteurs, à leurs puissances d'innovation, à leur pouvoir de régulation et à la portée critique de la communication. En effet, parler de collaboration, ou aujourd'hui de « prise en compte des parties prenantes » signale que l'entreprise, dans un monde vécu fortement rationalisé, « administrativement colonisé » comme dirait Habermas, demeure néanmoins un espace de socialité qui connaît la confrontation, la coopération, le conflit et la solidarité. Ce dernier peut opposer à la protocolisation mécaniste, par la résistance et la consistance des acteurs, le souci de l'émancipation. Cela suppose alors que la veille éthique engagée dans la RSE ne soit pas qu'une caution morale ou le supplément d'âme de pratiques immorales, mais le lieu où, par une analyse lucide des pratiques, soient mis aux jours les différents espaces de la responsabilité et de l'initiative. A l'approche systématique de la normalisation instrumentale qui unidimensionnalise le monde de l'entreprise, l'éthique réplique, non pas en n'étant qu'une forme de politique qui ne dirait pas son nom, mais en travaillant à faire apparaître la pluralisation des niveaux de responsabilité et d'initiatives, donc des ordres de la reconnaissance qui y sont engagés : administratif, médiatique, syndical, éthique, juridique ou politique. Ici l'éthique ne se substitue pas au droit. Elle en définit le lieu propre, ce dernier venant régler le système administratif instrumentalisant, restaurant les lieux de la décision qui portent et engagent la collectivité. Allons plus loin. L'édiction des chartes éthiques pourrait rester une déclaration d'intention, n'être qu'une forme de stratégie de communication si elle en restait à la seule dimension micro-écononomique et au plan de la motivation interne des acteurs. Mais ces chartes, vouées à une forme de publicité, ouvrent sur la dimension d'une responsabilité sociale et politique dans le cadre d'une société mondialisée. En se soumettant volontairement à cette *soft law*, les entreprises reconnaissent qu'elles sont actrices de changements sociaux et culturels. Réciproquement elles entrent dans le jeu d'une forme d'évaluation par la société civile et des autres acteurs extérieurs.

Le pari de la RSE est donc de pluraliser les ordres de la responsabilité et d'épeler précisément les lieux de la décision, sortant de l'indistinction et de la confusion qu'entretient une référence floue à l'éthique. A cette condition, l'éthique devient une école de la lucidité, le lieu d'un éclairage critique des ordres.

soins palliatifs

Quand l'horizon s'approche
comment espérer le jour qui vient ?

Nous sommes les contemporains de la médicalisation de la fin de vie. C'est là une étape, dans la longue histoire de la mort en Occident. Ce n'est plus la disparition anonyme de la mort en général, mort de masse dans l'épidémie de peste, pas plus que la mort stigmatisante attachée aux groupes, classes sociales laborieuses ou studieuses (tuberculose). Il s'agit de la mort individualisée au sein d'institutions hospitalières aujourd'hui hantées par l'acharnement thérapeutique. On paraît ne pouvoir y retrouver le singulier, que dans le pathétique de situations-limites qui défraient la chronique dans des Cas, des « affaires ».

On meurt aujourd'hui en majorité à l'hôpital. C'est un bouleversement anthropologique, pratique et spirituel dont on n'a pas encore mesuré toutes les conséquences pour les malades, les soignés et la société toute entière. Il se formule dans des contradictions : une volonté de légiférer sur la fin de vie et l'euthanasie (donc la mort en général puisqu'il s'agit d'une loi) alors qu'il est, à chaque fois, question d'une fin de vie pour une histoire de vie toujours singulière, comme si le mourir n'était qu'un problème légal. Une seconde contradiction tient à la réduction du mourir à sa naturalisation sous l'effet du complexe médicosocial. Elle rabat la fin de vie (*zoé*) sur un fait biologique alors qu'elle demeure un événement biographique (*bios*). Entérine cette réduction la demande de reconnaissance de malades qui ne peuvent, face à elle, qu'invoquer et revendiquer sans illusions le droit à « mourir dans la dignité ». Une troisième contradiction se manifeste enfin entre une prise en charge technoscientifique de la fin de vie qui l'unidimensionnalise et une exigence de pluralisation des significations engagées dans une épreuve humaine singulière, vive jusqu'à la mort.

Les soins dits palliatifs, en tant qu'ils sont un mouvement social avant d'être une spécialité médicale, sont la chambre d'écho de cette mutation anthropologique au sein de l'institution hospitalière. Ils occupent le point d'intersection entre l'éminemment intime (ma mort) et l'enjeu public (le statut de l'humain vivant sous la condition du mourir), par l'institutionnalisation médicale de la fin de vie (le patient agonisant). Le lieu du soin, travaillé par une force d'illimitation – de *l'hybris* de l'acharnement thérapeutique à l'obstination déraisonnable – questionne la signification à accorder à cette limite qu'engagent la fin de vie et la mort : accident, impensé, refoulé ou toujours déjà là mais jamais dit dans le *primum non nocere*, etc. ?
Dans notre civilisation technologique, c'est devenu une banalité que de le dire, le champ de nos pouvoirs a élargi le champ de nos devoirs. Parce que nous en pouvons plus, nous en devons plus. Nos capacités techniques dans le cadre de notre modèle thérapeutique sont devenues telles – médecine de réanimation ; médecine de la douleur ; médiation technicienne instrumentée de l'hôpital-machine – qu'elles nous conduisent à devoir exercer des choix sur ce qui hier relevait d'une nécessité. Nous trouvons donc le champ de notre responsabilité augmenté, ayant à débattre (rationalité des fins) sur ce que l'on pensait n'avoir qu'à combattre (rationalité des moyens). Mais nous avons à le faire dans des situations complexes, avec des rationalités mêlées où il est devenu difficile de faire la part entre ce qui est fin et ce qui est moyen ; sur ce qu'est une vie lorsqu'en fin de vie on juge parfois que ce n'est pas « une vie » que d'être ainsi vivant !
Dans l'hôpital contemporain en effet, ce que nous appelons soins palliatifs est lié à une constellation spécifique. Le contexte de soin y est rendu possible épistémologiquement par la biomédecine, effectif par une matérialité technoscientifique qui instrumente le geste thérapeutique. Il est porté, économiquement, par une économie de la santé qui tarifie l'occupation d'un lit dédié aux soins palliatifs en un prix de journée et politiquement par une sécularisation des institutions hospitalières. C'est dans et par ce contexte que tente de se faire entendre la veille éthique soucieuse d'accorder à l'homme fragilisé à l'extrême une fragile attention. C'est dans un tel contexte que la plainte de l'homme désirant et souffrant est prise en charge, inscrite

entre le spectaculaire d'une médecine instrumentée et la délicate essence du social qu'engage la relation de soin.

Certes, cela donne parfois l'impression d'un télescopage. D'un côté l'épaisseur des médiations, présentes dans une institution hospitalière devenue « machine à guérir », mécanise les pratiques de soin selon le modèle de l'ingénieur. Elle encourage le désir d'être un bon exécutant en valorisant et comptabilisant aisément la prouesse du geste technique, au risque d'invisibiliser le souci éthique du prendre soin qui le fonde. Ici les soins palliatifs deviennent une spécialité médicale. De l'autre côté, l'institution hospitalière est rappelée à l'intuition qui la fonde par l'éthique de l'hospitalité qui la sous-tend. Elle tient et maintient qu'on ne doit pas, même si la fin de vie est insérée dans des techniques administratives de plus en plus serrées, perdre de vue le vis-à-vis, l'homme désirant et souffrant. Les soins palliatifs, comme mouvement social avec ses associations, ses bénévoles, en sont le témoin. Ainsi, l'ordinaire du temps du soin est une scansion qui installe la promesse du prendre soin sous la prouesse du faire des soins. Les soins palliatifs ne sont donc pas l'échec du soin, mais manifestent sa durable obstination. Ils attestent d'une reconnaissance de la primauté éthique du soin accordé à la relation – on soigne d'abord la relation – au moment même où triomphe la connaissance dans la domination technique de l'expertise soignante.

Mais parler de soins palliatifs s'entend en plusieurs sens. Radicalement, toute médecine est par définition palliative en ce que, bon gré mal gré, on ne guérit pas de la mort. Toute médecine est impuissante à vouloir évacuer du champ de l'expérience humaine le mourir, fût-elle médecine qui se nomme médecine de « ré-animation ». L'agir médical, en son expertise se déploie, comme aspiration du vivre, sur ce fond d'opacité du mourir qu'il s'efforce de ne pas penser. Ignorer cette radicalité c'est vivre le mourir comme un échec et en déduire que les soins palliatifs, au sens technique cette fois-ci, ne seraient que le triomphe de la morbidité, le retour du refoulé d'une médecine de la prouesse, de la puissance. De ce sens large – d'ordinaire tu mais le faut-il (?) – dérivent d'autres significations situées en aval du modèle biomédical dominant. Pour celles-ci, sera palliative une médecine ou une activité soignante qui se demande qu'est-ce qu'il est possible de « faire » lorsque l'on ne peut plus rien faire, qui s'interroge sur ce qu'il est possible d'agir sachant l'irrémédiable impossibilité de faire de la technique médicale ?

Si le mourir rappelle une limite à notre volonté de tout maîtriser, les soins palliatifs vivent d'une tension. Vu de loin, ils apparaissent comme le lieu d'échec de l'expertise soignante. Manifestation d'un parcours hospitalier qui touche à sa limite, on est tenté d'assimiler à la hâte unité de soins palliatifs et mouroir. Mais ils sont dans le même temps le rappel vif de ce qui fait le cœur du soin, à savoir le maintien d'une relation vivante. On croit avoir tout dit des unités de soins palliatifs en pensant qu'elles sont morbides ; on découvre que leur spécificité est de se concentrer sur la vitalité du lien humain.

Deux acceptions des soins palliatifs sont alors en discussion sinon en dilemme, qui manifestent que la rationalité médicale est une rationalité opaque, prise entre le souci technique d'une expertise (le « bien faire ») et l'exigence éthique d'une compétence (faire le bien). Il s'agit d'une dialectique entre une professionnalisation de la fin de vie à l'intérieur du monde hospitalier – la médecine palliative comme spécialité médicale – et, à l'extérieur de celui-ci des soins palliatifs comme d'un mouvement social et politique redéfinissant un vivre ensemble placé sous le sceau de la valeur reconnue à la condition de l'homme désirant, souffrant et mortel. Les soins palliatifs désignent donc à la fois une structuration interne du monde du soin qui prend en charge la douleur, la condition de mortel sous ses aspects objectifs (douleur, détresse respiratoire, etc.) et à la fois l'événement social et politique d'une résistance à l'égard d'une machine à guérir qui, réduisant la fin de vie et la mort à un problème technique, n'en mesure pas assez toute la portée éthique et symbolique. La fin de vie que l'on garde est une fin de vie qui nous regarde.

Les soins palliatifs relèvent d'une spécialité médicale qui poursuit sur la lancée de la technicisation et de la connaissance (douleur, soins de conforts, spécialiste thanatonaute.) Mais ils engagent aussi un mouvement social et politique qui fait entendre une demande de reconnaissance de l'homme vulnérable. Ils (milieu associatif, accompagnement bénévole, invention d'un modèle de soin alternatif, soignants, etc.) attestent que l'homme désirant et souffrant demeure vivant jusqu'à la mort. En ce sens, ils attestent qu'ils vivent avec et travaillent pour des vivants. Les soignants en soins palliatifs – des professionnels aux bénévoles d'accompagnements – au-delà du soupçon analytique qui n'y verrait qu'un mécanisme de défense et contre un imaginaire généralisant qui a tôt fait d'assimiler unité de soins palliatifs et antichambre des cimetières, ne cessent de dire que leurs patients sont des vivants. Ils vivent avec des vivants et non des mourants, plutôt qu'ils ne sont des métaphysiciens de la Vie. Le concept de Vie est beaucoup trop vaste pour être habité par ces pratiques de soins qui, sans être morbides, reconnaissent, sans la nier pour autant, la tristesse du partir. Bref, les soins palliatifs, en plus d'être une technique médicale selon le même modèle épistémologique que la biomédecine (une bio-logique qui émancipe par les progrès de la connaissance) relèvent aussi d'un sursaut éthique et politique. Ce dernier réoriente pratiquement et massivement ce modèle, ne prenant pas le nécessaire positivisme de méthode de la médecine dite scientifique pour un positivisme de principe (une biographie vulnérabilisée nous oblige). Altercation de la médecine conventionnelle dans un sursaut éthique, social et politique, dira-t-on alors des soins palliatifs qu'ils sont une « médecine alternative » ? Quel universel servent-ils alors ?

Rares sont les pratiques de soins qui mobilisent l'espace public, comme le fait le mouvement social des « soins palliatifs », au-delà du milieu restreint des professionnels. Il engage un débat avec la société civile autour de l'universelle valeur de l'humain, même fragilisé dans ses capacités par la maladie ou la fin de vie. Tout comme en son temps la dépénalisation de l'avortement et la loi Veil sur l'interruption volontaire de grossesse, les soins palliatifs, en plus d'être un fait de société, font société. C'est que pratiques du sexe et pratiques de la mort sont des « faits sociaux totaux » ! Les soins palliatifs, en voie d'institutionnalisation aujourd'hui, portent ainsi dans le champ social et politique une attente de reconnaissance qui est, en même temps, un véritable défi culturel. Loi Léonetti sur la fin de vie ; statut de la personne de confiance ; directive anticipée ; Observatoire de la fin de vie ; prise en charge de la douleur ; singularisation de la relation soin en plus de la particularité des thérapeutiques; attestation de la dignité de la personne même dans la fragilité de ses expressions sont autant d'attestations que l'homme en fin de vie est et demeure un vivant encore méconnues du grand public. Elles travaillent à exprimer et réaliser une reconnaissance de l'homme désirant et souffrant au cœur de ce système socio-économique que sont devenues les institutions de santé. Coordination des actions individuelles des soignants et des soignés dans un système de soin, ces institutions permettent de dire, ce qui n'interdit pas la critique et la lutte, que « le prochain est toujours déjà reconnu sans même avoir été connu »[1].

Les soins palliatifs travaillent à expliciter le statut des soins en contexte globalisé. Alors que triomphe l'universalité du modèle biomédical par une normalisation à l'échelle globale (les protocoles, la médicalisation de la vie du berceau au tombeau) qui rationalise des pratiques de soins technicisées, il apparaît qu'une telle universalité est unidimensionnalisante. Elle n'aborde les dimensions de l'existence que sous le seul aspect technoscientifique. L'agonisant est réduit à un mourant, faisant de la question du mourir un problème technique (réussir sa mort techniquement, médicalement et psychologiquement); délaissant les dimensions sociale, existentielle et spirituelle de celle-ci. C'est pourquoi, en face de cette mort unidimensionalisée, les soins palliatifs travaillent à sa pluralité.

Dans cet esprit, les débats légitimes qui se formulent autour de la fin de vie – euthanasie, suicide assisté, prise en charge de la douleur, dignité, accompagnement, vie (*bios*) au sens non pas métaphysique mais existentiel et culturel – enrichissent le contexte au sein duquel se déploient les enjeux d'une attente de reconnaissance de la personne en fin de vie. Ils luttent contre un déni de reconnaissance concernant aussi bien l'agonisant humilié dont on dira que « finir ainsi ce n'est pas une vie »; le monde des soignants à qui l'on confie, sans le lui dire, la tâche d'accompagner la fin de vie; les imaginaires sociaux qui projettent sur les soins palliatifs le stéréotype du « mourant » en général. A l'universalisation concrète qui se déploie

1. J.-M. Ferry, *Les puissances de l'expérience. Essai sur l'identité contemporaine*, tome II *Ordres de la reconnaissance*, Paris, Cerf, 1991, p. 9.

comme mathématisation du monde et modélisation dans le calcul, y compris en fin de vie (protocolisation du parcours de soin, standardisation de la « mort réussie » dans ses différentes phases psychologiques, statistiques sur la durée de séjour moyenne en soins palliatifs, standardisation et abstraction de la dimension comptable attachée au coût d'une médicalisation de la fin de vie), les soins palliatifs portent des évaluations fortes (laïcité, dignité, humanité, spiritualité). On peut les lui opposer ou les mettre en discussion, mais elles définissent et attestent d'une manière de faire monde avec les hommes vulnérables.

Les enjeux des soins palliatifs sont alors interprétables comme des enjeux de reconnaissance, déployés sur le triple plan interpersonnel, juridique et social. Reconnaissance au niveau interpersonnel de la personne vivante jusqu'à la mort qui demande de faire la part entre l'imaginaire généralisant qui fait disparaître la personne sous son masque (du moribond vers les mourants du mouroir jusqu'à une médecine de la Mort « forcément » désespérante) et sa réplique par le maintien de l'imagination du semblable, attentive au singulier d'une histoire de vie. Reconnaissance au plan juridique des pratiques de soins palliatifs dans le moment de leur institutionnalisation. L'institutionnalisation des soins palliatifs, moment pour les institutions du soin, fait histoire. Il n'y a pas toujours eu d'unités de soins palliatifs. Les institutions tentent d'être cette expression ajustée pour que soient pris en compte les combats et les luttes pour la reconnaissance des soignés et des soignants. Conquête institutionnelle, les soins palliatifs attestent comme institution de la dignité reconnue à l'homme vivant et au respect de ses droits, ce que peuvent avoir de déformant en négatif certaines pratiques ou situations indignes. Reconnaissance mutuelle enfin, dans le cadre d'une forme d'estime sociale, où il peut se dire et s'exprimer que les soins palliatifs, en accompagnant au plus près la fragilité du lien humain dans la fin de vie, font vivre la vitalité du social dans une attention portée à ceux qui y sont les plus vulnérabilisés. Elle n'est pas secondaire alors cette attente de reconnaissance sociale et politique du rôle que jouent les activités professionnelles et associatives engagées autour de la fin de vie. Ces dernières accompagnent pour « nous », au nom du monde commun partagé et sans que cette délégation ait toujours été dite et déclarée, l'homme désirant et souffrant. Sans cela elles sont suresponsabilisées et épuisées. En re-donnant à la fin de vie toute sa dimension tragique et humaine et non sa seule dimension techno-scientifique, à savoir ses dimensions existentielle, biographique, sociale et culturelle, les soins palliatifs engagent une attente de reconnaissance sociale, visant bien au-delà du droit. Elle porte sur l'horizon des valeurs partagées et partageables sur le fond desquelles nous tentons de vivre, c'est-à-dire sur la mise en travail et la constitution symbolique de notre monde commun. Cette attente d'estime qui lutte contre l'anonymat du « on » meurt est une question lancée au social demandant « pour quel type de monde vivons-nous ? »

Il est normal alors qu'il y ait dispute et débat, entre soins palliatifs et euthanasie, même s'il n'est pas sûr que la ligne de frontière passe par l'opposition systématique entre les deux. Sans doute est-ce pour cette raison que le mouvement des soins palliatifs est une des rares formes de pratiques de soin engageant une discussion avec la société civile. Il le fait car il y engage une manière de penser et d'accompagner l'homme et sa finitude sur le fond d'options partagées tout en attestant la dimension relationnelle de l'existence. Finalement au-delà du débat portant sur la légalisation ou non de l'euthanasie, l'enjeu n'est-il pas du point de vue social : quelle place et quels dispositifs nos sociétés accordent-elles, veulent-elles accorder à celles ou ceux qui vivent des situations de vie qui sont extraordinaires eu égard à la normalité statistique ?

le bonobo

Ce matin de mer sage
j'ai nagé longtemps
près d'un banc poissons argentés
mais je n'ai rien appris.
Puis le vent s'est levé.

Imaginera-t-on quelques instants Rousseau dans un congrès de primatologues ? Que viendrait-il y faire ? On aurait pu lui préférer, à lui le philosophe défenseur du pongo, son contemporain Buffon qui parle de l'homme comme d'un super-singe. Ou bien aimer se souvenir de ce mot que rapporta Diderot à propos de la présentation, à Paris, au jardin des plantes, d'un pongo ou orang-outang à qui le cardinal de Polignac, s'adressant à l'animal, enfermé dans sa cage aurait dit « parle, et je te baptise ». Cet appel à un « il ne lui manque que la parole », était alors porteur d'une ambition annexionniste : élargir les frontières de l'humanité. Dans le doute, Rousseau n'avait pas craint, quant à lui, d'accorder à ce pongo le statut d'homme des bois. Il le fit ni en historien naturaliste, ni en théologien mais en réfléchissant sur le sensible.

Si Rousseau et ses contemporains spéculaient sur le pongo, nous sommes, pour notre part, inquiétés par le bonobo. Du pongo au bonobo, une histoire des relations de l'humanité à l'animalité se dessine. S'y questionnent les frontières de l'homme et de l'animal, prolongeant le mot de Montaigne sur la diversité humaine présupposant qu'il y aurait plus de différence d'homme à homme que d'homme à bête. Le XVIIIe siècle pour étendre l'empire de l'humain ne craignait pas d'accorder au pongo – terme indifférencié pour parler de la famille des singes anthropomorphes placés aujourd'hui sous la même racine : les pongidés – le bénéfice du doute ; il allait jusqu'à lui reconnaitre le statut d'homme des bois, une manière d'humanité[1]. Le XXIe siècle, travaillant à sonder les frontières de l'humanité et de l'animalité ne craint pas de trouver dans le bonobo – ce petit singe aux capacités coopératives étonnantes – l'indicateur permettant de rapatrier l'humain dans le vaste champ des vivants, au régime duquel il ne ferait pas exception; à l'école duquel il devrait se mettre. Ni *res*, ni *persona*, l'animal inquiète nos catégories qui cherchent à le classer et à définitivement le ranger. L'animal? Un quelqu'être qui n'est déjà plus un quelque chose mais qui n'est pas encore un quelqu'un. Un être vivant sensible.

Extension du monde de l'humanité ou dilution dans l'immensité protéiforme de l'animalité, l'homme qui examine l'animal s'examine lui-même. A nous humains, rien de ce qui est animal ne nous est totalement étranger. A l'égard de l'animal nous sommes ambivalents : tantôt dans la distance par la réification industrielle, tantôt dans la proximité joyeuse que procure le vivre avec des animaux. De quelle nature est cet égard? Cet égard, sans égards parfois, est un curieux mélange d'objectivation et d'identification. Objectivation du vivant dans une forme de vie animalière dévisagée comme radicalement autre que la vie humaine : l'animal fixé, figé dans sa forme comme gibier, animal de rente, viande, sauvage, protéine, etc. Identification pathique où l'opacité de ce qui fait de l'homme un vivant parmi les vivants se donne à voir dans une apparition : celle de l'animal comme *être animé dont la course manifeste l'anima* comme aime à dire Maldiney. Cette tension est encore avivée lorsque l'animal en question ressemble davantage à l'homme et que le singe sera dit anthropomorphe.

Mais pourquoi le « connais-toi-même » moderne passe-t-il aujourd'hui moins par l'éthique que par l'éthologie? Dira-t-on du

1. « Toutes ces observations sur les variétés que mille causes peuvent produire et ont produit en effet dans l'Espèce humaine, me font douter si divers animaux semblables aux hommes, pris par les voyageurs pour des Bêtes sans beaucoup d'examen, ou à cause de quelques différences qu'ils remarquaient dans la conformation extérieure, ou seulement parce que ces Animaux ne parlaient pas, ne seraient point en effet de véritables hommes Sauvages ». J.-J. Rousseau, *Discours sur l'origine des inégalités, note X*, dans *Œuvres complètes*, tome III, « Bibliothèque de la Pléiade », Paris, Gallimard, p. 208.

rapport de l'homme à l'animal qu'il engage existentiellement le même enjeu que celui que suscite la conscience de sa mort? Que penser l'animal c'est avancer au cœur des ténèbres, ni l'animal ni la mort ne pouvant se regarder en face? Que l'on est exposé à l'animal comme une façade l'est au soleil, lequel en fait sortir les reliefs et les fragilités? Poser ces questions nous confronte à une interrogation très vive. Pour sentir davantage l'animal, faut-il que nous pensions moins l'homme? Or, c'est précisément parce qu'il s'est attaché au sensible, et qu'il s'y est rendu disponible que Rousseau, conscient de ce qui le liait aux vivants, non humains et humains, en est venu à prendre en considération, pour les reconnaître, ces figures de l'autre homme défiguré ou rendu méconnaissable par l'indifférence, la misère ou la violence.

Le renversement d'attitude à l'égard de l'animal – nous disons l'animal et avec lui l'animalité comme s'il s'agissait d'un massif métaphysique opposé à l'humanité alors qu'il y a là une pluralité d'animaux – est en effet spectaculaire. Il y a peu, l'éthologie était encore une sous-discipline de l'éthique mettant l'accent sur le fait que l'éthique établissait en nous une seconde nature sous l'effet des mœurs, des routines et des habitudes. Et l'on rédigeait un traité sur les mœurs se souvenant d'Aristote liant éthique à *ethos*. Or les choses se sont inversées. L'éthique ne serait qu'une déclinaison possible de l'éthologie. La conduite humaine s'inscrirait dans le prolongement de celle des animaux. Certes, l'éthologie est, au moins, un préalable à l'éthique. Elle ambitionne aujourd'hui d'en être le fondement. Elle veut découvrir sous nos dispositions pratiques des dispositifs cognitifs, des schèmes moteurs, des « origines naturelles » à nos conduites. Elle cherche moins chez le « roseau pensant » la pensée que le roseau, et avec lui le réseau des causes qui le déterminent. Alors le chimpanzé incarnera-t-il notre facette agressive tandis que le bonobo exprimera le versant doux et empathique de l'espèce humaine comme le suggère le primatologue Frans de Waal ?
On peut y voir là une volonté de naturaliser la règle éthique dans une fin annoncée de l'exception humaine. Ce ne serait qu'une variante sophistiquée du critère physique de la ressemblance qui permettrait ou non d'attribuer à l'animal l'humanité.

Mais il y a là un risque : celui d'un appel immédiat à la référence naturelle et animale comme règle de ce qui devrait être ou ne pas être, dispensant d'avoir à l'épeler dans les cultures, à le préciser, à en débattre. Or de « la nature à la règle », la voie est-elle courte ou longue? Cette question est une autre manière de dire qu'après la désacralisation, la dévalorisation et l'instrumentalisation radicale de l'animal, le risque est grand de vouloir les compenser par l'invocation d'un réenchantement de l'animal par une nouvelle mystique. Il s'agit de discuter, sinon d'affronter, le présupposé éthologique dans sa prétention à accéder à des sources de l'agir – l'*ethos* – auxquels les autres n'auraient pas accès.

Mais cette référence faite à l'éthologie des primates est aussi une manière fine de dialectiser le schème comportemental et la conduite réfléchie, articulant celle-ci sur celui-là. Quelle est la signification historique de cette volonté? L'éthologie serait ainsi une leçon de morale, une leçon d'humilité qui redonnerait à l'homme le sens des limites et des relations alors qu'il les a perdu, du moins si on interprète la crise écologique contemporaine comme une crise et des limites et une crise des liens. La valorisation nouvelle de l'éthologie condense l'air du temps engagé dans le moment écologique. C'est au moment où le déploiement de nos pouvoirs techniques nous désolidarise de fait d'avec les vivants animaux réduits au rang de matière organique malléable et maitrisable que nos savoirs théoriques s'infléchissent en faveur d'une plus grande appartenance et d'une plus vive inscription de l'humain dans le non humain : même génome, même psychologie évolutionniste, même histoire naturelle et évolution biologique... Si la modernité s'est attachée à séparer comme deux réalités étanches l'histoire et la nature, notre moment écologique invite à repenser à nouveau frais, mais sans la téléologie, le concept d'« histoire naturelle ». Tout se passe comme si, dans une discordance des temps qui est aussi le signe de la métamorphose de ces temps, nos savoirs théoriques s'attachaient à relier ce que nos pouvoirs techniques travaillent à délier.

Lorsque l'éthique se met à l'école de l'éthologie, et de l'éthologie comparée, cette dernière ne joue-t-elle pas alors un rôle similaire à celui que jouait le discours des moralistes du XVIIe siècle prompt à suspecter sous l'apparence de vertu ce qui n'était que vice ou habitude? En morale, il est une fonction ironique de l'éthologie : dénoncer la vanité des hommes qui, sous couvert d'exception humaine se conduisent avec une telle violence que l'homme serait le seul animal qui soit aussi bestial. La bestialité deviendrait ainsi, dans un étrange retournement, le signe de la différence anthropologique.

Il nous faut méditer un fait. L'histoire des relations hommes-animaux est inouïe dans l'histoire du vivant. Il n'était pas prévu dans l'évolution, que l'homme domestique des animaux. Il n'était pas envisagé qu'il vive avec et fasse vivre entre elles des espèces différentes apprenant à s'entendre comme « chiens et chats! » Quel genre de société est-ce là? Si convoquer Rousseau pour penser les relations hommes-animaux s'impose, c'est qu'il questionna l'analogie entre communauté, société et cité pour laquelle là où il y a plusieurs membres qui cohabitent il y a communauté. L'intensité de transactions fait-elle communauté? La vie en commun fait-elle un monde commun? Y a-t-il communauté là où il n'y a pas contrat social? Pour l'homme la communauté est-elle une donnée comme un problème résolu ou est-elle une tâche? Si chez les bonobos la vie en commun parait être une harmonie enfin établie grâce à une intensité de rapports sexuels qui apaisent les conflits, doit-on pour autant y voir le modèle de la communauté politique? Rousseau, avec le contrat social a eu le génie de penser comment lier les hommes les uns par rapport aux autres sous la loi, expression de la volonté générale. Michel Serres a fait remarquer que le contrat social qui pense le lien des hommes entre eux se déploie sur fond d'oubli du « contrat naturel » qui lierait les hommes aux non-humains. Certes, la formule « contrat naturel » est un coup de force. Elle repose sur une analogie entre l'intensité des interactions que l'on trouve entre des animaux et la réalité formelle et symbolique du contrat. Elle encourage les propositions spectaculaires de Franz de Waal qui, dans *Le singe en nous*[1] écrit à propos des bonobos qu'ils sont les « primates du Kama-Soutra », de l'homme qu'il est un « singe bipolaire » ou qui écrit en

1. *Our Inner Ape* [1995], trad. M.-F. de Paloméra, Paris, Fayard, 2006.

1992 une « Politique du chimpanzé ». Mais elle souligne, qu'outre le lien politique qui s'explicite dans le contrat et se formalise sous la forme de la loi, il est un autre type de liens sensibles, pathiques. Elle pointe que la vie sensible nous affecte.

Rousseau, penseur du politique et penseur du social, pense en plus du contrat, le pacte. Avec le sensible, c'est moins le politique que le social qui est en question. Rousseau a, on le sait, été attentif à cette force du pathique, qui n'est pas le pathétique que cultive avec emphase la comédie des mœurs, mais ce sentiment moral sensible à la vulnérabilité qui oblige. Il a appelé cela la pitié. Elle est une capacité d'extradition, de sortie de soi par laquelle on s'identifie non seulement au proche qu'est l'humain mais plus largement au vivant, manifeste dans son *anima*. La pitié est une expérience originaire qui nous lie au vivant par delà l'épaisseur des médiations culturelles qui nous rendent étrangers les uns aux autres. Elle ouvre la possibilité de penser une appréhension générale des hommes et des animaux comme des êtres sensibles. L'identification pathique dans une commune appartenance au monde du vivant précède les différenciations et les oppositions dans des distinctions de genres ou d'espèces. Identification à autrui dans la pitié, elle peut aller jusqu'à cet autre sensible qu'est l'animal.

Sur le plan pratique, peu importe le duel qui opposera l'anthropocentrisme qui refuse à l'animal la possibilité de contracter et l'anthropomorphisme qui plaque sur l'animal des catégories qui ne sont pas les siennes. Il est question d'interroger comment traduire la possibilité d'un vivre ensemble pour ces communautés hybrides qui sont les nôtres, dans lesquelles nature et histoire sont précisément mêlées. Nous savons que pour l'humain la vie ensemble n'est pas une donnée mais une tâche. En pensant des communautés hybrides, liant humains et non-humains, on donne consistance à l'idée d'un vivre ensemble élargit au problème de la coexistence des humains avec les non-humains. La question se pose parce que « nous sommes » des vivants « parmi » des vivants, rattrapés par des biopouvoirs dont hommes et animaux sont diversement les objets. Il ne s'agit pas seulement de se demander si les animaux font de la politique ou s'ils ont des droits, mais de se demander comment le politique et le social prennent-ils en compte leurs relations aux animaux, lesquels sont réduits parfois par un capitalisme industriel et une administration générale du vivant au rang de « matière première ». A l'acte de naissance de la biologie qui dit « on n'étudie pas la vie dans les laboratoires » ; à l'élevage industriel qui en prolonge le geste en disant qu'on ne reconnaît pas la vie dans les abattoirs, que répliquera-t-on? Trouvera-t-on une alternative à l'industrialisation du vivant dans les concepts de bien public mondial, de milieu ambiant, d'articulation entre justice environnementale et justice sociale, etc. c'est-à-dire dans une attention renouvelée aux relations à la vie des vivants ?

vulnérabilité

Beauté du vent sur la mer de l'eau sur la roche.
Mariage des bleus qui dessine l'horizon.
Accueillir l'écume comme le danger d'une espérance.

Il fut une époque où l'on chercha à se déprendre d'une conception abstraite de l'homme en la réintégrant dans l'histoire. Notre temps, quant à lui, le libère d'une conception autarcique au profit d'une définition plus relationnelle quant à lui-même, les autres et le monde ambiant. Ainsi en est-il du XXIe siècle eu égard du XVIIIe siècle. Ce dernier avait consommé la rupture entre un homme pensé comme une essence en se rendant attentif à un homme soumis à l'histoire. Servirent cette fin les gestes de Buffon se concentrant sur les époques du milieu naturel ; de Condillac décrivant une histoire psychologique ; de Condorcet esquissant un tableau du progrès de l'esprit humain et même d'un Rousseau attentif à la place de l'homme et des hommes dans le temps.
Le XXIe siècle donne place à une définition relationnelle de l'homme. L'humain se comprend dans cette capacité à créer des relations et de les modifier, d'en vivre mais aussi de les altérer. L'accent est alors mis sur le rôle des milieux, qu'ils soient économiques, environnementaux, sociaux. L'économiste Amartya Sen insiste sur les comportements coopératifs des agents économiques. L'écologie scientifique accentue l'approche écosystèmique découvrant les liens de solidarités entre les éléments d'un milieu. La psychologie infléchit ses analyses de l'étude de la psyché en se rendant attentive aux dimensions relationnelles ou interpsychiques par la systémie ou l'étude du transgénérationnel. La culture elle-même se pense dans ses composantes d'interactions dynamiques dans la tension entre universalisme et multiculturalisme. La philosophie sociale enfin, avec l'idée de reconnaissance, défend que le plus petit atome du social n'est pas l'intérêt individuel mais la relation.

Cette mutation anthropologique se condense en un maître mot : la vulnérabilité. La puissance de nos armes qui interviennent aujourd'hui sur les milieux (le NBC : nucléaire, bactériologique ou chimique), nos capacités technologiques qui déploient leurs effets grandeur nature en nous solidarisant à l'échelle globale, l'épuisement de nos ressources physiques et psychiques donnent jour à une conscience renouvelée de notre extrême vulnérabilité d'humain et de vivant. Dans un monde concurrentiel, la vulnérabilité était une faiblesse. Dans un monde relationnel, elle devient une disponibilité, la positivité d'une attention. Si être c'est être en relation, nous ne cessons de vivre le caractère précaire de ces relations. Se découvre alors une vulnérabilité, d'ordinaire tue par la routinisation de nos vies, qui tonalise notre être au monde. L'idée de vulnérabilité est la figure de Janus de celle d'autonomie. On aurait tord de ne la concevoir que comme son substitut. Elle affecte la compréhension que l'homme a de lui-même dans ses relations aux autres hommes et au milieu ambiant, aux non-humains.

La vulnérabilité pose qu'au commencement était la relation. Etre serait moins se poser qu'être relié, du fait de sa fragilité ou de sa précarité. L'identité relationnelle, que porte l'étymologie latine *vulnerabilis*, est la capacité à se laisser affecter par l'extériorité. La vulnérabilité est donc une donnée de l'existant. Elle est disponibilité, dès la plus ordinaire des expériences, à l'extériorité, au point de s'en trouver être blessé, éprouvée, bouleversée ou augmentée.

Les objets, les choses connaissent des dommages mais ne sont pas vulnérables. La vulnérabilité exprime une modalité d'existence en relation donnée sur le mode de l'affection. Etre affecté, par le monde ou les autres, fait prendre conscience de la fragilité du lien. Etre vulnérable revient à mesurer que nous pouvons être blessés à tous moments, rendus hypersensibles aux relations dont nous dépendons originairement pour, non seulement vivre, mais exister.

Cette attention portée à la vulnérabilité est un signe de contradiction. C'est en des temps où l'on exalte le plus l'autonomie que surgit l'appel, en raison de l'impossibilité à être absolument autonome (le handicap, le grand-âge ou la démence, les milieux faunistiques fragilisés), de la vulnérabilité. A l'idole de l'autonomie caricaturée en autarcie réplique la figure fragile de la vulnérabilité. Loi de mars 2002 sur l'autonomie du malade versus reconnaissance de la grande vulnérabilité du dément ou du polyhandicapé. Injonction à l'autonomie dans la société de la vitesse versus découverte de l'impossibilité de l'honorer dans la dépression et la fatigue d'être soi. Sollicitation de la réactivité et de l'autonomie comme compétence versus épuisement dans le *burn out*. Prédation illimitée exercée sur les milieux marins, les sols ou les sous-sols versus découverte de la vulnérabilité du milieu ambiant. Nous croyions qu'il y avait de l'illimitation – le tout est possible de l'activité technicienne – et nous apprenons qu'il y a, en raison des relations, encore et toujours, de l'irréversible et de l'imprévisible, y compris jusqu'au désastre. En somme, la vulnérabilité signe l'appel à une anthropologie de la relation alors que se déploie, avec violence une anthropologie de la prédation dans la concurrence des intérêts.

La vulnérabilité fait son entrée lorsque le culte de l'autonomie est « brisé ». Sensibilité valorisée, elle manifeste un bouleversement de la compréhension de soi. Si l'autonomie part de soi pour aller vers l'autre, la vulnérabilité part de l'autre – homme, animal, milieu naturel – pour aller vers soi. Dans l'affirmation de l'autonomie, je suis et je me sens responsable de l'autre. Avec la vulnérabilité, je suis appelé à la responsabilité par une fragilité qui m'oblige. Elle ne se définit pas à partir de soi mais à partir de l'autre, invitant à une conception renouvelée de soi dans ses relations à l'autre. Elle est disponibilité à l'autre avant les dispositifs qui disposent de l'autre. Ce qui est fragile ou précaire y est véritablement mis en valeur. La reconnaissance de la vulnérabilité est alors, bien plus qu'un mode d'existence. Elle est ouverture et disponibilité dans une expansion telle que l'attention au vulnérable (minorité, malade, vivant, milieu) engage moins au repli qu'a l'appel à une ouverture toujours plus vaste. En ce sens, penser la vulnérabilité infléchit une longue séquence – de Descartes jusqu'à Nietzsche, qui la brise, en passant par Kant – pour laquelle l'homme affirmait sa singularité dans l'autonomie. Nous sommes les héritiers des Lumières, cette pulsation historique pour laquelle l'homme ne devient homme que dans un processus d'humanisation et dont l'idéal était l'autonomie. L'autonomie y était une conquête, signe d'une émancipation à l'égard de toute forme de dépendance ou d'antécédence vécues comme aliénantes. Elle mettait l'accent sur la responsabilité individuelle, au risque de s'exalter dans le langage de l'indépendance et de se caricaturer dans l'autarcie. Se méfiant d'une exaltation de l'autonomie culminant dans l'idée d'autoengendrement, la vulnérabilité porte son attention sur ce qui relie, sur les interactions, les dépendances. Se rendre disponible à ce qui nous affecte en étant conscient de sa fragilité n'est pas un coup d'arrêt à l'autonomie. La vulnérabilité leste d'un coefficient de disponibilité à la fragilité une autonomie concentrée sur le souci de sa responsabilité. Elle n'est pas le retour à une forme d'aliénation.

La conscience d'une dépendance n'équivaut pas à la soumission d'un ordre extérieur. Elle est une disponibilité à se laisser affecter. Y fait écho le prendre soin. La vulnérabilité encourage à penser et à vivre une autonomie dans la dépendance, les deux croissants ensemble. En somme, la vulnérabilité travaille à approfondir le sens d'une appartenance, là où l'autonomie s'épelle dans une éthique de la responsabilité. La question du handicap, de la souffrance au travail et de la responsabilité environnementale deviennent alors autant de lieux où se déploie cette dialectique du « être responsable » et du « appartenir ».

Certes, il y a le risque d'un dilemme. Nous donnons une définition universelle de la vulnérabilité mais nous continuons de vivre et de nous affronter à des territorialisations de la vulnérabilité, à des interprétations partielles et partiales de son importance au nom d'intérêts restreints. Il y a de fait un paradoxe, plutôt qu'une contradiction, à attester une commune appartenance des vivants dans une vulnérabilité partagée et à découper cette communauté en des zonages, des territoires de vulnérabilités plus ou moins prioritaires. Si c'est une infamie de scinder la vulnérabilité en justifiant, par une culture de l'ennemi, qu'il y a de plus ou moins bonnes vulnérabilités; c'est aussi un problème que de céder à l'incantation d'une vulnérabilité abstraite. Entre l'indifférence eu égard à certaines vulnérabilités et l'impuissance devant une vulnérabilité généralisée, s'inventent des grammaires de la vulnérabilité. Elles déchiffrent dans l'épaisseur concrète des situations, par une attention fine, la signification singulière qu'y prend l'appel absolu de la vulnérabilité. N'est-ce pas pourquoi la vulnérabilité s'épèle et s'explicite en des vulnérabilités, prenant la forme singularisée de la fragilité, ou se décrivant, dans le langage des institutions, comme précarité ?

Si la vulnérabilité promeut une conception relationnelle de soi, elle rompt avec une conception autarcique de soi. Etre en relation est ainsi moins position de soi que déposition, susceptibilité à se laisser toucher, voire bouleverser par les réalités du monde. Se comprendre et s'éprouver comme vulnérable modifie, non passagèrement mais essentiellement la relation à soi, aux autres et à la nature dont on se voit dépendre. L'homme vulnérable, ce roseau pensant, en vient alors à se reconnaître comme un réseau sentant.

le lieu de l'éthique

A la fin des mots comme aux confins du monde
L'eau et le feu des cataractes
Eloignent les hommes qui comptent et qui mesurent.

Au printemps de l'éthique, fleurissent les comités d'éthique dans le champ hospitalier, la vallée de larmes des entreprises de pompes funèbres ou dans les pépinières d'entreprises. Inflation éthique plutôt qu'ère du vide éthique alors. Il y a de l'éthique partout. Il y a de l'éthique pour tout. Ethique des affaires, éthique bancaire, éthique de l'informatique et des libertés, éthique de l'entreprise, éthique du soin ou de l'audiovisuel. Les lieux de l'éthique se multiplient, signaux d'un pluralisme des valeurs, d'un refus de la morale normative et d'une volonté de reprise en main d'un monde dominé par la maîtrise des moyens. Fédérés, les comités d'éthiques connaissent même une forme d'institutionnalisation dans l'idée d'espace éthique régional, après celle de Comité Consultatif National d'Ethique. L'éthique bizarrement s'institutionnalise. Jusqu'au soupçon légitime de ne voir dans cette inflation éthique qu'une manière de politique continuée par d'autres moyens, l'emprise de l'évaluation, l'empire de la norme se substituant à celui de la loi sous le poids de l'idéologie éthique et du grand prêtre éthicien.
De fait, les rapports des institutions médicales, entrepreneuriales, audio-visuelles, etc. avec l'éthique sont ambigus. Prenant place dans l'institution, l'éthique pourrait être une bonne nouvelle : offrir un espace de l'Ouvert permettant la réflexion éthique là où les acteurs, réduits au rang d'agents, sont d'ordinaire pris dans la routine et les exigences techniques. Elle fournit l'opportunité d'une restauration des acteurs dans leurs capacités d'initiatives, prenant distance avec la technicisation des pratiques. Espace de l'ouvert, espace potentiel ou transitionnel, le lieu de l'éthique met du jeu dans le réel pour qu'il y ait du « je », invitant à explorer d'autres possibles, sollicitant chez les acteurs leur créativité pratique. Plus encore, le lieu de l'éthique

offrirait l'occasion d'un lieu où se poser pour se re-poser : y vivre l'épreuve de l'habiter avant celle du moraliser, dans l'étonnante jonction de l'éthique et de l'*ethos*. Pourtant, bizarrement, l'invitation à l'éthique inquiète. On la vivra alors comme un espace de la fermeture, tant les recommandations, les standards, les guides, les recommandations de bonnes pratiques paraissent normaliser, rigidifier et clore ce que l'éthique était censée ouvrir. Ouverture d'un espace-temps qui restaure les acteurs dans leur capacité de penser et de juger de façon critique, l'éthique est bien souvent l'élévation d'une nouvelle clôture : soit par son utilisation instrumentale qui devient un empire de la norme cautionnant les usages et les pratiques mises en place; soit par son usage décoratif visant à donner socialement une image de marque; soit par son utilisation stratégique captant les motivations les plus hautes des acteurs. Sachant cela, la disposition éthique parait une attention bien fragile face au poids dominant des dispositifs qui l'institutionnalisent. A quelles conditions alors le lieu de l'éthique est-il à proprement parler un lieu de l'Ouvert propice au questionnement éthique ? Entre contraintes réglementaires et inspiration de pratiques travaillant à des institutions justes, où est le lieu de l'éthique ? Plutôt que de définir l'éthique par les lieux où elle est invoquée ne faut-il pas inverser le propos est dire que le lieu de l'éthique consiste précisément à habiter le lieu, notre lieu de vie, notre site ? N'est-ce pas ce que rappelle fortement Heidegger lorsque l'*ethos*, qui signifie « séjour », « lieu d'habitation », désigne une éthique originelle, comme « la région ouverte où l'homme habite »[1] ?

La spatialisation de l'éthique, sa transcription en des lieux (Espace Ethique Régional; comités, etc.) laisse le goût amer d'un quadrillage inquiétant. La Norme y prend le relais de la Loi dirait Foucault. La structure d'un monde de comportements mis à dispositions paraît y figer l'événement d'une existence qui vise le bon et veut le bien. Mais penser le lien de l'éthique et du lieu ou du milieu comme le suggère Heidegger n'invite-t-il pas toutefois à d'autres

1. M. Heidegger, *Lettre sur l'humanisme*, [1946], trad. R. Munier, Aubier-Montaigne, 1983, p. 145.

interprétations possibles ? Dans le contexte d'un pluralisme culturel, l'effacement de « bonnes mœurs » partagées – nous n'avons plus les mêmes valeurs – pourrait certes encourager l'idée que l'éthique que l'on invoque n'est en fait, au sens pauvre, qu'un nouvel *ethos*, un dispositif servant le maintien d'une posture normée, un semblant de civilité, de « bonnes mœurs ». L'*ethos*, entendu comme ensemble de mœurs relativement stabilisées en raison d'habitudes de vie, rappelle en ce sens qu'il n'y a pas d'éthique sans éthologie. Cela n'est pas rien. L'*ethos*, s'il ne nous moralise, du moins nous civilise. Mais l'éthique bien souvent se caricature en étiquette. Ne doit-on pas, alors, aller plus loin ? L'appel à l'éthique n'est-il pas aussi la conséquence urgente d'un retour sur une considération des fins de l'agir dans le contexte d'une hypertrophie des moyens et de la rationalité instrumentale ? N'a-t-il pas pour enjeu de restaurer la capacité de jugement et d'évaluation des sujets en venant solliciter leur désir de la vie bonne, insistance éthique qui augure de prochaines résistances ? Au-delà de sa fixation dans des protocoles, l'éthique n'est-elle pas d'abord un processus qui restaure la capacité d'initiative des acteurs en pluralisant les interprétations qu'ils donnent aux motivations de leurs actions et en s'attachant au sens qu'ils donnent au là de leur être-là ? De telles questions nous conduisent de l'*ethos* compris comme ensemble de bonnes mœurs à l'*ethos* entendu, étymologiquement comme lieu du séjour, comme manière d'habiter ce monde et le reconnaître comme nôtre. Alors, l'éthique signifie, sans discours moralisant de surplomb et avant la formulation de maximes et de règles :

> « ici aussi » ... en cet endroit sans prétention, où chaque chose et chaque situation, chaque action et chaque pensée sont familières et courantes, c'est-à-dire accoutumées, « en cet endroit même », en ce monde accoutumé, c'est bien là que « les dieux sont présents » [1].

L'*ethos* insisterait alors pour dire qu'avant toute prescription pour un milieu, l'éthique est d'abord l'expression d'une inscription dans un site.

1. *Ibid.*, p. 151.

Une telle hypothèse exige pourtant la prudence. Loin d'être une bonne nouvelle – la prise en compte de la capacité de juger de façon lucide d'acteurs restaurés dans leurs capacités d'initiative car reconnus en leurs lieux –, l'omniprésence du discours éthique et de ses institutions peut bien n'être qu'un masque de manipulation. En effet, bien loin de contribuer à l'amélioration effective de l'autonomie et des capacités des acteurs, l'appel à l'éthique produit, bien souvent, une sphère de représentations qui rendent vivable l'inscription dans un système sans remettre en cause ce que ce dernier peut avoir de violent. L'objection est massive : l'appel à l'éthique renarcissiserait les acteurs sans leur donner les moyens de s'autonomiser effectivement; elle pourrait les individualiser (responsabilisation; culture du résultat) sans vraiment les individuer (subjectivation, reconnaissance et estime sociale). En ce sens l'utilisation de l'éthique étendrait le règne général de la manipulation aux mobiles internes des acteurs. En encourageant un rapport à soi spécifique – la prise en compte des mobiles, motifs et valeurs –, elle inviterait les acteurs à assumer de leur plein gré des activités, des tâches ou des projets qui les lamineraient. Elle rendrait supportable les situations en sollicitant la dimension motivationnelle des acteurs mais ne les supporterait pas dans leurs luttes, leurs conflictualités, leurs combats contre ce qui les humilie, les méprise, les normalise. Mot-valise, sur l'éthique invoquée se condenserait des enjeux divers et autres que l'on finit par avoir du mal à démêler, si l'on pense aux enjeux déontologiques et juridiques, syndicaux, sociaux ou politiques. Bref, il y a une idéologie éthique à démasquer avant de pouvoir parler du tiers lieu de l'éthique comme lieu d'exploration et d'appropriation des possibles, comme lieu capacitant.

Parler d'idéologie éthique consiste à dire que cette dernière en arrive à servir une vaste entreprise de normalisation par laquelle, à force de sommations réitérées par les chartes, les « il faut agir éthique », etc., l'individu se voit intégrer, sinon intérioriser les attentes d'un système établi, qui norme ses conduites. Il apparaît alors que le lieu de l'éthique est bien souvent un point aveugle. Avant l'émancipation, l'éthique peut servir une forme subtile de la domination par la réglementation, la charte ou la discipline des mœurs. On pense à la

cage d'acier dont parlait Max Weber et pour lequel si l'éthique animait la vocation professionnelle du puritain, elle est devenue une contrainte fonctionnelle administrant les comportements de la grande machinerie sociale. Cette objection paraîtra étrange qui réduit l'éthique à l'étiquette. Car l'éthique n'encourage-t-elle pas plutôt une compréhension de soi et une pratique de soi valorisante? N'exige-t-elle pas d'élucider pour soi quelle est la visée de son action, voire l'aspiration à être qui tonalise son existence, demandant que faire pour faire le bien en contexte; quel genre d'homme ou de femme j'aspire à être? L'objection est toutefois légitime. L'invocation éthique sert des formes de domination et de soumission d'autant plus insidieuses qu'elles sollicitent le for interne des agents en leurs positionnements et leurs visées, pour mieux les manipuler. Il n'est pas nouveau que l'on valorise pour dominer. Hier « la morale » des bonnes mœurs pouvait cautionner l'élaboration d'une manière de soi parfaitement insérée dans un système social qu'elle justifiait sans la remettre en cause : le don de soi jusqu'au sacrifice de la bonne mère; l'engagement jusqu'au sacrifice héroïque du soldat; l'encouragement élogieux du travailleur docile. Aujourd'hui, l'éthique peut, de même, encourager la stimulation d'une disposition motivationnelle – l'estime de soi, l'appel au don, l'éveil des aspirations à être, la sollicitation du désir de la vie bonne – pour balayer toutes résistances devant les tâches à effectuer; notamment en court-circuitant ces autres lieux d'exercices de la responsabilité et ces autres formes de discussion et de conflictualité que sont la lutte syndicale, la défense et la promotion des droits, la tâche d'inventer des institutions justes, etc.
Si l'inflation éthique a remporté le succès que l'on sait, c'est qu'il y a plusieurs bénéfices institutionnels à en retirer. L'éthique vient chercher chez le sujet ce qui le fait le plus lui-même. Ce faisant, elle parait accentuer sa dimension d'irremplaçable dans des dispositifs qui ne cessent de dire que personne n'est indispensable. Cette valorisation de l'individualisation exprime positivement la singularité d'un homme ou d'une femme, offrant une formule de reconnaissance (bénéfices affectifs secondaires ou « symboliques ») y compris dans des dispositifs qui, eux, peuvent n'être pas du tout reconnaissants. Cette sollicitation se caricature lorsqu'elle se fait captation des

motivations, opérant alors comme un processus d'abréaction par lequel chacun libère ses motivations et démotivations, sans que ceci n'invite pour autant à passer aux réformes. La restauration du soi, dans un centrement sur le soi (le coaching), sert ainsi de rempart prémunissant d'avoir à réformer le monde commun. Le second bénéfice tient à ce que l'appel à l'éthique est à lui seul valorisant. Le mot d'éthique condense sur lui une autorité naturelle, le prestige de l'ancestralité propre à la réflexion antique – l'éthique est grecque, forcément grecque ! – qui drape du sérieux de la sagesse. Ceci d'autant plus lorsque l'éthique parait exprimer avec justesse les acteurs dans leurs vertus (courage, sérieux, efficacité, probité, etc.) et leurs capacités. Le troisième bénéfice tient au fait que l'appel à l'éthique porte en lui un goût d'émancipation ; semble porteur d'une vertu critique à l'égard d'un monde ancien – l'ordre moral –. L'éthique serait une morale qui ne ferait pas la morale. Elle renouvellerait, dans la sémantique de la souplesse, une problématique de l'agir que la morale aurait épuisée par la rigidité de ses principes. Vocabulaire en phase avec l'époque, l'éthique tire sa crédibilité de ce qu'elle situe les acteurs dans un mouvement dont on peut croire qu'il est un progrès puisqu'il prend ses distances avec les valeurs d'un monde passé, jugé dépassé. Aussi, en adjoignant à cette éthique le qualificatif d'« appliquée » on s'assure d'une attention aux contextes de mise en œuvre gage de réalisme, mais qui pourrait bien n'être qu'une manière de cautionner des contextes d'actions qu'elle ne ferait que décrire. Enfin, l'incantation éthique qui donne de la valeur à la réalité et aux conduites qu'elle aborde, opère une forme de différenciation qualitative qui sort de l'anonymat et des approches quantitatives, et fait d'elle ce que le sociologue appellerait « un signe de distinction » dans l'affirmation « c'est ou ça n'est pas éthique ».

Ce discours du soupçon, nécessaire, ne dit pas tout. Il tranche sans doute trop vite. La vague éthique n'est pas qu'une éthique vague. Elle signale un déplacement et marque une ligne de faille où les sujets revendiquent leur intériorité et leurs capacités critiques (« être en accord avec ses valeurs » ; concilier critique et loyauté) dans des contextes qui les assujettissent. Ensuite, et quoi qu'on en ait,

l'éthique est tout sauf un outillage. Elle n'est pas une technologie supplémentaire – même si on instrumentalise l'éthique pour en faire une figure de l'expertise avec l'éthicien – posant, précisément, que les authentiques problèmes humains ne sont jamais uniquement que des problèmes techniques. Le lieu de l'éthique est alors là qui consiste à faire émerger, au cœur de la pensée fabricatrice et outillée, la possibilité d'interrogations et de mobilisations sur ces obstinations durables qui nous taraudent, nous hantent et nous indignent. Il est le lieu d'explicitation de ces aspirations qui mettent en mouvement, l'espace-temps de formulation de ce désir d'être qui nous anime. Lieu intime d'une intériorité qui explore ses capacités, l'éthique n'est pas du côté de la rigidité générale des principes mais du côté d'un sens aiguisé du singulier, maintenant vive l'imagination du semblable qui vient trouver l'unique sous le stéréotype, le cas ou la généralité. L'éthique est en nous la manifestation originaire d'une aspiration à être. Elle est la vie en nous qui reconnaît la vie dans notre vie; qui s'étonne et s'exclame de ce qui la rend méconnaissable. Par là, elle nous augmente et nous intensifie, là où sa caricature n'en fait qu'un régime disciplinaire et un détournement de soi. Le discours du soupçon a pour défaut enfin d'aborder l'éthique comme un dispositif de pouvoir et de domination, comme une batterie instrumentant le social, négligeant le fait qu'il n'y a pas d'éthique s'il n'y a pas un sujet qui dit et accueille la question « quel « je », je cherche à être? » Les lignes de forces de l'éthique ne se tiennent pas en extériorité mais viennent bien sourdre de l'expérience vivante du sujet moral, dans ses sentiments – l'indignation, la violation, la joie – qui manifestent son aspiration à être et s'épèlent dans un devoir être. L'éthique vient nous trouver parce que le sujet, acceptant de faire place à sa petite musique intérieure, en vient à se trouver. « La morale, ce n'est jamais pour mon voisin » disait Alain.
En ce sens, l'éthique est bien émancipatrice et libératrice. Le sujet, lorsqu'il ouvre la disponibilité à cette voix intérieure, tente de coïncider, non sans conflits, avec son aspiration à être, et de ce fait, restaure sa capacité de juger et de s'orienter dans l'action en vue d'une vie bonne et ajustée.

> L'éthique veut nous rendre à notre condition métaphysique. C'est-à-dire faire en sorte – c'est chrétien, mais cela pourrait être nietzschéen – que le vivant, au lieu de retomber dans sa condition circonscrite et limitée, éprouve la vie en lui, dans une ... intensification radicale de la vie. Voilà ce que vise à susciter l'éthique. [...] Au fur et à mesure que l'homme ne s'attache plus qu'aux choses matérielles et à leurs contingences, il est sans cesse détourné de son lien véritable. Mais il peut le revivre, non pas par une réflexion intellectuelle, mais probablement dans des expériences pures qui sont pathiques. L'éthique vise à provoquer des expériences de ce genre, à nous mettre dans des conditions où, au lieu de vivre d'une vie perdue dans le souci du monde, nous revivons intérieurement ce lien radical[1].

En plus de l'*ethos* concentré sur les mœurs dans le convenable, et l'éthique entendue comme visée de la vie bonne préparant l'entrée dans l'empire des normes et au vivre selon le bien, l'éthique a aussi une portée ontologique. Elle est aspiration à être en nous qui dit : « choisis la vie dans ta vie ». Une des leçons de la psychanalyse est d'avoir pointé le soubassement émotionnel de l'éthique rationnelle. En dévoilant les dessous de l'éthique, au-delà du seul soupçon, elle découvre que sous la recherche du bien et le refus du mal, se tient l'épreuve d'un « se sentir vivant », d'un « choisir de vivre ». Mais alors, si je choisis la vie, à quel niveau vais-je choisir de vivre ?

De l'éthique que l'on invoque à l'éthique que l'on convoque, il y a donc un pas à franchir. Invoquée, l'éthique pourrait n'être que la forme figée d'un protocole : recommandations pratiques, chartes, certifications, normalisations et accréditation, évaluations quantitatives. Convoquée, elle est la force dynamisante d'un processus : appel à être, visée habitée par une vision ou une aspiration ; aiguillon critique qui suscite en nous nos énergies vitales.

S'il n'est pas un prétexte, le lieu de l'éthique déploie donc un temps du jugement en plus d'un espace de la discussion. Il est fondamentalement un espace transitionnel où l'épreuve du décider ne se

1. M. Henry, « Art et phénoménologie de la vie » dans *Auto-donation. Entretiens et conférences*, Paris, Beauchesne, 2004, p. 210.

résume pas à la preuve du déduire, mobilisant des enjeux de formation humaine. L'éthique requalifie la rationalité des fins dans un contexte de civilisation technologique dominé par la rationalité des moyens. Mais comment le fait-elle? Un des traits de la civilisation technologique tient à la production d'un contexte d'agir investi et structuré par une forme d'« hypertélie » dirait Simondon. Celle-ci lisse et normalise les conduites, donnant aux agitations qu'elles sollicitent, aux incitations motrices qu'elle suscite l'impression d'être des actions. Outillages et institutions y sont coordonnés en un monde technicien marqué par le souci du planifié, du prévisible, qui prépare l'appel au recommandable. L'interface informatique en est la servante matérielle et l'institutionnalisation de l'éthique pourrait en être la caution « spirituelle ». Pris dans de tels contextes – la machine à guérir pour le soignant; la machine à nourrir pour l'agriculteur; la « machine à sou » pour l'entreprise cotée en bourse – l'activité devient le mime de l'action, et la réactivité la caricature de l'acte.

Quelle formation humaine prépare à vivre et agir dans ces situations? Les formations initiales techniques dispensent une expertise de ces contextes au service d'une grande virtuosité dans la maîtrise des moyens, mais sans toujours encourager une interrogation distanciée sur les effets relationnels et sociaux de ces moyens. Le moment éthique peut être conçu, alors, comme ce suspens de la réactivité qui cloisonne la réflexion, laissant à chacun, intérieurement, la possibilité de goûter la signification et la valeur de sa présence agissante au monde et extérieurement d'expliciter ce qui l'y mobilise, dans la pluralité de ses motifs. Epreuve pluridimensionnelle de soi, l'épreuve éthique est épreuve du *telos* qui réplique à l'hypertélie technologique qui unidimensionnalise. Puissance de surrection en soi, l'éthique prépare de possibles insurrections.

Epreuve de la vie qui reconnaît la vie en nous, l'éthique n'est pas qu'expérience intérieure de la liberté. Si elle renvoie chacun à sa créativité personnelle dans ses capacités à ouvrir des possibles (imagination éthique), à viser et à opter – optique, elle est aussi option pratique – elle questionne quels contextes institutionnels rendent possible son déploiement, convoquant de ce fait une créativité institutionnelle. Le laboratoire de l'action n'est précisément pas l'action conçue en laboratoire. C'est pourquoi l'éthique rappelle aux théoriciens du choix rationnels, qu'il y a dans la réalisation de l'action un élément qui fait défaut aux projets les plus minutieusement conçus. Dans l'action, l'homme éprouve que la généralité de sa pensée se fait pénétration de la singularité des situations. Dans un service, une semaine hebdomadaire de travail, l'enchaînement planifié d'une journée, l'institutionnalisation du lieu de l'éthique inaugure une fracture temporelle, laissant à l'exigence éthique la chance de sa percée. Temps d'arrêt, cette respiration – attachée à la relecture d'une journée dans le moment des transmissions; à l'analyse de la pratique et au retour sur les décisions prises dans des temps de délibération; à l'engagement dans l'action; à une forme d'anamnèse relative à ce qui a été fait mais aussi d'anticipation de ce qui est à venir dans la créativité de scénarios – est une inspiration de la puissance personnelle en ses pouvoirs de pouvoir. Par là, le moment éthique revitalise et dynamise les automatisations et les routinisations. L'éthique est ainsi épreuve de soi qui désengage de ce qui paralyse extérieurement en sollicitant ce qui mobilise intérieurement.

Mais au sein de ces dispositifs de coactions que sont devenues nos organisations rationnelles et spécialisées du travail ou des activités, le questionnement éthique a besoin du soutien des institutions. Non pas pour s'y figer mais pour maintenir des espaces permettant aux acteurs, sans cesse détournés de leurs liens véritables avec ce qu'ils sont en propre par des activités et des manipulations d'étants, de répondre présents au présent de leur monde. C'est une telle créativité institutionnelle propre au lieu de l'éthique qu'encourage l'éthique dite appliquée : maintenir ouverts aux dispositions intérieures, des dispositifs toujours tentés, au nom de la sécurisation et de la rationalisation, de refermer, d'enfermer, de contrôler et de maîtriser jusqu'à dévitaliser. Ce n'est pas être lyrique que de le dire. Il suffit de penser au décalage existant, dans les institutions, entre la formation humaine des personnels les plus anciens, souvent moins experts que les plus jeunes collaborateurs mais pas moins compétents pour en comprendre l'enjeu. La compétence professionnelle, au-delà de l'expertise, est engagée dans la liberté de jugement, dans la capacité à mettre du jeu dans les dispositifs en réintroduisant un questionnement sur la finalité. C'est pourquoi ces groupes de travail en institutions, que le milieu médico-social nomme « groupes d'analyses de la pratique » par exemple, sont vitaux. Sur ce point, est géniale l'intuition des conventions collectives qui ont instauré, dans le temps de l'action professionnelle, un espace-temps pour l'anamnèse et l'anticipation; pour mettre en travail la mémoire et l'imagination. Rupture temporelle, l'analyse de la pratique vient trouver les dispositions de l'acteur sous les dispositifs qui font de lui un agent. C'est dans ce type d'espace-temps qu'est le groupe d'analyse de la pratique que s'instaure un point de conversion entre la morale minimale concentrées sur les principes et la morale maximale attachée à l'épaisseur des contextes; entre la morale fine (*thin*) et la morale épaisse (*thick*) comme dirait Michael Walzer. Espace de l'Ouvert, le groupe d'analyse de la pratique vient tempérer et ralentir des contextes menacés par la tyrannie de l'urgence et l'insomnie de la répétition.

Le lieu de l'éthique est une « oasis de décélération », espace-temps mental et institutionnel où il est possible de pluraliser les possibles dans l'anticipation de scénarios exploratoires; où on ose la créativité éthique en ne réduisant pas le décider à un déduire; où choisir ne se résume pas à l'application de normes ou au déroulement d'un code enfermant dans l'alternative faire-ne pas faire mais ouvert à des variations imaginatives (se souvenir, laisser et faire résonner les sentiments engagés dans les décisions prises, simuler, improviser, innover).

Toute pratique est traduite dans un *ethos* qui fait que le bien visé lui est lié, ce dernier condensant une histoire de l'élucidation du bien faire dans la mémoire pratique des acteurs. Cet *ethos* stylise un service de soins, une équipe d'acteurs; il cultive une manière de faire. Il s'agit donc de ne pas aller trop vite dans l'affirmation que l'éthique des comités d'éthique n'est qu'une éthique de la discussion. L'accord sur les conditions formelles de la discussion, qui exige un certain nombre de règles de discussion et d'argumentations dans le cadre d'une pragmatique du langage, ne fait pas tout. L'éthique n'est pas toute entière résumée dans la discussion. Elle est en amont, dans les traditions et la mémoire pratique des acteurs, car si la discussion se concentre sur le discontinu d'une décision ou d'un choix, l'éthique inscrit cette discontinuité dans la continuité d'une histoire de vie. Elle est aussi, au présent, l'accueil de ces raisons d'agir qui ne sont pas toutes des raisons : émotions et sentiments (colère, indignation, embarras, honte, joie, tristesse, etc.); jugements plus ou moins hâtifs; images. Elle se déploie également, en plus de l'argumentation, dans le silence. Avant ou pendant la discussion, il y a la force majeure du silence des acteurs dont on doit approfondir le sens, parce que se taire c'est aussi s'intensifier. Ce faisant, cette attention au silence ou à la perplexité des acteurs est aussi une façon de se méfier du caractère abstrait des principes et de tenir compte du caractère concrétisant et charnel des milieux.

Figure spatiale, le lieu de l'éthique est également une expérience du temps au cours de laquelle, par la lutte, la négociation, la mémoire des décisions prises, la hantise des erreurs et la constance de certaines obstinations, une identité personnelle, un service, une équipe élucident progressivement les valeurs auxquelles se reconnaître et explicitent le sens de l'universel qui les habite dans l'ici et maintenant des contextes. De cette façon, le lieu de l'éthique est une façon de ne pas céder à une forme de sur-responsabilité et de se prémunir de cette idéalisation qui ferait de l'agir éthique un idéal inaccessible et épuisant, n'ignorant pas que

> la personne qui agit et juge moralement doit, de manière indépendante, s'approprier, réélaborer et faire passer dans la pratique ce savoir. Elle se trouve donc sous le poids d'exigences inouies, qu'elles soient a) cognitives, b) motivationnelles ou c) organisationnelles, dont elle est délestée en tant que personne juridique [1].

Où est le lieu de l'éthique alors? On répondra de trois façons à cette question. Si l'on se contente d'identifier des lieux spécialisés à instrumenter : il sera le lieu où évolue cet étrange expert qu'est

1. J. Habermas, *Droit et Démocratie. Entre faits et normes* (1992), trad. R. Rochlitz et C. Bouchindhomme, Paris, Gallimard, 1997, p. 131. L'auteur souligne.

l'éthicien tenté de réduire l'éthique à de la procédure. Si l'on est attentif à la saturation des lieux par des logiques instrumentales, le lieu de l'éthique est un ilot de décélération où se laisse poindre la force d'une visée. Cet ilot apparaît à chaque fois que sont laissées aux acteurs les capacités et les compétences d'arbitrer leurs pratiques. Il s'installe dans ces temps interstitiels, ou ces espaces instaurés sans être dédiés, restaurant chacun en sa capacité de juger. Si l'on se rend attentif, enfin, à ce qui a lieu dans ce lieu reconnu comme lieu de notre séjour, l'éthique est le haut lieu de la présence de soi au monde. Il est moins un lieu spécifique qu'un processus qui déploie le là de notre être là sur la Terre. A un habitat rattrapé par le goût de la structure, l'éthique laisse sa chance à l'événement d'une action prometteuse.

la marche

J'ai entendu après une nuit de givre le silence des fleurs.
Alors je me suis tu.

Il n'y a pas plus éphémère qu'un pas ou qu'une promenade. Pourtant on se souvient encore de ces longues marches que faisait Jean-Jacques Rousseau. Trois cent ans après, on célèbre toujours les *Rêveries du promeneur solitaire*. Non pour le spectaculaire, ça paraîtrait plutôt ridicule, tant marcher est prosaïque. Ni même pour l'intrigue, bien que l'archéologue sache combien est difficile à faire l'archéologie des chemins. Mais parce que la promenade est une petite célébration ordinaire de notre être sur la Terre. En effet, l'insolite idée vînt à Jean-Jacques d'ériger la promenade en art de l'éphémère, de faire un éloge de la marche. Elle portait par avance le sens singulier que nous donnons aujourd'hui à de nouvelles noces avec la Terre.
Singulière rencontre en effet, entre le geste de Rousseau et la préoccupation environnementale contemporaine. Cette dernière leste du poids que donne la conscience d'une responsabilité nouvelle à l'égard de la nature, un geste que l'on moquait, il y a peu, comme manifestation d'un romantisme fleur bleue. Nécessaire concordance des temps également entre le land art, l'esthétique du paysage, un portrait de la nature en première personne dans la poétique de l'arbre ou bien l'herbier – littéralement un livre de nature – et le philosophe-promeneur cultivant et épelant comme étant à chaque fois décisives les minuscules connexions de l'histoire de l'homme et de celle de la nature. Herboriser – puisque Rousseau herborise – va au travers du plaisant des cueillettes de plantes rares; au-delà de la passion intellectuelle de l'inventaire et du goût pour les classifications systématiques de la nature.
Herboriser constitue un musée imaginaire fait d'images ressources. Y importe moins la collection de plantes exemplaires que la connexion symbolique qu'à chaque fois, singulièrement et uniquement, une plante, un site naturel, une forêt, un pays révèlent jusqu'à nous

réjouir et nous augmenter intérieurement. Pour qui herborise, il n'y a pas de mauvaise herbe. Et la promenade devient, par exemple, la rencontre joyeuse de la *Picris hieracioïdes*. Cette joie singulière va au-delà de la connaissance experte du naturaliste qui jouit de ce qu'il identifie. Elle est reconnaissance de la vitalité exploratoire du vivant dans la diversité de ses variétés. La valorisation vive de ces créatures du silence que sont les plantes goute une vitalité première qui n'est pas rien. La vie y reconnaît la vie, cette insouciante qualité du vivre et cette innocence impensée au présent procurant un bonheur d'admiration.

On demandera : qu'est-ce qui, d'une promenade, mérite qu'on s'en souvienne? Mais de quoi nos souvenirs de nature sont-ils fait si ce n'est d'images ressources qu'une promenade nous a permis de cueillir pour nous recueillir? Si l'on se souvient des promenades de Rousseau, c'est qu'elles expriment une expérience vécue de l'homme traversant l'espace de nature et qui, ce faisant, est travaillé par lui. A l'heure où l'on gère la nature dans des trames vertes ou bleues, la promenade, elle, trame l'humain avec les milieux humains et non humains.

Rêverie de promeneur solitaire alors. La rêverie n'est pas la rêvasserie fatiguée, inattentive ou distraite. Elle n'est pas non plus le repli chimérique dans la nostalgie d'un paradis perdu. La rêverie cultive une disponibilité poétique à la présence du monde où se noue l'homme à la Terre. Elle est moins déni du monde que manière d'être au monde, intensifiant la portée de ces expérience qui nourrissent et épèlent ces capillarités secrètes qui nous rendent bientôt sensibles aux herbes des champs et aux oiseaux du ciel. En ce sens, rêver n'est pas fuir mais s'approfondir. Servira cette rêverie active, un exercice de soi qui noue à la chair du monde : la promenade. S'exercer ne signifiera pas faire de l'exercice, dans un souci hygiéniste ou diététique, mais s'éprouver charnellement comme étant de la Terre.
La promenade n'est donc pas le déplacement qui fonctionnalise le rapport au pays traversé dans une géométrie réduisant l'espace à une étendue. Le déplacement cherche à optimiser un parcours, voulant

rejoindre le plus vite un point à un autre dans une fascination pour la droite indifférente au milieu. Rapidité, efficacité, optimisation. La promenade ne sollicite pas plus l'effort et la performance volontaire du *tracking* qui jouit et s'exalte de l'enfilade des dénivelés. Le déplacement savoure les droites et le tracker les verticales. La promenade leur opposera la spirale. Déambulation spirallée, rythme oscillant entre le concentrique qui ramène à soi et l'excentricité du détour, la promenade cultive la divagation et de la désorientation.

La promenade modifie l'ensemble de la motricité. Elle donne d'habiter autrement le corps en son rythme. Elle libère de l'intentionnalité unidirectionnelle du déplacement au profit de la déroute d'un espace non délimité. Elle stimule le vertige revigorant du détour et du labyrinthe en se laissant aller à la vitalité ingérable des milieux, des sols et des surprises vitales dans une sorte de sentir participatif. Elle vit la joie d'habiter la Terre.

Il nous faut donc apprendre à marcher, à assurer notre pas après nous être mis à l'école de la poétique du pas. Théodore Monod, l'arpenteur des déserts; Jean Giono le coureur de la montagne de Lure; Thoreau le sage de *Walden* passionné de la sauvage, épaisse et bruissante forêt, et le promeneur solitaire qu'était Rousseau habitent encore nos mémoires de cette poétique. Durables parce que sensibles, leurs traces travaillent plus profond en nous que le calcul de nos empreintes écologiques. Ces traces ne sont pas des foulées. Une marche est une modalité de la présence. Elle signe notre ancrage corporel dans le monde. Elle n'est pas faite d'une suite de pas qui se mesurent en pieds, en lieues ou en kilomètres dans la métrique du podomètre. Elle n'est pas une succession d'intervalles mais l'épreuve d'une tension du corps dans l'espace. Imprévisible, vibrante, retrouvant la surprise du pas, la marche est un événement. Eloge de la marche, la promenade sera une prose du sol, si la danse en est la poésie!

La promenade signale donc que l'espace que l'on traverse est un espace qui nous traverse: trajectivité, écoumène dirait Augustin Berque. Au déplacement qui ne connaît l'environnement qu'en fonction des intérêts particuliers utilitaires et à la science qui ne regarde la nature qu'à partir du langage des lois universelles et homogènes – la nature mise en nombres –, entre le particulier et l'universel, la promenade parle de l'environnement dans le singulier d'un style. On ne vit plus l'île Saint-Pierre de la même façon après les rêveries du solitaire. On ne regarde plus les nymphéas ou la Sainte-Victoire de la même manière après que le pinceau du peintre nous ait guidé jusqu'au nœud qui lie notre chair à la chair de la Terre. La forêt, l'arbre, tel grand pin y deviennent des compagnons qui questionnent nos enracinements et nos aspirations sous la plume du romancier.

Ainsi la promenade fait avec le corps marchant ce que le peintre trace avec son pinceau ou le dessinateur avec sa pointe. Elle suit la fibre singulière, la veine vibrante qui donne d'éprouver l'entrelacs sensible du corps avec la texture épaisse du monde qui est, pour nous, toujours un lieu. Elle nous donne non la preuve physique mais l'épreuve sensible que nous sommes de la Terre. On comprendra alors que le land art d'un Richard Long puisse ainsi faire l'éloge de la longue marche considérée comme un des beaux arts.

La Terre que chante le poète, le peintre ou le vidéaste n'est pas l'objet de l'astronome, une planète. Elle n'est pas plus celle de l'agronome qui en analyse les différentes compositions chimiques dans ses études pédologiques. Elle est encore moins cette expression d'une idéologie du sol qui faisait dire à Pétain que « La Terre ne ment pas ». La Terre sert à dire autre chose qu'un objet physique, astrophysique ou idéologique. La Terre est une figure mythique, expression symbolique par laquelle l'homme tente de dire et de déchiffrer l'opacité de son enracinement charnel dans le monde.

Parler de la Terre en tant que Terre dépasse l'objectivisme et le subjectivisme. C'est là ce qu'engagent l'éloge de la marche et la poésie des détours spatiaux. Elles dénoncent l'idée que la nature ne serait qu'une réalité extérieure à nous, objectivable, observable, à dominer ou à préserver. On pense au marcheur cartésien perdu en forêt pour laquelle être perdu n'est pas une expérience de désorientation spatiale qui engage une réponse charnelle mais un problème de géométrie qui attend une solution. Mais elles se déprennent aussi d'une nature prétexte à des projections subjectives, reflet des états d'âme et qui nous fait forte impression. On pense à cette nature-temple où de vivants piliers laissent parfois mugir de confuses paroles. Ni carrière ni sanctuaire, la Terre renoue, sans l'y fondre, l'appartenance de l'homme au milieu. Pour elle, jamais, la nature ne peut être une nature morte !

vivre ensemble

Col.
Les vents s'engouffrent sous la peau
Un versant de pétales descend la crête
Au nord du sentier la cime effraie les hommes.

On ne dit plus bien commun, cela sonne trop chrétien. On a du mal à dire intérêt général, cela heurte l'individualisme. Alors on dit vivre ensemble. Plus modeste, moins idéologique, cette expression fait de la politique sans sa politisation. Elle prend l'habit d'une formule sociologique tenant lieu de philosophie politique. Pour avoir trop attendu du politique dans le siècle précédent, on n'ose guère en attendre dans notre siècle qui nait. Parce que les rêves et les révolutions du XXe siècle de vivre une unité totale, de réaliser une communauté absolue ont viré en cauchemars et en terreurs totalitaires, nous vivons un désenchantement du rapport au politique. D'enthousiastes à l'égard de lendemains qui chantent, nous sommes devenus a priori sceptiques eu égard aux promesses de la politique. Ayant encore en mémoire les figures de la terreur, nous passons, du constat qu'il y a un « maléfice de la vie à plusieurs » comme disait Merleau-Ponty vers l'affirmation qu'il s'agirait là surtout d'une malédiction. La politique en est alors réduite à n'être envisagée que comme un mal nécessaire, appauvrie et ramenée au rang d'une technique d'accompagnement : gestion des affaires publiques ou technocratie.

Pourtant le maléfice n'est pas la malédiction. Certes il s'agit bien, encore et toujours, de la question du mal en politique, et de l'oblicité de l'agir politique. Mais la malédiction pense le mal dans les mots de la prédestination, voire du légendaire donnant à se résigner au politique. Le maléfice tient en ceci qu'exposé au fait d'agir à plusieurs nous sommes au bout du compte toujours dépossédés du sens de nos choix et de nos décisions. C'est pourquoi parler de maléfice insiste sur une contingence historique difficile à assumer mais assumée

tout de même, non dans la résignation mais dans une forme du consentement.
Si on craint l'utopie tout autant que l'idéologie, on ne peut confondre leurs dérives pathologiques avec leurs forces agissantes. En effet, on suspecte aujourd'hui la domination d'une idéologie dont on meurt, présente dans la naturalisation des lois du monde par l'économisme ; active dans la figure d'un capitalisme financier se présentant comme un nouveau destin. Même si parler de totalitarisme économique est un coup de force, nous voyons bien que l'anthropologie utilitariste qui ne nous pense qu'à travers la concurrence des intérêts égoïstes nous fait mourir alors que nous aspirons à une anthropologie du lien. C'est aussi que l'intensification des réseaux qui nous relient ne font pas à eux seuls des solidarités, et que les technologies de l'information – Internet, Facebook, SMS (short message system) – censées accroître les échanges, si elles augmentent le nombre des interactions n'en approfondissent pas nécessairement la portée relationnelle. C'est enfin que la conscience d'un pluralisme des manières de faire monde et de faire société s'impose à nous depuis que la grande mobilité humaine engagée dans les migrations planétaires rétrécissent la Terre à l'échelle d'un village. Ces fragilisations des manières traditionnelles de faire monde inquiètent, et l'on se rassure en des replis traditionnels, régionalistes, nationalistes ou dans un pathos de l'ancestral. Elles stimulent aussi. Alors, on s'essaye à des variations plus modestes, sur le thème du vivre ensemble. Tandis que les derniers enthousiasmes politiques expirent, le vivre ensemble aspire. Le vivre ensemble est la formulation contemporaine de l'enjeu politique pour les Modernes. Il tient au fait que la question des pays à forte dimension communautaire est devenue la nôtre à l'échelle planétaire. Nous vivons des mobilités géographiques volontaires ou forcées, des métissages culturels, des rencontres globales à une échelle inédite en même temps que l'épuisement des ressources naturelles nous fait vivre une solidarité de fait autour de problèmes partagés (changement des climats, partage des biens publics mondiaux). Nous nous savons vivre en régime pluraliste dans une nouvelle actualité de la dialectique de l'un et du multiple, ou pour le dire moins abstraitement une tension de l'universel et de l'historique. Vivre ensemble s'y découvre

et s'y rappelle non comme une donnée de la nature, mais comme une tâche à résoudre.

L'unité du vivre ensemble n'est pas une donnée de la nature. Elle est une conquête qui épèle et explicite le sens d'une appartenance à un monde commun. Il ne s'agit ni de céder aux sirènes totalitaires, ni de concéder à la tyrannie du capitalisme financier, ni de s'enfermer dans l'étroitesse du communautaire mais de trouver le goût de vivre ensemble. Comment peut-on faire société? Simple, la question est difficile parce qu'un assemblage d'histoires individuelles ne fait pas une assemblée, pas plus qu'une communauté ne fait encore une société. Il suffit de se tourner du côté des mondes animaux pour, déjà, en être et troublé et assuré. Une petite phénoménologie des interactions sociales entre animaux rend sensible à cette complexité de l'être ensemble, tant une intense sociabilité s'y déploie. Meute de loups, horde de cervidés, banc de poissons, nuée d'insectes, colonies de macareux, troupeau de bisons, l'expriment fortement : le vivant vit sous le signe du lien. Et l'éthologie d'un Konrad Lorenz distinguant entre la bande anonyme (la nuée de moineaux), la société sans amours (le couple éphémère de lézards) et les grandes communautés (la fourmilière), le confirmera. Mais de l'être ensemble au vivre ensemble, un pas de plus est franchi. C'est celui qui fait le pas de l'unité d'*une* multiplicité entendue comme un point de départ – comme c'est le cas dans ces communautés d'insectes qui fascinent les sociobiologistes – vers l'unité *dans* la multiplicité reconnue et maintenue comme un horizon d'attente : la sociabilité humaine. Un regroupement dans un même espace (*urbs*) ne fait pas encore une société historique (*polis*). On dira donc « vivre ensemble » pour dire que l'enjeu est effectivement de permettre le déploiement de la vie avec les autres dans toute son épaisseur affective, éthique, juridique et politique. « Comme bien des animaux nous vivons sous le signe du lien, mais d'une manière si intime qu'à la fin nous croyons au monde comme étant le monde de tous »[1]. Vivre pour signaler une finalité : celle d'une aspiration au social. Ensemble pour rappeler qu'une « cité », qu'une société politique n'est pas une addition, une

1. E. Bimbenet, *L'animal que je ne suis plus*, Paris, Gallimard, 2011, p. 306-305.

accumulation d'individualités mais bien une capacité à les fédérer sous un dénominateur commun qui doit être parlé – « avoir des notions en commun » telle était la cité pour Aristote. – On l'appelait bien commun hier, intérêt général au XVIIIe siècle ou bien public mondial de nos jours. L'ensemble pour l'homme n'est pas un fait mais une idée éprouvée dans des solidarités primaires, partagée dans le langage, maintenue dans une attention conjointe, prolongée par des institutions qui lui donnent corps en un milieu de vie.
Toutefois, et c'est la limite du vivre ensemble, s'il expérimente des pratiques du social et la force du relationnel, il faut un pas supplémentaire pour passer du relationnel à l'institutionnel propre au lien politique. Souvent, la culture du vivre-ensemble abandonne aisément l'engagement politique au profit de la chaleur d'une communauté d'élection, en se contentant d'un consensus et en s'en remettant aux réglementations administratives. De fait, dans le saut qui va du relationnel au politique, il est question d'organiser un monde commun qui tienne ensemble le souci de chacun et la coexistence de la pluralité des singularités. Le vivre ensemble se caricature précisément lorsqu'il transforme un attachement en dénigrement des autres en leurs langues, cultures, différences ethniques (le nationalisme); ou lorsque l'exaltation de l'unité du peuple au nom d'un rêve d'universelle justice finit par en exclure ceux qui ne seraient pas vraiment du peuple (le populisme). Vivre ensemble c'est à la fois prendre la mesure de nos attachements tout en ayant le courage d'en appeler au détachement dans une « fusion des horizons » sans laquelle il n'est pas possible de faire un monde humain.

Vivre ensemble nous situe donc au cœur une dialectique que Kant avait placé dynamiquement sous la rubrique de l'insociable sociabilité. On tend à l'oublier, sous l'effet d'une routinisation des pratiques et d'une relative stabilité culturelle, vivre ensemble est une tâche. La singularité du contexte actuel le signale. En effet, le texte du politique ne peut jamais se dispenser d'une discussion-confrontation avec la texture de l'historique. L'universel que porte le projet d'un vivre ensemble, non caricaturé sur les figures du repli qu'encouragent nos temps incertains que sont l'universel abstrait du populisme – un appel à un peuple essentialisé – ou le particulier concret d'une nation dans le nationalisme – la naturalisation d'une culture par le sang, le gène ou « La » tradition –, trace sa figure dans la chair même d'une aspiration à vivre, singularisée culturellement, historiquement et géographiquement. Le vivre ensemble parle de l'aspiration qui hante la tâche politique, rendue attentive à quelques conditions présentes : une politique à la fois attendue et rejetée ; un pluralisme du monde commun sous ses aspects éthique, politique et religieux ; un mouvement de sécularisation qui se poursuit jusqu'en une sécularisation des mœurs ; un individualisme démocratique omniprésent et la perte de lisibilité de l'intérêt général ou de ce que peut être un monde commun.

Paradoxe du politique en effet. On se plaint de la réduction du politique à une technique par la valorisation généralisée du discours technocratique de la gestion mais l'on attend dans le même temps que ce politique, littéralement, nous « enthousiasme ». Le désenchantement à l'égard du politique tient à une double raison. D'une part, un scepticisme de méthode qui s'interdit de « croire » au politique, en raison d'un XXe siècle où le discours de la Révolution a viré au cauchemard et en idéologies. D'autre part, en raison de sa réduction technique par la technocratie (gérer au lieu de diriger) qui le dépossède de la tâche d'épeler les fins de ce que nous cherchons à vivre ensemble et le rabat sur la rationalité des moyens (bonne gestion en face du poids du marché et de la finance ; effondrement des souverainetés nationales au profit de logiques économiques ou d'entreprises transnationales ; crise de la décision publique devant la complexité et appel aux experts). Rien n'interdit pourtant que l'on attende du politique qu'il cristallise des aspirations à vivre pour en faire un projet ; qu'une vision oriente des visées pour l'ensemble et se mue en programmes.

Le vivre ensemble se redécouvre une tâche sous l'effet d'un pluralisme inédit, d'un monde qui a perdu de sa stabilité et de son assurance. Notre temps vit sous le triple règne de l'incertitude, du mouvement et de la complexité. Incertitude des repères et des principes susceptibles d'orienter l'agir en raison de la pluralité des options éthiques, politiques et religieuses que portent nos concitoyens. Mouvement sous l'effet d'une accélération où se diluent les grands rythmes culturels et sociaux donnant l'impression d'une mobilité intergénérationnelle voire intrapersonnelle sans précédent – la fin du « de père en fils » –. Complexité enfin lorsque les interactions techniques et sociales opacifient les lieux réels de la décision, et imposent une solidarité de fait – par la connexion technologique globale, par la catastrophe, par l'interdépendance économique, etc. – à défaut d'une solidarité de projet. C'est cette dernière que porte comme son horizon d'attente le vivre ensemble.

La sécularisation a aussi son importance, elle qui se prolonge aujourd'hui en une « sécularisation des mœurs ». Vaste mouvement qui met en travail l'Occident, la sécularisation cherche à assurer la paix dans le monde commun, inventant pour cela, en France, la laïcité. Cette dernière opère une forme de pédagogie culturelle, évitant de ce fait les facteurs religieux de dissensus et de guerre par la séparation des Églises et de l'État. Hommage rendu aux religions en ce qu'elle définit leur place et leur ordre, la laïcité n'est pas qu'un cadre juridique. Si la laïcité est un principe constituant, elle est aussi une méthode. Elle mobilise une nouvelle compréhension de soi à l'échelle individuelle et une autre interprétation des cultures. Elle invente un espace-temps du vivre ensemble tolérant, sur le mode dynamique au sein duquel identités personnelles et identités culturelles apprennent à se comprendre comme unes, sachant la diversité des appartenances communautaires. Toute la difficulté est de ne pas céder au simplisme portant sur ce que signifie « privé ». Une facilité intellectuelle consiste à croire que le politique serait pour la vie publique et la religion pour la vie privée, comme si privé signifiait, ne signifiait ici, qu'individuel, exclu du domaine public. Un enjeu pour le vivre ensemble, parce que ce dernier n'est pas que du droit mais aussi un *ethos*, des « mœurs » et des affects, est de reconnaître que les religions sont, parmi d'autres, porteuses de convictions qui peuvent être discutées, confrontées et partagées dans le débat public. De la sorte, sous la figure de cette « laïcité de confrontation » (*cf.* Ricœur) s'explicite un peu plus ce que l'on cherche à vivre ensemble dans une unité conquise. Une telle affirmation ne signifie nullement la domination d'une tradition religieuse sur les autres et sur la neutralité métaphysique de l'État, mais la conscience prise, de la pluralité du monde commun. La traduction du monde commun en sa constitution juridique n'épuise pas la totalité des échanges symboliques qui s'y vivent.

Vivre ensemble à l'heure de l'individualisme démocratique goûte, sans réserve, l'égalité des conditions comme une ambiance. Il se fait allergie à toute revendication d'une différence pensée comme potentiellement porteuse de violence. Cette individualisme, distinct de l'égoïsme, affirme la valeur inconditionnelle de l'individu et de ses droits. Avant d'être un problème, l'individualisme est une conquête. Mais il va parfois jusqu'à subvertir l'usage du droit. Institution de l'organisation du monde commun dans le « droit de », il se fait parfois l'instrument de promotion et de défense des droits individuels dans la revendication d'un « droit à ». Si le vivre ensemble n'assure plus un style de vie par l'autorité des traditions, il appartient à l'individu de se choisir et de s'inventer par le droit. Nous passons ainsi d'une société du code à une société du cadre. Le code définissait a priori ce qu'il fallait faire pour se conduire dans une société d'ordres : code d'honneur, usage, bonnes mœurs. Avec l'effondrement des hiérarchies sociales, le cadre social et culturel explicite et maintient non des réponses mais des questions qui comptent portant sur le sens, le vrai, la nature, le beau, le juste, Dieu, etc.

Vivre ensemble n'est plus honorer la tradition d'un Code, mais travaille à élucider ce que l'on cherche à être en se confrontant à un cadre social et culturel au sein duquel apprendre à se comprendre et à s'épeler. L'interprétation de soi et du nous a pris la place de la prescription par l'autre, et l'idée d'authenticité celle de l'honneur. Vivre ensemble porte ici en germe un défi : cultiver ce goût pour l'égalité sans le caricaturer dans l'égalisation.

Le vivre ensemble est enfin une formule qui cherche à expliciter ce que peut être un « intérêt général » partageable au-delà de l'atomisme individualiste. Il épèle un « bien commun » identifiable lorsque les contours de l'ensemble ont perdu de leur évidence, lorsque le monde de tous perd en lisibilité. Sans doute n'est-ce pas un hasard alors que se lèvent de partout des appels à l'indignation, comme autant de sursauts moraux tâchant d'identifier les lieux de l'insupportable. L'indignation manifeste dans l'évidence d'un refus le oui auquel elle aspire. C'est ce qui, aujourd'hui, se déploie de façon singulière autour des biens publics mondiaux, horizon d'attentes du vivre ensemble exploré à l'échelle transnationale, translocale. Ils répliquent à l'illusion qui fait croire qu'un marché pourrait seul faire un monde. A qui appartiennent – faut-il d'ailleurs en parler en termes de propriété – les fonds marins, les gènes ou bien les climats? Un des enjeux de notre temps se trouve là. Travailler à l'explicitation de l'horizon d'attente d'un vivre ensemble décliné sur une pluralité d'échelles (du local au global), sans se laisser intimider par l'impression de fatalité et de nécessité que cultive le faux colosse de la mondialisation marchande. Sans cela, il est toujours tenté de céder en se concentrant sur l'une ou l'autre de celles-ci – régionale dans le régionalisme, nationale dans le nationalisme, continentale dans l'idée d'empire, globale dans l'universalisme uniformisant de la mondialisation –, alors qu'il s'agit d'apprendre à les conjuguer ensemble. Sans doute est-ce là l'enjeu d'un nouveau cosmo-politisme. Donner au vivre ensemble sa nouvelle configuration. Elargir et enrichir notre idée de l'ensemble en repensant l'idée de cosmos sans imaginer un retour nostalgique à l'antique « idée de l'ensemble. » Redéployer le politique sur les différents plans invoqués, sans en délaisser un seul.

En somme, le vivre ensemble explicite la dialectique de la protection et de la construction qui fait la chair vive de la politique moderne. Pas de politique sans protection, les relations interpersonnelles connaissant des débordements violents. La médiation des institutions de protection limitent de tels débordements ou emportements pour encourager la vie. Mais outre la protection, le politique porte aussi le souci de la construction d'un monde commun. Il le fait par des institutions et des lois, par des valeurs et des affects spécifiques orientés par une attente commune de vie.

une coupe du monde de pâtisseries

Sud de cheval blanc,
arbres ras sous le poids du ciel,
chaumes bruns des sols,
et un vent de foin sec dans la gorge des hommes.
Plus loin immense et fraîche, la mer.

Gabriel Paillasson est l'instigateur d'une coupe du monde de pâtisserie. Pâtissier, dans l'entre-deux équivoque de l'artisan et de l'artiste, il définit son activité comme un art de l'éphémère. En cela, il se trouve à l'étroit dans la distinction entre le faire (la fabrication) et l'agir (l'action pratique); mais aussi dans celle qui sépare le créer (beaux-arts) du produire (arts et métiers). Comment a-t-on pu envisager l'idée d'organiser une coupe du monde de pâtisserie? Quel est le sens possible d'une mondialisation pâtissière?
Un tel projet et sa réussite visent au-delà de la simple compensation eu égard à la globalisation. A l'anesthésie d'un monde rendu homogène, il réplique par la pluralité des expériences sensibles. Il se trouve amplifié et éclairé par l'effervescence des cours de cuisine, par l'engouement pour une gastronomie que Brillat-Savarin n'aurait sans doute pas imaginé; par un bal des saveurs et des flaveurs dont le vin est lui aussi le délicat mais assuré médiateur. Tout cela réplique à l'impression généralisée d'une normalisation industrieuse qui dévitalise et désensibilise notre présence au monde. La mondialisation pâtissière se révèle rien moins qu'uniforme et unidimensionnelle. Bien au contraire, elle donne à la mondialisation une saveur plurielle là où l'on aurait pu s'attendre à ce qu'elle encourage une uniformité des goûts. On croyait y trouver du global; on n'y trouve que du local.

On sait d'ordinaire la mondialisation n'être qu'une vaste entreprise de standardisation : l'universelle instrumentation technique de la planète. Le geste pâtissier, minuscule, explore un autre universel. Il explose intimement dans la pluralité d'expressions singularisées. Le lave linge du coréen Samsung envahit les buanderies du monde entier mais dans les caves des particuliers des vins rares réussissent à frayer leur chemin d'un coin de la planète à l'autre tandis que sur les tables, des desserts pâtissés maintiennent, fragiles, d'inimitables univers. Autoroutes du commerce et chemins de traverses du palais cohabitent. La pâtisserie cultive cette brèche singulière qu'est le goût. Elle trouve ainsi les joies de l'habiter le monde, ouvrant la monotone mondialisation à des visages aux saveurs inimitables et singulières. La pâtisserie est bonne à manger parce qu'elle est bonne à symboliser pourrait-on dire à la façon de Lévi-Strauss. Pâtisserie et cuisine sont des épreuves goûteuses de l'hospitalité.
La pâtisserie cultive les proximités savoureuses avec les matières, dans une partialité assumée qui se déprend de l'objectivation dominante qu'incarne l'incontournable techno-science. L'engouement contemporain pour la pâtisserie mais aussi pour la cuisine signale un appétit pour une culture des synesthésies et de la sensualité qui répond, en écho, à un quotidien dominé par l'anesthésie et l'homogénéisation normées des goûts. L'art de l'éphémère et du singulier – le macaron de chez Gillotte; le feuilleté de Bernachon; le mille-feuille de chez Fevret – prend le contrepied de la science du régulier.
Pour parler comme Simondon, la pâtisserie industrielle a réussi à devenir un objet technique concret, capable de modeler une civilisation par la généralisation, à l'échelle globale, d'un procès intégrant des normes internes indifférentes aux usages et aux cultures (la barre de céréales; la crème chocolatée en général mais peut-être pas, parce qu'il a une histoire, le Nutella; le cake de telle multinationale de l'agroalimentaire). Inversement, la pâtisserie artisanale demeure un objet technique ouvert, très dépendant des usages et des besoins. Le gâteau artisanal comme

> objet technique sur mesures est en fait un objet sans mesure intrinsèque ; ses normes lui viennent de l'extérieur… il n'est pas un système du nécessaire ; il correspond à un système ouvert d'exigences [1].

Pour cette raison, il varie, synthèse singulière d'un contexte et de pratiques, de matières et d'un milieu. La pâtisserie fabrique des objets ouverts. Avec elle, l'engouement contemporain pour les cours de cuisine et plus généralement pour le bricolage renvoient chacun à sa créativité et à sa sensibilité. Il s'agit de cultiver le « comment fait-on » dans une monde servi par la multiplication de « choses toutes faites » qui négligent l'intelligence du fabricant comme de l'utilisateur. C'est qu'une recette n'est pas un programme. Ainsi, la recette du croissant reste inusable, ne vieillit pas même si elle est ancienne car son schème d'action laisse une marge d'interprétation à qui l'a met en œuvre. Il permet, du côté de l'usage, de l'enrichir ou de la faire varier, par l'utilisation de différents types de farine ou de beurre. Il laisse, du côté des besoins, au consommateur les délices d'aller chercher – et de trouver ! – chez l'artisan ad hoc l'équilibre du moelleux et du croustillant, du beurre presque caramélisé et du brioché fondant qu'il recherche.

Monde des pâtes, comme le dit le mot, la pâtisserie est un métier dévolu à l'imaginaire des pâtes. Le cogito du pâtissier est un cogito pâtisseur. La main qui pétrit les pâtes est aussi celle qui met en éveil l'imagination. Cette imagination qui est au bout des doigts, ou qui éveille le palais, n'est pas une imagination de la contemplation, mais une imagination active. Pensant au potier, on ne négligera pas l'imaginaire des pâtes en pâtisserie dans la grande variété des assemblages. Les farines ou les sucres plus ou moins tamisés, les farines plus ou moins moulues finement préparent de multiples alliances avec l'eau. Le mariage du beurre et de la farine explore des granulométries poétiques qui vont du crumble au sablé jusqu'à la finesse du feuilleté. La rencontre de l'animal et du végétal, de l'œuf et du sucre initie de chimériques créatures. Troubles mélanges de l'œuf et de la

1. G. Simondon, *Du mode d'existence des objets techniques* [1958], Parsi, Aubier, 1989, p. 24.

farine qui connaît l'épaisse blondeur de la pâte à crêpes sans ignorer l'aérien blanc battu incorporé au sucre glace de la meringue et de la chantilly. Il y a là autant de pâtes qui définissent, par leur texture, autant d'aptitudes à la mollesse et une cartographie du « pâtique » : pâte à choux, pâte brisée, pâte feuilletée, pâte sablée, pâtre briochée, etc. L'imaginaire de la pâte parfaite ni trop molle, ni trop dure se condense dans la pâte feuilletée, avivée par le coup de main qui initie cette alliance du sensible et du savoir, du toucher et du rêvé. « Tout rêveur de la pâte connaît cette pâte parfaite aussi évidente à la main que le solide parfait l'est aux yeux du géomètre »[1]. L'évidence du tour de main est de réussir la synthèse du savoir et du faire dans le savoir faire : évidence de la main qui fait d'elle autre chose qu'un instrument. Intelligence de la main? La main pétrisseuse est littéralement un corps à l'œuvre. Stimulant un cogito pâtisseur, elle éveille dans le travail des matières, dans l'écraser les grumeaux, dans l'onctuosité des matières fondues ou crémeuses, dans le malaxer et le triturer, des images qui tonifient. Ici littéralement les matières premières redeviennent des éléments originaires.

Dans les laboratoires de pâtisserie se maintient et s'opère donc une petite révolution anthropologique et poétique qui a des effets sur une esthétique du quotidien. Le laboratoire du pâtissier n'est pas celui du chimiste, même si la pharmacie fut longtemps l'antichambre de la pâtisserie. Cet espace est un condensé de l'imaginaire bien plus qu'il n'est une théorie matérialisée. Il résiste à la réduction des préparations culinaires au rang d'assemblages préconçus. Il refuse l'assimilation des cuissons à des procédés numériquement normés, même s'ils sont quantitativement contrôlés. L'artisan n'est pas l'ingénieur et l'expérience de son savoir-faire n'est pas l'expérimentation du savoir pour produire.

Entre bricoleur et ingénieur, entre la boîte de biscuits industriels et la pâtisserie, les contemporains que nous sommes cultivent l'alternance du prévisible et de la surprise; le va et vient du fiabilisé et de

1. G. Bachelard, *La Terre et les rêverie de la volonté*, José Corti, 2004, p. 79.

l'éprouvé. Si l'industrie agroalimentaire produit un gâteau « sans qualités », la pâtisserie cultive la cristallisation des qualités. Le gâteau industriel a pour lui la fiabilité du contrôle qualité, la continuité des saveurs sollicitées et la lutte contre la mauvaise surprise. Le goût y est isonormé; le sensible y est attaché à son concept : beauté adhérente. Il est la chimie faite objet. Si elle est un métier, la pâtisserie garde pourtant pour elle l'alchimie des pâtes et les imaginaires des matières rêvées. Le goût y est libre ou libéré, la sublimation des matières s'y faisant sublimité du sensible dans une manière, un style, une touche sensible. Le sucre étiré, les pâtes fermentées, les émulsions de blancs d'œuf dans la précieuse fragilité du macaron, le miracle de la pâte à choux qui réussit l'alliance troublante de l'air et de la fermeté contrôlée de la croûte, célèbrent des matières et des manières poétisées.

Pâtisser opère un étrange travail de la métamorphose qui n'est ni le modelage qui assure de la forme ni seulement le pétrissage qui est puissance de déformation. Pâtisser c'est assurer le devenir incertain de la forme et anticiper par les déformations la surprise des formes à venir que permettra la cuisson. Distinct en cela du cuisinier, le pâtissier est le maître d'un feu sucré qui exige une tout autre précision. La cuisson des pâtes relève d'une expérience du temps qui retrouve la force saisissante de l'instant dans l'attention au point de fusion. La durée retrouvée dans le four est une durée sensible qui ne se cantonne pas dans l'assurance apoétique du thermomètre. Le regard vibré du feu connaît la pâleur des pâtes, le précipité de la coloration ambrée et dorée jusqu'à la possibilité de la croûte. Cette dialectique de la durée revitalise, requalifie le temps. Le temps de cuisson est aussi un temps retrouvé dans sa singularité.

D'où vient alors cette vitalisation de l'imagination du cogito pétrisseur ? De ce que dans la technicité du geste se donne une vitalité énergétisée, tonifiée par les matières travaillées, triturées. Le tour de main engage une genèse amoureuse du fabriquer. Contractée dans la force du style, la singularité de la pâtisserie tient à cette présence goûteuse. La vitalité singulière du geste artisan en appelle, et elle la sollicite, à la vitalité du gourmand. La beauté du geste fait de l'effort de pâtisser un effort heureux avant qu'il ne soit goûteux.

Le tour de main est donc une tout autre chose que le procès, tout comme le cahier de recettes ne se confond pas avec un cahier des charges. C'est ici que l'artisan se distingue de l'ingénieur, et la création de la fabrication. Le geste artisan est l'immédiate résolution d'un problème, donnée dans son exécution même. Une seule solution est possible qu'impose sa créativité. Le cahier des charges, lui, suppose au préalable d'avoir substitué à la rapidité intuitive et instruite du geste artisan, l'analyse au ralenti de tous les possibles qu'il a énumérés avant d'opter pour celui qu'elle optimise. Ici l'optimisation croit saisir le mystère de la genèse. Mais au fond, le tour de main est la vitalité du processus que l'industrie agroalimentaire anatomise dans un procédé. Toutefois jamais celle-ci ne peut elle-même, en amont de la chaîne de production, faire l'économie du savoir-faire créatif. Il y a toujours la singularité d'une recette en amont de l'uniformité que vise l'élaboration du cahier des charges. La singularité d'une impression du côté de la dégustation sera alors l'expression du tour de main, du côté de la réalisation.
Révolution de palais. Mine de rien, la pâtisserie élevée au rang d'art de l'éphémère bouleverse nos classifications des arts, entre beaux-arts et arts décoratifs, beauté libre désintéressée et beauté adhérente. Elle subvertit cette distinction, questionnant l'anthropologie qui la fonde, car l'expérience du corps gourmand n'est pas qu'une concession faite à la satisfaction des appétits. Feu sucré, stimulation visuelle contredite ou dissonante par l'olfaction ou la gustation dans la surprise du mélange des saveurs, la transformation des matières prépare poétiquement et sans être donneuse de leçon une transformation de soi, une augmentation iconique de soi, une épreuve multidimensionnelle de l'être au monde.

à l'ombre des forêts

Faut-il avoir peur du silence des arbres ?
Que dit-il de leur désespoir ou de leur sagesse ?
Hier encore, ils marchaient sur Dunsinane.

2011 fut l'année internationale de la forêt, placée sous le slogan « la forêt, notre maison, plantons, gérons et protégeons les forêts pour l'humanité. » Cette consécration déploie une pulsation supplémentaire de l'histoire de l'Occident. Elle se signale par l'ambition de donner une définition universelle de la forêt à partir de son approche géométrique (couvert arboré analysé en fonction de la densité, la surface, la hauteur des arbres et le taux de recouvrement au sol) en vue de sa protection ou de son exploitation. Mais cette forêt de tous n'est la forêt de personne : pour être universelle, il lui faut être unidimensionnelle. Il se découvre alors que cette définition n'exprime la réalité d'aucune forêt, que ce soit celle de l'écologue, de l'anthropologue, d'un usager ou d'un peuple. La forêt mise en nombre n'est qu'une ombre de forêt.

Aussi reposons la question. Pourquoi une année de la forêt? Cet intérêt pour la forêt va plus loin qu'une spéculation de sylviculteurs ou de botanistes. Pourquoi dire la forêt, pourquoi la raconter voire la peindre puisque la forêt est aussi l'objet des peintres, des romanciers et des poètes ? N'est-ce pas le signe qu'une crise profonde s'exprime là qui interroge la manière dont l'humanité moderne noue son histoire avec la Terre ? La lente croissance du végétal, son silence et son rythme nous met à son école. Lire et regarder l'arbre, se laisser porter par la puissance tranquille et les rythmes patients de forêts; oser risquer une histoire sous les hautes branches sont des exercices qui enrichissent la manière que nous avons de nous comprendre, nous que nous disons parfois, empruntant à l'arbre une statique qui n'est pas la nôtre, déracinés.

A l'ombre des forêts, en effet, s'abritent les plus grands enchantements et les pires effrois, malmenant les faciles oppositions logiques

du naturel et de l'historique, du chaos et de l'ordre, de la réserve et de la mine, du sacré et du profane, du familier et du fabuleux. De la forêt sauvage à la forêt exploitée, de la forêt mythique à la forêt plantée, de la forêt biosphère à la forêt carbone...savoir ce que le mot « forêt » veut dire relève d'une obscure clarté. De quoi la forêt est-elle alors le nom ? Les différentes représentations, les usages sociaux et les pratiques politiques engagées autour de la forêt comprise tout à la fois comme poumon, abri, ressource, lieu d'effroi ou de rêverie, réserve de biosphère ... font apparaître des points de tension entre l'imaginaire et le vécu, entre le symbolique et le physique, entre la littérature et l'onirisme de ce milieu « pluriel ». Ces points de tension font la vitalité même du monde de la forêt : la régularité de ce qu'on en peut connaître s'y allie avec la singularité de ce qu'on en éprouve. Entre le discours de l'objectif qui compte les arbres « réels » en ses usages et le discours du subjectif qui aime les contes en ses images, y aurait-il à choisir ? La forêt, figure médiatrice dont on n'a jamais fini de dire le sens, n'est elle pas dans l'imaginaire occidental, au point d'intersection de la nature et de l'histoire, ce lieu-frontière où l'homme apprend à se comprendre comme homme ?
On est habitué, quand on parle de la forêt, à en parler d'en bas. La forêt se fait alors source imaginaire et onirique pour l'animal symbolique. De Brocéliande au chaperon-rouge, de l'arbre remarquable au petit bois abritant nos cabanes d'enfance, de la forêt de Bohème aux forêts de palmiers, la forêt est une ambiance, habitée d'images, investie d'une mémoire de l'antécédence. Mais nous sommes devenus capables de la voir d'en haut. Contre-intuitive est la forêt vue du ciel. Vue d'en haut, on la prend alors de haut. Elle devient ainsi ressource numérique approchée de façon positive dans une réduction géométrique : cubage, tonnage, monoculture forestière, puits de carbone, images satellitaires des incendies, des déboisements, et des campagnes de reboisement. Nous prenant alors par surprise, les forêts font une actualité géopolitique et géopoétique car elles nous posent des questions que l'on croyait réglées. Elles qu'on croyait inactuelles voire intemporelles se révèlent vulnérables, que ce soit sous l'effet des pluies acides, des déforestations ou des gigantesques incendies de feux de forêts sur l'ensemble d'un globe qui se

réchauffe; ou bien par les ballades, les visites qu'on y organise. Elles en appellent alors à une autre intelligence de la forêt. Il s'agit de se déprendre de l'opposition binaire entre le rationalisme scientiste qui réduit la forêt à ce qu'on en peut voir-savoir et l'envolée lyrique invoquant une mystique de la forêt.

Cette double-perspective du haut et du bas exacerbe les dilemmes entre la forêt vécue et la forêt connue alors que le phénomène humain y vit dans l'entre-deux. Elle révèle le triomphe du regard, qui est aussi un droit de regard, dans notre culture. Vue d'en haut, le panoptisme d'une valorisation du voir l'emporte. La pulsion scopique, jusque dans l'œil du satellite, fait de la forêt une image, un paysage ou une représentation.

Vues d'en haut, les forêts devenues fragiles, invitent les cultures à un nouveau récit qu'elles peuvent faire d'elles-mêmes. D'en haut, par satellite ou vue d'avion, elles sont moins ce qui nous enveloppe que ce que l'on développe dans des stratégies laborieuses, des industries forestières. Mais cette perspective externe est aussi l'occasion d'une réflexivité sans égale. La forêt vue du ciel devient une médiation sensible qui donne la mesure des relations d'appartenance des hommes avec leurs milieux. Pour exprimer cette façon qu'ont les hommes de faire corps avec leurs milieux, les métaphores de l'organisme pullulent. Elles figurent et donnent à penser une activité anthropique qui nous effraie. Le poumon vert est l'envers de l'asphyxie; la déforestation, la perte de services écologiques gratuits. Les forêts deviennent des espaces verts fragiles et précaires enregistrant et manifestant notre empreinte écologique.

Parce que les effets des actions des hommes se voient du ciel, parce que l'homme peut agir aujourd'hui grandeur nature, étant devenu une force anthropique/entropique, les forêts sont les témoins silencieuses, les ombres de notre agir. La lenteur de leur pousse est le symétrique inverse de l'accélération de nos poussées techniciennes. Présentes ou absentes, elles sont le double qui sert de témoin à la cadence trépidante des activités humaines et à la pression qu'elles exercent sur les milieux. Vue du ciel, l'activité des hommes se lit et s'inscrit dans les saignées que produisent les coupes à blanc des campagnes d'abattage, dans la déforestation qui encourage des

érosions et que métaphorise l'image d'un écoulement du sang de la terre dans les rivières et jusqu'aux océans. Elle se voit aussi dans les campagnes de reboisement qui luttent contre l'avancée des déserts, dans l'étalement des tapis boisés reconquérant les terres cultivées. Vue du ciel, la planète bleu est aussi celle du poumon vert. Mais vue d'en haut, observée et scrutée dans la diversité de ses redéploiements – le reboisement européen – ou de ses exploitations – les forêts d'Amazonie, de Sibérie ou du bassin du Congo –, l'étude de la forêt retient cette dernière comme un objet digne d'attention parce que nous y voyons, plus qu'une ressource ayant un prix, l'expression d'une valeur. L'intérêt scientifique et technique pour la forêt n'est pas neutre. Il exprime une sensibilité au sens de ce qui fait monde pour nous. La voir d'en haut contribue alors à raconter quel type d'humain nous sommes.
Le défrichage de cet autre qu'est la forêt occasionne aussi un déchiffrage de soi. Ceci se fait aujourd'hui à une échelle inédite : non plus individuelle, mais collective. C'est que, si l'homme n'habite guère la forêt, l'habite la relation qu'il entretient avec elle.

« Vue » d'en bas, ce n'est plus la vue précisément mais les autres sens qui déploient le foisonnement de leurs synesthésies mettant la phénoménologie à l'école de la forêt. Senteur entêtante d'un tapis d'ail des ours; bruissement subtile du Tremble et chant du pinson des bois; fragile et précieuse saveur de la fraise des bois et amertume de la prunelle; mille agressions des écorces et des épines sur les peaux et pluralité des sols où inscrire un pas redevenu attentif font de la forêt un espace-temps activant la polysensorialité et les synesthésies.
D'en bas, les forêts sont l'autre du monde des artifices. Altérité du végétal. Créature du silence, le végétal ne crie pas. Il se tient sur la réserve, dans tous les sens du mot : réserve forestière, réserve de significations et être réservé. Les forêts sont la réserve du monde sauvage en face de l'univers apprivoisé, domestiqué qu'est la ville. Elles ont leur faune, leurs architectures avec leurs piliers et leurs voutes feuillues, leurs ambiances et leurs lois qui font de l'homme soudain un étranger dans l'effroi de la luxuriante et étouffante pression végétale. C'est pourquoi il n'y a pas la forêt mais les forêts,

dans leurs diversités. Ce monde de racines questionne nos nouveaux déracinements. Ce sera le sauvage de la forêt qui procure cet « asile où je pusse croire avoir pénétré le premier » cher à Rousseau ou la *wilderness* du *Walden* de Thoreau. Pour ces sages, la forêt parait une alternative à la socialité, voire est une silencieuse altercation de la modernité. Pour nous, la forêt est vécue dans une alternance. Nous vivons, en de secrètes compensations, l'alternance de la forêt et de la ville. Alternance du contrôlé et du foisonnant, de l'ordonné et du touffu, du géré et du spontané qui pluralise les rythmes. La métrique cadencée du monde urbain est reprise dans la rythmique plurielle du temps des arbres. La lenteur arborée se vit alors comme un îlot de décélération. Décompression. La ballade en forêt donne de vivre une dendrorythmique qui temporise les cultures de la vitesse. Mais nous connaissons aussi d'étonnants renversements. Le quadrillage des forêts de rentes n'a rien à envier à la Grille de la rationalisation urbaine. De même, la biodiversité du milieu urbain, donnant d'étranges mélanges, force à sortir de l'opposition trop tranchée entre sauvage et artifice. Ville verte, trame verte au service d'une connectivité écologique, cité-jardin et cité végétale tentent d'inventer une forêt urbaine d'un nouveau type. A l'heure des transitions urbaines verra-t-on un jour la forêt urbaine – expression étrange –, passer de sa valorisation décorative ou ornementale à d'autres considérations ? Pourquoi l'arbre fruitier, caché dans les replis des vergers, ne pourrait-il pas vivre hors les murs dans les espaces urbains ? Mélange singulier, en ville, d'un tissu urbain tramé du végétal, la forêt potentielle s'y déploie ou se dilue en autant d'arbres singularisés. Désormais, chaque arbre urbain – Platane, Ginko ou Tulipier de Virginie – y porte un numéro de référencement, a sa géolocalisation satellitaire et bénéficie du suivi informatique. L'arbre y cache la forêt dont il porte le témoignage. Il en est le mémorial.
D'en bas, la forêt engage aussi une épreuve de soi, une réinterprétation de soi. S'y promener c'est si livrer à de singuliers exercices de soi. Une méditation sur l'enracinement et notre inscription spatiale s'y déploie pour nous humains qui n'avons pas de racines mais des jambes. Il s'y engage une dialectique de l'inscription par la racine, ce « puits de l'être » comme disait Bachelard, et de l'élévation dans

l'appel aérien des hautes cimes. On y éprouve une ambiance olfactive et auditive qui sature d'impressions, cultivant des capillarités entre les vivants – l'odeur du champignon et le cri ricaneur du geai – jusque dans la déroute qu'occasionne l'impossibilité de la perspective visuelle. On y expérimente une tonalisation singulière de notre être au temps puisque planter un arbre c'est se soucier d'un avenir qui n'est pas fait pour nous. On y inscrit une rêverie généalogique articulant l'axe vertical des successeurs et l'axe horizontal des contemporains. Elle se lit sur les cercles concentriques annuels des souches récentes et se déploie en des dendrochronologies intimes. On y ressent un corps sentant déployant sa motricité dans le grand espace du végétal. La marche en forêt, dans la multiplicité des déclivités et dans l'alternance des futaies, des taillis et des clairières, des errances et des points de vue pluralise notre expérience spatiale et temporelle d'être au monde.

Stimulation de la surprise dans une culture planificatrice et normalisatrice, la forêt s'y fait l'autre côté du monde. Et Jean Giono fera dire à son *Homme qui plantait des arbres* qu'« un pays peut mourir par manque d'arbres ». A l'ombre des forêts, nos usages, images et imaginaires de la forêt trouveront-ils alors nécessaire qu'une poétique de l'arbre nourrisse une éthique du se tenir debout en sa verticalité d'humain et prépare une politique de l'environnement ?

entre générations : transmettre

l'enfant :
— Comment faut-il faire ?
l'homme :
— Dors, je veille.
l'enfant :
— Cela suffira t-il ?

Nous le voudrions cultivé, nous ne cessons de l'équiper. Nous le souhaiterions capable de jugement et libre de ses pensées, et nous le croyons soumis au flot incessant d'un flou d'informations qui, au lieu de venir le trouver, ne font d'ordinaire que le stimuler. Nous rêvons pour lui de la lenteur qui re-pose, nous le voyons livré à la vitesse qui l'ex-pose. Nous aimerions qu'il peuple l'ennui de sa capacité à rêver et à imaginer et nous le vivons suractivé, craignant le vide. Nous voudrions lui transmettre les grandes routes de notre monde et lui nous initie à un monde de technologies et d'usages nouveau qui nous déroute.

Nous ? Les éducateurs et les porteurs d'un monde que nous ne savons plus transmettre parce que l'assurance hautaine des traditions n'est plus acceptée, parce que l'acte de transmettre apparaît dans sa fragilité et parce qu'il y a apparemment tant à transmettre qu'il parait impossible de faire la part entre l'essentiel et l'accidentel. Alors nous équipons ou adaptons au lieu de transmettre. Et nous nous inquiétons de ne plus voir en l'enfant qu'un étranger ou un monstre livré à la machinerie du divertissement : téléphone portable, jeu vidéo, réseau électronique, bande d'amis dont les codes nous échappent. Demeurent alors des questions. Il est branché mais est-il ancré ? Il parait soumis à l'exigence du vérifiable et de l'utilisable mais vit-il l'épreuve et le signifiant ?

Lui ? L'enfant ou le jeune que, décidemment, nous ne parvenons pas à comprendre, vivant dans un espace transitionnel aux mesures inédites en raison du déploiement de technologies de l'information. Le virtuel qui est son monde est-il le monde ?

Nous ; lui ou eux ? Situation intergénérationnelle vivant à la croisée de la conservation et de l'innovation, une illusion guette la transmission. En faire un processus descendant allant des plus anciens vers les nouveaux venus, alors qu'elle est une relation. Transmettre c'est découvrir que nous croyons donner à l'autre ce que nous savons ou avons alors que s'y engage une augmentation mutuelle. Nous croyons transmettre à l'autre et nous apprenons que nous apprenons aussi de lui. Nous imaginions lui donner et nous nous voyons recevoir, surpris de voir le don continuer sur d'autres voies.

La transmission signale que notre situation temporelle est aussi une situation générationnelle. Mais comment une génération prend-elle conscience qu'elle en est une ? N'y a-t-il pas facilité à présenter une génération comme un bloc homogène et fort délimité opposé de façon frontale à d'autres blocs générationnels ? En effet, « les histoires vécues des uns sont enchevêtrées dans les histoires des autres. Des tranches entières de ma vie font partie de l'histoire de la vie des autres, de mes parents, de mes amis, de mes compagnons de travail et de loisir » dit Paul Ricœur. Dans cet enchevêtrement, au nœud où des histoires se mêlent, nait la possibilité d'une histoire entre générations : nous et lui ; anciens et nouveau venu. Ce que nous lui voulons, avec les meilleures intentions du monde, nous fait oublier de nous demander si nous le voulons, lui ? « Est-ce que tu m'entends quand je t'écoute ? » nous demande-t-il.

La transmission n'est pas un procédé mais une relation. Sans doute que la crise des procédures traditionnelles de transmission nous inquiète. Mais elle est l'occasion de retrouver la dynamique processuelle de la rencontre. Redisons-le. La transmission n'est pas un procédé autoritaire, linéaire et descendant allant des plus jeunes vers les plus âgés : elle est une relation. Elle n'est pas plus une activité mécanisable à la manière des transferts de données ou de technologies. Transférer opère dans l'espace alors que transmettre engage dans le temps. La transmission connaît des distorsions, des aléas, des métamorphoses. Cela rappelle, s'il en était besoin, que si l'on transfère des informations entre machines sur un mode spatial rationnalisé, la transmission entre sujets se déploie dans un temps relationnel insubstituable aux effets imprévisibles.

Aussi, la crise des traditions n'est-elle pas synonyme d'une crise de la transmission. Certes, on peut faire une histoire des procédures qui accompagnent différents modes du transmettre : la transmission par traditions se voit remplacée par l'ingénierie des procédures au risque d'entretenir la confusion entre transmettre et transférer, élever et normaliser. Ce faisant, on passerait ainsi

> de mécanismes historico-rituels de formation de l'individualité à des mécanismes scientifico-disciplinaires, où le normal a pris la relève de l'ancestral, et la mesure la place du statut, substituant ainsi à l'individualité de l'homme mémorable celle de l'homme calculable [1].

Alors que les lambeaux de La Tradition se déchirent et que la force normalisatrice des codifications fait fureur, penser la transmission intergénérationnelle aujourd'hui est-ce situer le transactionnel entre le traditionnel et le processuel ? Trois métaphores entrent ainsi dans la danse : l'École pour le traditionnel (Descartes), la cage d'acier de la contrainte rationalisante (Weber) et la brèche (Arendt).

Trompe l'idée selon laquelle la transmission tirerait toute sa signification d'une accumulation patrimoniale de savoirs ou de biens alors qu'elle est fondamentalement signifiance d'un mémorial. Devant le foisonnement patrimonial de ce qui serait à transmettre, l'éducateur doit opter. Son savoir fondamental, à côté de l'équipement traditionnel du compter, lire, écrire, tient, sinon à jeter, du moins à choisir. Apprendre à choisir, à trier, à hierarchiser. Il a à accompagner dans le fouillis lisse de ce qui circule pour y faire apparaître du relief, de la profondeur, de la différence. Transmettre fait jaillir la différence humanisante. Au-delà de ce qu'il y aurait à transmettre, une prise de responsabilité opte dans le flux indistinct de tout ce qui circule, prenant le risque de l'autre pour l'autre.

Transmettre fait vivre le fond de ce qui nous relie par une prise de parole là où solliciter laisse à la surface de mots fonctionnels qui stimulent. Transférer informe l'autre comme un « en tant que » ;

1. M. Foucault, *Surveiller et punir*, Paris, Gallimard, 1975, p. 14.

transmettre maintient la réalité de sa personne à laquelle elle s'adresse comme à un « Toi ». Transférer inscrit l'autre dans un faisceau de coordinations qui l'objectivent en en faisant un prétexte à stratégie d'interventions. Transmettre le comprend comme sujet ouvert de multiples possibles. En habitant l'entre-deux du lien, transmettre ne fait pas de celui qui vient un thème.

En en venant au constat, inquiets, parfois amers, souvent perdus selon lequel, entre générations ça ne passe plus, nous finissons par dire : crise de la transmission; conflit voire rupture entre générations. Et l'on se demande « à quoi bon se parler encore » ? L'enjeu de cette question porte sur la construction du monde commun. Il suppose de ne pas se donner une image trop abstraite de ce qu'est une génération, qui en fait un tout englobant et homogène. Dans une génération, il peut y avoir une pluralité de générations données dans leurs multiples situations sociohistoriques. Une analyse, nourrie par la sociologie, observera que pour certains, entre générations il n'y a jamais eu tant de renforcements mutuels. Pierre Bourdieu, parlant de la « noblesse d'état »a démontré combien « les héritiers » savent précisément que l'humanité du monde tient non pas aux hérédités mais aux héritages. Toutefois l'impression d'une transmission en crise et d'un fossé générationnel, entre les familles et dans le corps social, relève du constat d'un abandon sociopolitique de certaines parties de la jeunesse. De cette dernière on aura alors peur, mépris ou indifférence. Plusieurs raisons à cela : une modification anthropologique des âges de la vie qui voit une jeunesse s'étirer indéfiniment; une fragilisation des solidarités entre générations, notamment au travail, si l'on pense au non-partage de ce dernier qui encourage un « bizutage social » (stages, petits boulots, précarité des jeunes; rupture de mémoire entre les plus anciens et les plus jeunes dans des organisations du travail qui coupent la coopération au service du seul souci de coordonner...); un conflit d'héritages entre ici et là-bas dans le télescopage des mémoires pour les jeunes issus de l'immigration; et enfin, plus largement, une tension entre l'ici et le maintenant qui oppose le réel et le virtuel.

Parler de « crise » de la transmission, est-ce un diagnostic, la conséquence d'une analyse ou une manière poétique de dire laissant ouvert et indéterminé le champ des possibles ? Parler de « crise de la transmission » concerne les valeurs, l'éducation, l'école, la famille, la culture. Autant de crises multiples et singulières placées sous la tutelle de la Crise. Pourquoi donc ? La signification commune du grec *Krisis* insiste sur le moment « critique » de l'évaluation, de la discrimination préparant la décision. En ce sens, toute transmission est une crise en raison de la brèche entre le passé et le futur engageant, en une dialectique, la passion de la conservation et le goût pour l'innovation. La brèche n'a pas l'assurance tranquille du carcan ancestral qui rassure, ni l'emprise d'une maîtrise par la normalisation de la cage d'acier. Figure fragile du passage mal commode, entre ce qui n'est plus et ce qui pourrait être, elle est la chance laissée à ce qui vient ou advient.

Mais, plus encore, la crise se tient aujourd'hui dans l'incapacité de pouvoir faire la part de l'essentiel pour orienter à nouveau. La crise au sens faible est une fragilisation des modalités ordinaires et traditionnelles du transmettre. Elle donne l'impression d'une désynchronisation et d'un effondrement des rythmes sociaux, rendant caduque le rôle des écoles et des éducateurs dans leurs pratiques et leurs habitudes. Au sens fort, la crise désigne le cadre général au sein duquel le transmettre se déploie. Il est un cadre temporel indéterminé, marqué par le flottement du sens de notre histoire et la perte d'un horizon d'attente. Transmettre ne se fait plus – l'a-t-il jamais fait ? – sous la logique implicitement vectorisée d'un progrès pour lequel toute activité de transmission servirait simultanément une progression. La critique des traditions jugées autoritaires par le discours de l'émancipation en vue du progrès et la critique de cette critique qui y voit encore une forme de tradition critique placent dans un incessant questionnement. Il porte sur la légitimité des positions prises et des attestations manifestées. Cette perte foncière de l'assurance ou de l'autorité se déploie en une figure du temps indéterminée voire incertaine : un temps ouvert dont le sens du devenir et la conclusion sont ajournés. Sans doute est-ce cela la modernité tardive : un vécu généralisé du temps, incertain de son devenir, qui fragilise toutes les entreprises humaines, non par scepticisme mais en raison du maintien d'une forme d'indécision foncière sur ce qui pourra être; sur ce qui devrait être. La crise « ainsi dilatée, est à la fois le milieu et la norme de notre existence »[1], faisant entendre de façon aigue que ce qui s'engage dans l'entre-générations, pour être prometteur, se déploie désormais dans un *temps sans promesse*[2]. Nous savions que notre devenir était une tâche. Elle est devenue d'autant plus rude qu'elle est sans horizon clair même s'il elle n'est pas, pour autant, sans horizons d'attentes.

Ni réquisit à charge contre l'enfance, ni nostalgie de mondes passés idéalisés, il nous faut ressaisir ce qu'engage le geste de transmettre. Engagés dans la *communication* (l'axe horizontal d'interactions immédiates entre contemporains) et écrasés comme nous le sommes par *l'information* (le hors sol et hors temps de transactions informatiques tellement rapides qu'elles deviennent inassimilables), quelle place pour la *transmission* qui se déploie sur l'axe vertical liant des générations successives? La transmission est signifiance!

Certes, elle parait concurrencée par les technologies de l'information. Certes, si ces technologies de l'information libèrent de fabuleuses capacités de mise en lien, elles ne transmettent pas du fait du seul enchantement technologique. Elles peuvent même, paradoxalement, délier et détruire les relations, en investissant le fugace, l'interstice et l'imprévu qui sont, à chaque fois, l'ouverture possible pour une rencontre. Vidéos et films pour les enfants en voiture; ballado-diffusion et téléphonie mobile; réseau internet et réseaux sociaux ... toutes ces technologies nous questionnent parce qu'elles investissent les lieux du partage d'une expérience et les rendent rares. Inversement elles dilatent comme jamais en société un espace transitionnel. Ce dernier maintient l'indétermination des liens tout en laissant ouverte la possibilité des relations. Réseaux sociaux, monde virtuels des avatars, jeux avec ses profils informatiques; interaction immédiate avec l'autre absent dans une « expérience

1. M. Revault d'Allonnes, *La crise sans fin. Essai sur l'expérience moderne du temps*, Paris, Seuil, 2012, p. 10.
2. *Ibid.*, p. 14.

chamanique » inouïe, rendue possible par la technologie informatique.

Toute transmission est *trans-misseo*. Modalité du temps traversé ensemble, elle investit l'entre-deux des générations. Entre générations? Kierkegaard observait qu'une « génération peut apprendre beaucoup d'une autre, mais ce qui est humain au sens propre, elle ne peut l'apprendre de celle qui l'a précédée ». L'amour, le goût pour la vérité, l'exigence qui anime une existence, la foi, etc. ne se transmettent pas, car « chaque génération recommence à nouveau, la génération suivante ne va pas au-delà de la précédente, attendu que celle-ci est demeurée fidèle à sa tâche et ne l'a pas abandonnée »[1]. Transmettre assure la continuité d'un questionnement qui court entre les hommes. De la sorte, entre générations, il n'y a pas la juxtaposition étanche de générations qui se suivent mais bien une suite. Entre générations, la transmission engage une connexion temporelle qui relie une histoire individuelle à un temps plus vaste qu'elle : le temps des aspirations à s'humaniser. Ce que la transmission prend en charge sans le thématiser, c'est le tremblement fragile de tout projet de vie dans ce qu'il a d'incertain.

La transmission est témoignage. Devant et pour l'autre, elle atteste d'une manière d'avoir tâché de répondre à la question de savoir ce qu'être un homme, une femme pouvait vouloir dire. Elle témoigne, montre sans pouvoir le démontrer pour l'autre, comment nous sommes devenus nous-mêmes. En ce sens, la transmission est une expérience valeureuse et valorisante. Elle témoigne de valeurs qui se sont cristallisées en une existence, auxquelles elle a tenu et qui l'ont fait tenir debout sur la terre. Elle manifeste une forme de créativité psychique qui, progressivement, s'est assurée d'une orientation d'existence qu'elle tonalisa et tonifia. Elle est ce passage de témoin qui autorise que se poursuive « cet ardent sanglot qui roule d'âge en âge » que chantait Baudelaire. Ce faisant, elle vient, dans la grâce de la confiance, trouver les plus jeunes et leur demande avec exigence : « Et vous, à quoi tenez vous ? »

1. S. Kierkegaard, *Crainte et tremblement*, trad. Ch. Le Blanc, Paris, Rivages-Poche, 2000, p. 207.

durabilité

Assis à la porte de bois ridé
le vieil homme se balance.
Il tente encore d'attraper du bout des doigts
la main de l'enfant.

En 1987, la *Commission mondiale sur l'environnement et le développement* dans le rapport Brundtland définissait le développement durable comme *le développement qui répond aux besoins du présent sans compromettre la capacité des générations futures à répondre à leurs propres besoins*. Par la même, le développement durable (*sustainable developpment*), dans sa fragile expression, émergeait comme nouveau grand récit. Il raconte la façon dont les hommes veulent continuer leurs liens avec d'autres hommes, lointains et la Terre. Se développer durablement? Prendre acte d'une solidarité de fait – les problèmes écologiques, économiques et financiers, et sociaux sont aujourd'hui transnationaux –, chercher à en faire une solidarité de projet : un « avenir à tous » et pour tous. Ce grand récit s'est écrit, sur le rythme d'une pulsation donnée par différents sommets de la Terre : Rio en 1992 et les objectifs du millénaire ; Kyoto et le projet de réduction des gaz à effets de serre ; Johannesburg et la déclaration que la Terre, la maison brûle ; Copenhague et l'interrogation sur le changement climatique. Autant de tentatives diplomatiques qui rythment la conscience réflexive que l'humanité prend, dans sa traversée du temps long, d'avoir à se comprendre comme une, à l'échelle globale. Il s'agit d'un grand récit tragique plutôt qu'épique.

Humanité allant s'humanisant, le « développement durable » cherche à parler et accompagner cette avancée dans le temps sans les accents enthousiastes d'une histoire vectorisée par l'idée de progrès. On peut renoncer à l'idée de progrès tout en sachant que l'on ne peut se contenter de la seule innovation technique pour faire monde. Le développement durable embrasse un temps vaste, géologique, en parlant des générations futures. Il le fait avec modestie, le terme ultime de ce développement restant indéterminé. En somme, si le développement était le moyen du Progrès pour la pensée des Lumières ; si l'Accélération est le développement sans vecteur des sociétés de la vitesse ; la durabilité est la manière qu'a la modernité tardive de redéployer la signification de son parcours historique en lien avec la nature sans les philosophies de l'histoire.

On ne s'étonne pas assez, alors, de la façon dont nous prenons conscience collectivement, de sommet de la Terre en sommet de la Terre, de cette solidarisation planétaire attendant son élaboration solidaire. Elle s'épèle comme modalité du temps traversé pour les hommes dans leurs relations entre eux (contrat social) et avec d'autres qu'eux (« contrat naturel »), le concept de bien public mondial en étant la traduction et celui de durabilité, le concentré. C'est pourquoi, on ne peut se satisfaire de la vulgate du développement durable résumée dans l'exigence de conjuguer ensemble les trois piliers écologique, économique et social. S'en contenter réduirait les enjeux de durabilité à une instrumentation sociale sophistiquée : marché de carbone, calcul d'empreinte écologique, référentiels DD et agenda 21. « Il faut se garder, avec des mots nouveaux, de parler le vieux langage »[1]. On reproche souvent à juste titre au *développement durable* sa diplomatie sémantique de créer de nouveaux mots sans changer les choses. Il ne serait qu'une manière de technologisation du monde humain et du monde ambiant continuée par d'autres moyens colorés en vert, servant contradictoirement un acosmisme pervers. On parlera alors de durabilité faible pour cette attitude qui consiste à penser une substituabilité des services écologiques par de la technologie dite verte. Mais ce ne sera pas le cas si on ne perd pas de vue que ce qu'il engage, c'est d'apprendre à comprendre et à mettre en œuvre une durabilité forte portée par une conscience de nos limites et des limites de la Terre.

Qu'est-ce alors que la durabilité ? En un mot, la durabilité, c'est un être au temps retrouvé et un espace habité. Elle se décline tout d'abord ontologiquement comme ontologie relationnelle. La durabilité, dans l'intuition de l'instant que porte une poétique de la Terre

1. G. Bachelard, *La poétique de la rêverie* (1960), Paris, P.U.F., 1984, p. 57.

qui « n'a pas déserté le site de l'éclosion native » comme dit Heidegger, donne une consistance insistante à notre présence au présent du monde. Elle explicite notre être au temps comme être en liens. Elle est épreuve d'une cosmicité intime qui nous relie comme homme au monde, dans un lâcher prise qui rend notre être-là en prise radicale avec l'être là du monde. Il s'agit de dire l'intimité de notre chair nouée avec la chair du monde. Avec la durabilité, on touche au plus profond l'explicitation de notre *hic et nunc*, de notre ici et de notre maintenant. Il est notre lieu de présence et notre être au temps, non pas dans l'effrayant infini du ciel étoilé mais dans une enracinante cosmicité. Mais le mot racine est douteux, le profond de la *deep ecology* étant souvent confondu avec l'obscur des mauvais génies de la Terre, du sol, de la nation et des peuples autochtones.

Epreuve poétique de l'habiter qui ne réduit pas la poésie à une distraction, la durabilité ne désigne pas un lieu ni un moment, mais signale un lien attentif à ce qui survient. En somme parler de durabilité comme manière d'attention originaire au présent du monde ou une attention aux choses mêmes, opère sur un double plan. D'une part, elle libère de la superficielle stimulation qu'encourage une société de la consommation et de la croissante qui confond « la provocation des objets avec la proposition des choses ». D'autre part, elle ouvre sur le sens d'une appartenance à la Terre envisagée comme épreuve d'une co-naissance.

Une anthropologie du temps et de l'espace s'approprie le sens de cette épreuve temporelle vécue individuellement et collectivement comme une modalité du temps traversé ensemble, noué spatialement. Enduré du temps, la durabilité est à penser comme un existential qui tonalise notre être au temps comme une épreuve située, comme un être affecté par une antécédence et une succession, par une antériorité et une postérité. Nouaison spatiale, la durabilité est aussi le déploiement d'une géométrie habitée dont la notion de milieu, de territoire plus que de terroir, est le cœur. Elle engage par conséquent un paradigme généalogique qui ouvre du côté de l'ancestralité avec les prédécesseurs et du côté de l'espérance du côté des successeurs.

Enfin, dépliée sociohistoriquement cette épreuve de la durabilité se fait « développement durable ». Prise en compte de ce que Braudel a pu appeler une géohistoire, à savoir les temps individuel, social et géologique, le développement durable est la traduction, – non la translation – dans les cultures de l'épreuve originaire de la durabilité. L'exemple de la traduction linguistique de *sustainable* par soutenable ou durable illustre cette exigence. La constellation « développement durable » trouve alors dans le concept de génération future un connecteur temporel entre les hommes de différents temps, contribuant ainsi à faire d'une succession une suite de générations. Elle trouve dans le concept de territoire le connecteur spatial entre les hommes de différents « milieux ». Elle se traduit en schèmes pratiques qui sont autant de connecteurs symboliques articulant le moment et le territoire. L'*ethos* de la modernité tardive qu'est l'écogeste en est l'expression la plus parlante à l'échelle individuelle, tout comme l'est l'agenda 21 qui les coordonne sur le plan collectif pour en faire un projet social et politique. Il s'explicite institutionnellement en « démocratie écologique » qui prend en compte, par le politique, le temps long et par le droit, avec le « bien public mondial » l'espace.

Que veut-on faire durer alors lorsque l'on parle de développement durable ? Il n'y est pas question de conserver dans un conservatisme nostalgique de modes de vie anciens mais de se disposer. Le retour de la Terre n'est pas le retour à la Terre. Nous sommes légitimement pressés par l'urgence de ce que nous devrions faire (catastrophisme éclairé.) Mais il s'agit de temporiser ce qui nous presse, de se demander quelle disposition pour être au temps s'engage là. Ce que l'on veut faire durer alors, c'est ontologiquement accueillir avec tendresse le présent du présent du monde ; anthropologiquement épeler le lien qui nous solidarise au présent avec tous les vivants et les hommes ; et sociohistoriquement promouvoir un type de monde, un style culturel qui sache cueillir et accueillir cette disponibilité à l'il y a de la Terre.

Cette interprétation forte du développement durable doit alors être mise en regard avec une situation qui tempère l'enthousiasme. Vingt années nous sépare du sommet de la Terre de Rio en 1992 et depuis une diffraction s'installe entre une définition faible et une définition forte du développement durable. Celle-ci parait bien être une idéologie encourageant la croissance économique et son cortège de violences dans l'économisme. Celle-là s'épelle plutôt comme une figure de l'utopie de contestation et de transformation. Il s'agit là de la tension entre deux pathologies de l'imagination politique : l'idéologie dans le coup de force à l'égard du réel qui fait de la croissance une « nécessité » ; l'utopie dans le déni de réel qui voudrait se débarrasser de la civilisation technologique. Ces pathologies sont violentes. Déjà, Rousseau observait, à propos de l'équivalent symbolique de la croissance, « le luxe nourrit cent pauvres dans nos villes, et en fait périr cent mille dans nos campagnes »[1].

Mais ces deux définitions ne doivent pas masquer l'efficacité de l'imagination en politique. La première réduirait le développement durable à une idéologie technocratique relevant d'une politique de l'oxymore : diplomatie sémantique ; croissante verte et extension du règne de la manipulation en faussant l'individuation par l'exaltation narcissique de l'idéologie « verte ». La seconde explore d'autres manières de piloter l'économie et les enjeux sociaux mondiaux, en en faisant une utopie constructive, voire une utopie transformatrice. D'un côté le développement durable parait en effet être moins un récit qu'un outil de communication condensé dans ce que l'on nomme croissante verte et *greenwashing*. De l'autre il est aussi porté par une attente pressante exigeant, surtout à partir du milieu associatif de penser ensemble écologie et économie.

Au sens fort, le développement durable est révélateur de notre moment écologique. Le moment écologique marque une rupture de la modernité tardive avec une modernité occidentale dominée par l'idée de progrès. Cette rupture initie une modalité des rapports homme / nature moins analytique que systémique, moins hiérarchique que relationnelle. L'utopie n'est pas alors complaisance candide à l'égard d'une société idéale (un hors lieu inaccessible) allant jusqu'à la dérive totalitaire (écoterrorisme) mais activité exploratrice d'autres possibles, fonction subversive et constructive. Laboratoire imaginatif réveillant notre regard sur le réel et notre créativité pratique, le DD, par les principes qu'il défend et les visées qu'il offre, porte une utopie

1. J.-J. Rousseau, « Dernière réponse », *Œuvres Complètes*, tome III, « Bibliothèque de la Pléiade », Paris, Gallimard, 1964, p. 79.

transformatrice du réel. Encore faut-il que la projection en imagination soit traduite et accompagnée de projets politiques et de programmes définissant des stratégies crédibles.
Faible ou fort, le développement durable prend acte d'une solidarisation de fait par les problèmes (climat, pollutions transnationales et transgénérationnelles, migrations de la misère, etc.) qui appelle sa reprise dans une solidarité de projet. Mais il ne suffit pas d'être solidarisé pour être solidaire. Nous vivons dans une globalisation par la cohésion technologique planétaire, une mondialisation par le type d'économie rendue possible par cette globalisation; mais nous avons à apprendre à nous comprendre comme homme à l'échelle planétaire, tentant de déchiffrer l'énigme de cette appartenance qui fait de nous des humains sur la Terre. Le développement durable en ce sens est une tentative d'humaniser la mondialisation. La Terre n'est pas ici un objet d'astronome (une planète), pas plus qu'elle n'est celui d'un agronome (les terres et les terroirs) mais l'expression symbolique de notre ancrage charnel dans la chair du monde. Ainsi formulé le développement durable met en travail les identités personnelles et les identités culturelles sur le fond d'une écologie de fondation attentive à l'appartenance de l'homme à la Terre.
Superficiel effet de mode, le développement durable pourrait n'être qu'un nouvel opportunisme utilitariste. Mais plus en profondeur, on peut l'interpréter comme mobilisant une compréhension renouvelée de notre être au monde et au temps. Il exprime la mesure prise de l'ampleur et des effets/méfaits du dispositif technoscientifique qui médiatise, jusqu'à l'anesthésier, notre rapport à ce dernier. Ce nouveau grand récit présent dans l'idée de durabilité attend que se déploie un discours global et articulé sur la transformation de notre modèle financier et économique; sur nos solidarités sociales nationales et internationales; ainsi que sur notre inscription écologique dont le mot Terre est le point de fédération. Ce grand récit prend un nom qui n'est pas un concept : « développement durable ». Il articule le sens de la limite et celui du lien, une anthropologie de la finitude (la limite des conditionnalités écologiques) et une anthropologie relationnelle (liens avec les vivants et les milieux y compris non

humains sur le plan horizontal des contemporains; liens entre suite de générations sur l'axe vertical des successeurs).

Espace transitionnel instauré dans le débat public, « le développement durable » désigne ce moment exploratoire de la métamorphose où notre civilisation réapprend à mettre du jeu dans une réalité dominée par une rationalité instrumentale qui colonise et technicise l'ensemble du monde vécu. A l'hypertrophie des moyens qui triomphent dans l'universelle mathématisation du monde par la science et la technique moderne, il réplique par un redéploiement de ce que signifie « être humain sur la Terre. » Il explore la portée universelle sans uniformisation de notre épreuve de l'habiter.

En somme, sur le développement durable se concentre l'inédite articulation du sens renouvelé de notre appartenance à la Terre et de notre responsabilité singulière. Si la novlangue technocratique le réduit à une uniformisation planétaire, le défi est de travailler à en faire un pluralisme culturel ordonné, le singulier insubstituable des cultures et des histoires s'appropriant des enjeux globaux. Le « développement durable » atteste que la *Terre* est le signifiant symbolique de notre inscription corporelle dans la chair du monde. Il s'explicite ensuite en des cultures pour en faire un monde du soi, un monde commun articulé au monde ambiant.

art contemporain

On peut mettre l'eau dans la cruche et la terre dans un pot
Mais le ciel ?

Fond régional d'art contemporain, Biennale d'art contemporain, Foire Internationale d'Art Contemporain, musique ou danse contemporaine. Le qualificatif contemporain accompagne nos pratiques esthétiques, qualifie nos arts plastiques, estampille nos gestes artistiques. Mais de quoi et de qui l'art contemporain est-il le contemporain ? Pourquoi le dire contemporain ? Contemporain, parce qu'il faut bien en histoire de l'art faire des distinctions, ou parce qu'il le faut, afin d'exprimer une attention brûlée par les fulgurances présentes du présent ?

Le souci légitime des classifications historiennes distingue didactiquement entre nouveau, moderne et contemporain. C'est que l'expérience esthétique s'objective en des arts. Mais on demeure à la surface des enjeux lorsqu'en établissant des chronologies (l'art qui se fait après 1945), on en oublie la profondeur incisive des questions qui investissent ces pratiques. L'art contemporain, certes, se relie de façon polémique à l'histoire de l'art et à sa mémoire. Il porte vive une tradition artistique de la critique des traditions et des conventions ouverte par le geste inaugural d'un Marcel Duchamp.

Mais la sociologie de l'art qui débusque avec raison, dans le milieu des artistes contemporains, une « distinction » par un capital symbolique, n'épuise pas la question. Certes, il y a l'art que pratiquent nos contemporains en praticiens-peintres du dimanche et celui des plasticiens d'avant-garde pour lesquels, déjà le mot le dit, l'art n'est surtout pas ce que font leurs contemporains. Mais cette partition ne nous rend guère de services, même si elle travaille à dénoncer le risque de domination d'un art officiel sur des pratiques jugées mineures depuis qu'après le politique et les religions, c'est le marché qui impulse un nouvel art de commandes.

Difficile alors d'embrasser, sous l'expression englobante et générique d'art contemporain, des pratiques, des supports, des techniques, des matériaux aussi divers que ceux qu'on y observe. Car l'art n'est pas sans les artistes et leurs créations. On homogénéise ce qui, incessamment, ne cesse de traquer ce qui singularise. Nous aurons donc un tord : ne pas nommer d'artistes, ne pas nous attacher au travail singulier d'un plasticien.
L'art contemporain, on le sait parce qu'on l'éprouve, ébranle nos assurances scolaires. Il déroute notre envie de certifier ce qui est de l'art et ce qui n'en est pas. Il atteste qu'il n'y a pas d'histoire de l'art. Il faut s'arrêter sur ce tremblement, sur le retentissement que produit dans la sismographie de nos « âmes », ce mot si désuet, cet ébranlement intime. Pressés souvent par l'assurance des réponses, nous ne prenons plus assez la peine d'entendre la puissance des questions. Or l'art contemporain nous y convie. Il est le contemporain d'une inquiétude immémoriale attachée à notre présence au monde. Fraternelle et secrète complicité du plasticien d'aujourd'hui qui habite sa présence au monde dans le dessin d'une brèche le liant à tous ceux qui, depuis que l'homme est homme, tracent la surface du monde de la profondeur de leurs questions. Des peintures de la Grotte Chauvet au premier mot de celui qui se levant du groupe humain prononça un dire théâtral, du chant des pierres à Carnac au land art, des ocres rouges de Lascaux à la poudre de marbre de l'arte povera, l'humain trace sa voie et se suit à la trace.
Peut-être faut-il dire alors que l'art contemporain se reconnaît à ce qu'il cultive la brèche, la fracture qui laisse, encore une fois et à chaque fois, sa chance au questionnement. L'art est une recherche sensible qui sait que son résultat est moins une réponse qu'une question maintenue vivante sous l'apparente réponse de son expression plastique. La singularité de l'art contemporain se tient peut-être là. Au-delà du scandale, de la provocation, en un mot de l'infraction aux codes, il cultive la vivacité de l'effraction qui ouvre. La question est y tenue comme première, non masquée, dissimulée sous l'impression massive du chef-d'œuvre ou de la beauté esthétique, tant ce qui impressionne – le pittoresque, la technicité, l'originalité, l'autorité – fait oublier, parfois, pourquoi cela impressionne. L'art

contemporain, dans la pluralité incompressible de ses formes, conduit sans concessions et jusqu'au bout à un délicat ébranlement. Il est pathique avant d'être pathétique. Du moins au sens où l'on a pu dire d'une symphonie qu'elle l'était. Par une trace, un humain noue sa recherche à la texture fibrée du monde des hommes et de la nature.

La recherche qui travaille et tiraille les plasticiens ou artistes contemporains se tient-elle là ? La crise du monde devant soi et la crise d'une blessure en soi consonnent dans la brèche que chaque œuvre tente d'ouvrir. Par sa provocation, car il provoque, l'art contemporain invite, non sans combats, à délaisser la facilité des résonnances intellectuelles ou émotionnelles pour laisser sa chance à l'épreuve poétique d'un retentissement. Du moins si, avec Bachelard on accepte de dire que « les résonances se dispersent sur les différents plans de notre vie dans le monde, *(là où)* le retentissement nous appelle à un approfondissement de notre existence »[1].

Certes, l'art contemporain suscite massivement et violemment les dispersions et les résonances de la dispute, tant il attaque de front ce qui est normalisé et fixé dans l'injonction « ceci est de l'art ». Et l'on en reste souvent à elles. J'ai vu des visiteurs rentrer au FRAC et en sortir, assurés du fait que là où ils étaient rentrés il n'y avait rien à voir. J'ai entendu des politiques détester que l'argent public finance et subventionne un art sans public. J'ai senti jusqu'à l'écœurement à la Biennale de Lyon l'installation de poissons pourrissant dans leurs sachets, devenir de la sorte les gardiens répulsifs de l'œuvre, dégout qui fait « sentir » s'il en était besoin, que l'esthétique n'est pas l'agréable. J'ai ressenti la déroute des spectateurs visiteurs incapables de se déterminer sur le statut de ce qu'ils venaient d'éprouver. J'ai été saisi par l'outre-descriptif de pratiques esthétiques qui refusent la figure et, plus encore, le beau; qui brouille la frontière entre les nobles matières et les pauvres matériaux; qui détrône l'œuvre d'art de son piédestal assuré pour cultiver le trouble de la déformation, de l'équivoque des formes et de l'improbable. Mais à chaque fois, j'ai aimé ces hommes, ces femmes, plasticiens ou visiteurs, qui osèrent trembler de ce qui les troubla; qui se sont risqués à se laisser saisir

1. G. Bachelard, *La poétique de l'espace*, Paris, P.U.F., p. 6.

parce qu'ils ne parvenaient pas à saisir. L'art contemporain investit l'outre-descriptif comme on dit outre-mer ou outre-terre, outre-tombe ou outre-Atlantique ou comme Pierre Soulages dit outre-noir. On désigne par-là moins l'outrance de l'outrage à ce qui est conforme que l'existence d'autres mondes, d'autres terres où explorer et quêter.

Dans la galerie des impressionnistes du Musée d'Orsay, assis sur les bancs en cristal qui la peuplent – œuvres des arts décoratifs contemporains dont on ne voit pas la grâce parce que les œuvres que l'on « doit » voir sont ici les chefs-d'œuvre accrochés au mur – on peut cultiver ou laisser planer le regard. Et l'on se laisse aller à la contemplation dans l'assurance tranquille que donne tout sanctuaire, rassuré du fait que c'est là, assurément, de l'art. On peut se cultiver mais on ne rencontre pas nécessairement. Plus, l'audio-guide, les cartels d'explications qui y dominent informent sur ce qu'il « faut » voir et ne surtout pas rater, au risque de mécaniser le regard. Mais on peut aussi délaisser la mécanique de l'industrie culturelle, et se laisser aller à l'œuvre, lui donnant la chance de venir nous trouver pour nous mettre en travail. On y revoit alors, une fois encore Cézanne, la Sainte Victoire ou les variations roses, bleues ou vertes des Nymphéas de Claude Monnet. Et l'on redit, une fois encore, que l'art ne représente pas le visible mais qu'il le vit, et ce faisant, le présente. Aujourd'hui, penser et vivre à sa hauteur l'art contemporain dans son itinérance, n'est-ce pas aussi accepter de se laisser mener par le non-assuré ?

L'art contemporain nous conduit au noyau éthicomythique où germine une culture. Nous ayant dépouillé de toutes nos assurances et évidences d'homme de culture ; nous ayant déplacé dans nos soucis psychologiques d'être rassurés, il offre la possibilité qu'émerge le point singulier où se livre, retentissant, le là de notre être-là. La hauteur de l'art contemporain est d'être à l'écoute aiguisée de la quête, pétrie de profondeur, d'hésitations et d'incertitudes, de ses contemporains. Il est le compagnon sensible de nos déroutes, de nos détours, de nos désarrois et de nos dérangements. Sa vive, et parfois violente, consumation des frontières n'est pas épuisée par l'idée que sa vocation serait dans la provocation. Facile objection qui ne veut pas entendre qu'y point avec insistance la puissance de la question qui compte. Nous croyions que l'art était une réponse. Il est surtout une question en personne. Plus encore qu'une question, il est un appel. Si l'enquête est une caricature de la quête, c'est précisément parce qu'elle est dominée par l'appétit des résonances qui questionnent au lieu d'être disponible à l'appel des gestations intimes. L'art contemporain nous saisit alors, affolant en nous le jeu de nos facultés qui ne peuvent s'en saisir.

Pétris de la mémoire de l'art, intimidés par le massif de tout ce qui nous devance dans l'impression que tout a été fait, nous avons tendance à nous satisfaire de l'équation esthétique égale œuvre d'art. Saturés par les stimulations d'une civilisation technologique, l'illusion pourrait être aussi qu'esthétique devrait signifier ce qui fait « sensation » ou est sensationnel. Aussi nous faut-il la déchirure jusqu'au désarroi que convoque l'art contemporain. Nous avons besoin de perdre la mémoire assurée des formes du monde et de nous perdre pour laisser un droit à l'errance. Avec l'art contemporain, on ne sait pas trop à quoi on a affaire puisque ça ne ressemble à rien, ça ne rassemble rien.

> L'artiste d'aujourd'hui se déprend nécessairement des apparences d'un monde qui n'offre plus assez de prise à l'homme total. Comment accepterait-il encore de nous proposer tant de choses habituées qui, ou bien s'isolent en elles-mêmes, ou bien nous renvoient les unes aux autres, en cercle sur un même plan, au lieu de refléter dans leur profondeur, vécue par nous, l'épaisseur d'une réalité [1] ?

Crise inaugurale, l'art contemporain nous libère de ces résonances qui socialisent et apprivoisent la brutalité ou la délicate manifestation sensible du geste esthétique afin de le laisser véritablement retentir.

Elle n'est qu'une résonance la conception décorative, pittoresque, vaniteuse, intellectuelle ou mondaine de l'art où triomphe le jugement de l'agréable, du vrai, du bien, du scandaleux ou du beau. Elle trouve son apothéose dans le jugement hautain d'un simplexe de

1. H. Maldiney, « Regard, Parole, Espace », *Œuvres Philosophiques*, Paris, Cerf, 2012, p. 34-35.

supériorité disant : si « ça c'est de l'art, alors moi aussi je suis un artiste ! » Prenant le mot au pied de la lettre, l'art contemporain cultive, quant à lui, le retentissement de cette rébellion. Par sa force poétique, altérée parfois en des expressions plastiques ni attirantes ni « belles », il nous convoque et nous demande : « et toi, qu'as tu fais de ta propre créativité ? »

le spirituel

Dire ou taire. Les mots font l'affaire.

Demande de sens en tous sens! Besoins spirituels des malades; XXIe siècle qui sera spirituel ou qui ne sera pas; spiritualité laïque; soif spirituelle de nos contemporains, etc. sont des expressions inédites d'un état du spirituel contemporain. Il suffit, pour se convaincre de la place qu'occupe cette quête de sens, d'aller dans les rayons des librairies pour y voir la part consacrée aux religions et à la philosophie s'étioler tandis que s'épanouissent des pans entiers dédiés à qui se propose d'explorer l'ésotérisme, le spirituel, la vie intérieure, la méditation, les médecines douces. Toute époque a la question de l'Essentiel qui la singularise.

La demande spirituelle s'exprime dans notre modernité tardive sur un mode tout à la fois euphémisé et insistant. Euphémisé car on dit spirituel pour ne surtout pas dire la religion tout comme on dit éthique pour ne pas dire morale. Oser parler de « spirituel », c'est savoir que ce sera du lourd tout en exigeant que cela ne soit pas pesant! En effet, le spirituel n'a pas la majesté des grandes institutions qui se sont attachées à le définir et à le réguler : religions, religions séculières, théologies et spiritualités. Mais insistante, la demande spirituelle n'a pas disparue avec le désenchantement du monde, bien au contraire. Il nous faut sonder ces usages du spirituel qui peuvent être aussi des mésusages dans la fabrique de nouveaux fétiches : exaltation du spirituel dans la fabrique d'une nouvelle piété désincarnée; culture de l'émotion dans le dédain de la réflexion critique; engouement pour la tradition de la foi du charbonnier dans un traditionalisme pas moins autoritaire que la tradition d'un magistère, etc. Mais ces usages sont aussi des attentes. Une vie bonne engage autre chose qu'une vie fonctionnellement satisfaite. Si le souci éthique résiste à une vie réduite à la seule préoccupation des moyens, il n'épuise pas ce qui mobilise une existence. Réussir dans la vie ne

fait pas une vie réussie, pas plus qu'une vie bonne ne fait seule une vie sensée. On en parle aujourd'hui en disant quête de sens.
En ces temps de grands bouleversements où les religions paraissent périr en leurs monopoles ou se durcir dans leurs affirmations identitaires, la fragile attente spirituelle cherche à faire entendre sa voix, dans le subtil écrin de chaque histoire de vie, nue, sans idéologie, originaire. Certes se déploie une civilisation technologique globale, relayant un économisme dévastateur qui réduit et appauvrit les identités personnelles en ne les envisageant que comme techniciennes ou consommatrices. Pourtant, le spirituel insiste, laïque ou religieux, maintenant en l'humain la pluralité de ses dimensions intérieures, de ses attentes et de ses rêves. Il est, en ce sens, à la fois le symptôme d'une modernité essoufflée et à la fois la tentative d'y répondre.
Le « spirituel » fait donc son entrée alors que sortent, à petits pas, des mots qui servirent longtemps aux hommes pour parler de ce qu'ils goûtent intérieurement. Le mot « spirituel » enregistre que notre monde se sait être devenu postchrétien. Il est d'un monde qui n'est déjà plus le monde chrétien. Le *pneuma* sonnait grec mais la pneumatologie parait être devenue davantage l'affaire d'experts de la route plutôt que celle des spécialistes des voies du mystère. Le latin *anima* ne parait plus assez vivant pour exprimer la vitalité qui est en nous. Le mot « âme » embarrasse par ce qu'il sous-tend de métaphysique et de théologie. L'âme a disparu sous la psyché depuis que la psychologie est devenue notre gardienne de l'ordre symbolique. Il resterait le mot « cœur », ce beau mot de la langue classique dont Pascal disait qu'il avait ses raisons que la raison ni la pulsion ne connaissaient. Mais dans nos planches anatomiques soucieuses de tout classer, il n'y a pas de place pour le sensible à l'invisible. Alors, moins majestueux mais tout aussi insistant, il y a le mot « spirituel ». Cette rénovation sémantique cherche à nommer, tout de nouveau, les puissances de novations et d'ouvertures à l'Essentiel qui nous hantent, et nous meuvent.
Le besoin spirituel n'est pas le besoin psychologique. On sait bien, parce qu'on le sent, que le *spi* n'est pas le *psy*. Le désespoir ou l'espérance, une hantise intérieure ou une joie profonde, l'ouverture

à la présence de l'il y a du monde qui nous habite ne sont pas que des maladies ou des symptômes. Les plus jeunes le savent aussi qui, ne parlant pas de spirituel, inventent des superlatifs pour dire cette épreuve de l'excès, plus vaste qu'eux-mêmes en eux-mêmes : le vaste « c'est trop ! » ; le décalé « c'est ouf ! » ; l'épreuve charnelle de l'époustouflant ou du vertige.

Mais de quoi le spirituel est-il le nom ? On vient de le dire, sur le mot « spirituel » se concentre un moment de la sécularisation. Religieux sans la religion, le spirituel est le signe d'un âge séculier vivant la dérégulation du croire, la désaffiliation des quêtes intérieures jusque-là structurées par les traditions religieuses et une résistance de l'intériorité à sa lamination par une marchandisation de l'intime. De ce fait, le foisonnement spirituel est le contemporain de ce que le sociologue désignera sous l'idée de « religions en miettes ». Ici, la religion est au spirituel ce que la carte est au territoire. La religion symbolise, articule, organise et déchiffre en une cartographie des âmes le territoire spirituel, l'expérience intérieure de la liberté. Que sera alors un spirituel sans la religion ? Autre image pour en parler, le spirituel est aux religions ce que le langage est aux langues. Il n'y a pas de langage sans les diverses langues, chacune d'elle profilant singulièrement une manière de parler le langage, même s'il est plus vaste qu'elles. De même le spirituel manifeste-t-il une expérience de l'Essentiel plus vaste que les religions qui lui donnent forme et ne s'y réduit donc pas. Toute religion, et en cela elle fait culture, donne forme, informe et codifie une expérience spirituelle de l'Essentiel. Elle lui donne de pouvoir être parlée et exprimée. Mais parce qu'elle s'y trouve traduite, elle en est, pour une part, appauvrie.

Aussi la recherche spirituelle contemporaine prend-elle ses distances avec le souci qu'ont les religions de se maintenir en formes et en structures, le souci de la codification religieuse pouvant perdre de vue la force expressive de la quête intérieure. Mais que serait un spirituel qui ne serait pas in-formé ? Que pourrait-on en dire ?

Ce n'est pas un hasard, le spirituel point en ces temps laïques qui réorganisent l'expression sociale de la vie intérieure tandis qu'ils structurent la vie extérieure par la séparation des Églises et de l'État. Depuis 1905, la césure culte privé/culture publique sépare le monde

pour le pacifier, rendant tolérant à la différence en neutralisant les abcès de fixation. Ce faisant, la laïcité a élaboré un grand cadre interprétatif au sein duquel chacun apprend à épeler pudiquement ce qui le travaille intérieurement et à exprimer la source qui le hante. En détrônant la fonction régulatrice des religions, la laïcité déploie aussi des conditions psychiques qui permettent à l'individu contemporain d'explorer l'exigence intérieure qui l'habite[1]. Si la religion était un code pouvant enrégimenter le spirituel dans l'assurance d'une route à suivre, fragilisée, cette institution productrice de sens se fera-t-elle le cadre souple au sein duquel le sujet s'essaye à son questionnement ? Même si le spirituel fait aussi l'objet d'une nouvelle offre marchande, on va donc trop vite lorsque l'on ne voit dans le foisonnement spirituel qu'une religion à la carte ou une nébuleuse *new-age*.
Le spirituel manifeste le fait que la religion ne devrait pas tant être un Code qu'un Cadre. A la hauteur intimidante de ses dogmes dans des Credo qui rassurent par des réponses fermes et définitives, l'exigence spirituelle délaisse l'affirmation péremptoire des dogmes, au profit du cadre fragile de questions tentant de faire résonner un appel. Il l'oublie, mais un Credo, avant d'être une assurance, est la chance laissée à la précarité incisive d'une question qui compte portant sur « les choses cachées depuis la fondation du monde. » Il porte la hantise d'une question qui travaille une subjectivité au cœur même de ce qui la constitue.
Le spirituel est ainsi un troisième terme grâce auquel se combine autrement la séparation du théologique et du politique. Au cœur de la séparation juridique culte privé/politique publique, le spirituel ouvre le tiers espace potentiel du questionnement intérieur, et pour cette raison subversif parce que rétif aux contrôles politiques ou religieux. C'est au sein de ce tiers espace de l'imagination spirituelle, que l'individu contemporain déploie sa quête intérieure, déchiffre sa singulière trajectoire, éprouve peut-être sa libération. Le spirituel vise un amont, brouillant la répartition des territoires trop vite conclue entre religions et politiques. Le spirituel brouille également

1. Voir J. Arène, *La quête spirituelle, hier et aujourd'hui. Un point de vue psychanalytique*, Paris, Cerf, 2011.

les cartes philosophiques, finement dentelées à force de discussions qui, de Saint Anselme à Kant, n'ont cessé de délimiter les frontières entre la raison et la foi dans l'enquête sur des preuves de l'existence de Dieu. D'ordinaire, le débat foi-raison se déploie sur un fond opaque qu'il épelle mais qu'il oublie. Ce fond, c'est celui d'une quête intérieure, d'une soif d'absolu, d'une recherche de paix et de coïncidence du soi avec l'aspiration la plus vive qui le travaille et le tiraille. Nous l'avions oublié mais si Saint Anselme recherche une foi en quête d'intelligence, cette intelligence est aussi une intelligence sensible. Parce qu'il fait l'expérience d'un tourment intérieur, il veut comprendre. En somme, les preuves déploient dans le champ de la raison une épreuve spirituelle sensible et plus unitive que, faute de mieux, on nomme quête de sens. Il n'est pas inintéressant alors de se souvenir que le sens, ce petit mot de la langue française, désigne à la fois et sans hiérarchie la direction, la signification et la sensibilité. Si une spiritualité est la culture de ce tourment, le spirituel mis à nu est désir d'une aspiration à être et au sens livrée telle qu'en elle-même. La quête spirituelle n'est pas qu'une enquête intellectuelle. Elle est une disposition intérieure à se laisser toucher, affecter. La quête spirituelle en ce sens déplace la question « peut-on prouver Dieu ? » vers la question inédite de « peut-on éprouver un absolu ? »

Le problème des preuves de l'existence de Dieu est en ce sens moins insistant, même s'il demeure, laissant la place à l'expérience préphilosophique :

> « Où est Dieu ? » (peut-on le rencontrer ?), « Qui est Dieu ? » (peut-on s'adresser à lui ?), « Comment vient-il à l'idée ? » (qu'en est-il de sa « phénoménalité » ?) [1].

Le spirituel ne prêtera donc pas à confusion. Il ne s'entend pas au sens extensif de la vie de l'esprit humain car en ce sens tout serait spirituel (ex : un trait d'humour très spirituel). Il n'est pas non plus à comprendre au sens technique de spiritualité, c'est-à-dire d'une

1. J. Greisch, « Dieu et l'absolu : une question toujours actuelle », *Esprit*, n° 391, Janvier 2013, p. 100.

tradition d'exercices spirituels portés à l'intérieur d'une religion (le soufisme, la spiritualité ignatienne ou carmélitaine, etc.) Si croyant ou non peuvent parler d'une dimension spirituelle de la personne, c'est qu'ils pointent un terreau commun pour dire qu'au-delà d'une vie bonne, on attend une vie sensée. Le spirituel désigne ainsi ce qui fait l'aspiration à être absolument d'une vie intérieure. Il désigne une attitude et une attente pour lesquelles la question de l'absolu demeure une question sensée.

> Parler de spirituel, religieux ou laïque, a donc une signification radicale. Le temps est passé de la religion en général... Nous allons au-devant d'une époque totalement irreligieuse. [...] Si la religion n'est qu'un vêtement du christianisme (qui a changé d'aspects à différentes époques), qu'est-ce donc alors qu'un christianisme irréligieux? [...] Comment parler (ou peut-être ne peut-on plus en parler comme jusqu'ici) de Dieu laïquement. Comment être des chrétiens irréligieux et profanes [1] ?

Ces magnifiques questions, rédigées à l'aube de ce que nous avons appris à nommer depuis le spirituel, sont devenues les nôtres. Le spirituel ne serait-il pas, alors, l'insubstituable expérience intérieure du désir de l'Essentiel, laquelle ne peut se faire sans la trajectoire charnelle et le cheminement culturel de chacun? Pour le non croyant, ses enjeux mobilisent une forme de vie intérieure qui se fait spiritualité laïque. Elle dit une attention, une ouverture de soi à plus vaste que soi en soi. Pour le croyant, elle rappelle qu'une religion, avant d'être une dogmatique et une morale, reconnaît et accueille une brûlure du cœur. En elle se livrent les capillarités secrètes liant tous les vivants les uns aux autres dans une relation à l'Autre. Dans les deux cas, l'épreuve spirituelle n'est pas un étendard, honneurs rendus à une officialité, mais ouverture à la vitalité des vivants, du monde et de l'univers. L'attention absolument pure est spiritualité.

1. D. Bonhoeffer, *Résistance et soumission. Notes de captivités*, Genève, Labor et Fides, 1973, p. 288.289.

table des matières

Achevé d'imprimer par Corlet Numérique - 14110 Condé-sur-Noireau
N° d'Imprimeur : 113179 - Dépôt légal : novembre 2014 - *Imprimé en France*